# Amma

## Mata Amritanandamayi

### Biyografi

Swami Amritaswarupananda Puri

Mata Amritanandamayi Center, San Ramon
Kaliforniya, Amerika Birleşik Devletleri

# Mātā Amritānandamayī - Biyografi

Yayınlayan:
Mata Amritanandamayi Center
P.O. Box 613, San Ramon, CA 94583-0613
Amerika Birleşik Devletleri
www.amma.org

İlk Baskı: 2022

Hindistan'daki adres:
    Mata Amritanandamayi Matht
    Amritapuri, Kollam Dt.
    Kerala 690546, Hindustan
    www.amritapuri.org
    inform@amritapuri.org

Türkçe web sitesi: www. tr.amma.org

# Teşekkür

*Bu kitapta bahsedilen birçok olay, Prof. M. Ramakrishnan Nair tarafından Amma'nın Malāyalam dilinde yazılmış biyografisinden alıntıdır. Bu sebeple, ona en içten şükranlarımızı sunar ve mevcut baskıda emeğini esirgememiş herkese çok teşekkür ederiz.*

# İçerik

# Önsöz

pradīpajvālābhirdivasakaranīrājanavidhiḥ
sudhāsūteśchandrōpala-jalalavai-raghyarachanā
svakīyairambhōbhiḥ salilanidhisauhityakaraṇaṃ
tvadīyābhirvāgbhistava janani vāchāṃ stutiriyam

*Ah Anne! Seni onurlandırmak için yazılmış bu övgü
dolu sözlerin yine Senin sözcüklerinden oluşması;
Güneşin onuruna yapılan ibadette güneş ışınlarının
kullanılmasına, Ayın onuruna yapılan ibadette,
sunulan adağın ay taşından çıkan su olmasına ve
Okyanusu memnun etmek için, ona kendi deniz
suyunun adanmasına benzer.*

– Saundarya Laharī, 100

Mātā Amritānandamayī, herkesin ulaşabileceği, konu-
şabileceği ve huzurunda Hakikati hissedebileceği bir
mistik. Toprak kadar alçak gönüllü ve bir o kadar da
sağlam. Duru, ama dolunay kadar da güzel. Sevgi, aşk, hakikat,
feragat ve özverinin bedenlenmiş hâli. Öğretmekle kalmayıp
aynı zamanda uygulayan; her şeyini veren ve karşılığında
hiçbir şey beklemeyen; bir çiçek kadar narin, bir pırlanta
kadar sert yüce bir Üstat ve mükemmel bir Anne.

Amma, farkındalığı tam olarak dünyaya geldi. Disip-
linli bir *sādhanā*'dan geçerek tüm dünyayı sonsuz sevgi ve

7

şefkatiyle kucakladı. Sevgi ve şefkat onun varlığının her bir zerresinden taşıyor.

Çocukluğundan itibaren, bir Guru'nun rehberliği dahi olmadan, İlahi Anne ve Baba arayışındaydı. Onu yok etmeye çalışan kendi ailesi ve akrabalarının, rasyonalistlerin ve niyeti bozukların saldırılarına karşı koydu. Bu savaş alanının ortasında tek başına, her şeyi soğukkanlı ve sarsılmaz bir cesaretle karşıladı.

Ulaşmış olduğu Tanrı Hakikatini 21 yaşında dış dünyaya göstererek, 22 yaşında Hakikat arayışındakileri ruhsal hayata inisiye etmeye başladı. 27 yaşında ise Amma doğduğu evde, uluslararası manevi genel merkezini kurdu. Beş sene içerisinde Hindistan'da ve diğer ülkelerde neredeyse 20 aşram şubesi oldu. 33 yaşındayken, Amerika'daki ve Avrupa'daki adanmışlarının davetini kabul ederek, Anne, dünyanın dört bir yanındaki birçok insana ilham veren ve coşku katan ilk dünya turunu düzenledi.

Amma, her şeyden evvel, dünyanın her bir köşesinden ve her kesiminden binlerce, milyonlarca insanın gözyaşlarını sildi, acılarını dindirdi ve onlara nasihatler verdi.

Sevgili okuyucu, Amma'nın kim veya ne olduğuna yüreğinizin sesini dinleyerek karar vermek size kalmıştır.

Swami Amritasvarupananda

# Efsane

Güney Hindistan'ın Kerala eyaletinin Kollam bölgesinde yer alan Alappad Panchayat'ta[1] Parayakadavu isminde küçük bir köy yer alıyor. Bu köy, Hindistan cevizi palmiyelerinin sonsuzluğa uzandığı; doğusunda arka sular diye adlandırılan kanalların bulunduğu, batısında mavi yeşil renkleriyle parıldayan Arap denizi ile buluşan, ana karadan ayrı daracık bir yarımadadan oluşuyor. Mütevazı bir balıkçı boyu olan köy sakinleri, atalarının izlerinin ermiş Parāśara'ya kadar uzandığını gururla takip etmektedir.

Ermiş Parāśara, Vedalar'ın ünlü derleyicisi Veda Vyāsa'nın annesi olan balıkçı kızı Satyavatī ile evlidir. Kutsallığı ve yüceliği hakkında birçok efsanenin anlatıldığı bu köy, günlük ve sosyal yaşamda köylülerin binlerce yıl önce yaşandığına inandığı ilahi mitler ve hikâyeler ile hâlen iç içedir. İşte o efsanelerden biri de Śiva ile Pārvatī'ye aittir.

Bir gün Tanrı Śiva ile Tanrıça Pārvatī'nin oğlu, Tanrı Subramanya[2] büyük bir hata işlemiş . Oğlunun kuralları ihlal ettiğini gören Tanrı Śiva çok öfkelenerek, onu balık olarak doğması için lanetlemiş. Oğlunun kaderine çok üzülen Pārvatī, eşi Śiva'dan oğlunu affetmesini istemiş. Ancak Śiva onu avutmak yerine, daha çok sinirlenerek Pārvatī'yi de bir balıkçı kadın olarak doğmaya mahkûm etmiş. Bir zaman sonra öfkesi dinen Tanrı Śiva, oğlu Subramanya'ya, bizzat

---

[1] Beş köyden oluşan ittifak, yönetim organı yerel meseleleri denetler.
[2] Ganeśa'nın kardeşi. Diğer ismi Muruga.

kendisinin dünyaya geleceğini ve her ikisini de doğru zamanda kurtaracağını söyleyip onları kutsamış.

Tanrı Śiva'nın lanetiyle, oğlu Tanrı Subramanya balık şeklini almış, daha doğrusu dev bir balinaya dönüşmüş. Alappad denizinde görülen balina, balıkçılarda korkunç zararlara sebep olmaya başlamış. Normalde, gece ve gündüz balık avına çıkan bu balıkçılar denize adımlarını atamaz olmuş. Balina bazı zamanlar balıkçıların ağlarını parçalıyor ve bazen de teknelerini ters yüz ederek canlarını tehlikeye atıyormuş. Köylüler bu yüzden fakirliğe ve açlığa mahkûm olmuşlar.

Balıkçıların kralı bu soruna bir çözüm bulamamış. Açlık çeken insanları doyururken, tüm hazinesi boşalmaya başlamış. Sonunda bu sorunu çözüme kavuşturabilmek için halka, bu baş belası balinayı yakalayana hem yüklü bir ödül vereceğini hem de güzel kızıyla evlendireceğini duyurmuş. Ancak dev balina o kadar korkunçmuş ki kimse meydan okumaya cesaret edememiş. Kral ve halk tamamen umudunu kaybetmişken, köye kuzeyden esrarengiz yaşlı bir adam çıkagelmiş. Kim olduğunu ve nereden geldiğini kimse bilmiyormuş. Yaşlılıktan sırtı kamburlaşmış olan adam, krala cesurca o dev balinayı yakalayıp insanları bu perişan hâlden kurtarabileceğini açıklamış. Yaşlı adam, şaşkınlıkla bakakalan kral ve halkın huzurunda, kendinden emin adımlarla denize doğru yürümüş.

Uzun sarmaşık ipleri bükerek kendine uzun bir halat yapan yaşlı adam, bir ucunu elinde sıkıca tutarken diğer ucunu denize atmış. Sarmaşık ipler, dev balinanın bulunduğu yeri kuşatmış. Halatı balıkçılara uzatırken, onlara özel bir mantra söylemelerini ve var güçleriyle çekmelerini istemiş. Yaşlı adamın söylediği gibi, balıkçılar mantrayı tekrar ederek halatı çekmeye başlamış. Saatler süren zorlu çabaların ardından, asma halatına hapsolan dev balık, kıyıya sürüklenmiş.

Balık karaya ulaşınca, herkesi hayrete düşürecek bir olay yaşanmış: Dev balinanın yerini, Tanrı Śiva tarafından lanetten kurtarılan oğlu Tanrı Subramanya almış. Olayın ardından, balinanın yakalandığı yere Tanrı Subramanya için bir tapınak dikilmiş. Bugüne bile o tapınak, eski efsaneyi hatırlatmak için yaşayan bir anıt olarak orada duruyor. Efsane burada bitmiyor. Yaşlı adam kılığındaki Tanrı Śiva, öne çıkı, prenses ile evlenme ödülünü talep etmiş. Halkını kurtaran bu kahramana biricik kızını söz veren kral, bu defa ikileme düşmüş. Kral ve halkı tamamen perişan olmuş. Bir baba, üstüne üstlük bir kral, genç ve güzeller güzeli kızını, yaşlı bir adamla nasıl evlendirebilir ki? Kral, kızı hariç krallığından istediğini alması için yaşlı adama yalvarmış. Yaşlı adam ise sakince, bir kralın verdiği sözü tutması ve dürüst olması gerektiğini söylemiş.

Kral gerçekten zor durumda kalmış. Zira balıkçıların gücü dürüst olmaktan geliyordu ve Hakikatin onları koruduğuna inanıyorlardı. Hakikatten şaşacak kişi balık avına gittiğinde, kendisini ölümün korkunç kollarına attığı söylenirdi. Ne sözünden dönebilen ne de sevdiği prensesini yaşlı adamla evlendirmeye razı olan kral donup kalmış.

O anda, aslında Tanrıça Pārvatī olan prenses, öne çıkıp tereddüt etmeden, "Asil kral babacığım, doğruluğu (*dharma'yı*) korumak ve muhafaza etmek herkesin görevidir. Buna hiçbir şey engel olmamalı." demiş. Umutsuz kralın başka çaresi kalmamış ve kızının yaşlı adam ile gitmesine izin vermiş. Bu mütevazı balıkçı krallığının, Tanrı Śiva ve Tanrıça Pārvatī'nin bir araya gelmesini konu alan ilahi bir tiyatro sahnesine dönüştüğünü kimse düşünememişti. Kederli halk bir süre kutsal çifti takip ederek "Nereye gidiyorsunuz? Biz de sizinle gelmek istiyoruz." diye sormuşlar. Onlar da "Bizim bir ikametimiz (uru) yok, her nereye ulaşırsak orası bizim ikametimiz (Chellunna Uru) olacak." demiş.

Śiva ve Pārvatī, onları takip eden balıkçı halkla birlikte yollarına devam etmiş ve nihayet bir noktada durmuşlar. Śiva doğuya, Pārvatī batıya bakarken, ikisi birer heykele dönüşmüş. Ulaştıkları yer - *Chelluruna uru* bugün Chenganoor olarak bilinmektedir.

Bir süre sonra buraya bir tapınak inşa edilmiş ve günlük ibadetler başladığında, garip bir şey daha yaşanmış. Ne zaman tapınağın kutsal alanına ibadet için su getirilirse, rahipler içinde bir balık buluyormuş. Bu durum, günlük ibadetin yapılmasını imkânsız kılıyormuş. Meseleye çözüm bulmak amacıyla, tapınak yetkilileri astrolojik bir hesaplama yaparak, Śiva, Pārvatī ve oğulları Subramanya'nın lanetiyle ilgili tüm hikâyeyi keşfetmişler. Ayrıca bu astrolojik görü, yaşlı adam ve prensesin evlilik törenlerinin hiç yapılmadığını ortaya çıkarmış. Geleneğe göre, Tanrıça Pārvatī'nin balıkçı kızı olarak dünyaya geldiği yer olan Alappad sahilinin halkı, düğünü gerçekleştirmek için çeyiz ve diğer evlilik sunumlarıyla birlikte Chenganoor'a gitmeliymiş. Bunun ardından Chenganoor ve Alappad'da gerekli hazırlıklar yapılmış. Alappad'ın köylüleri gereken eşyaları bir araya getirmiş ve tanrısal evlilik törenini gerçekleştirmek için Chenganoor'a doğru yolculuğa çıkmışlar. Bu kadim efsanenin anısına, her yıl festival sezonunda gelenek hâlâ devam ettiriliyor. Tapınak, binlerce adanmışın ilgi odağı olmayı sürdürür.

Bundan birkaç on yıl önce aynı hikâye ile bağlantılı ilginç bir olay daha yaşanmış. Bir sene Alappad sahilinin insanları, gelenek ve görenekleri yerine getirmek için festivale katılmamış. Chenganoor'a yolculuk etmek için o kadar para harcamanın anlamsız ve gereksiz olduğunu düşünerek gitmemişler. "Bizden uzak bir yerde yapılan festivale neden biz destek olalım?" diye düşünmüşler. Vakit geçmemiş ki Chenganoor tapınağında gizemli olaylar gerçekleşmeye başlamış. Śiva'nın heykelini çeyiz alayında taşımak için süslenmiş olan fil yerinden kıpırdamıyormuş. Bir adım bile atmayı reddediyormuş. Herkes, fili hareket ettirmek için gayret ediyormuş ama fil kesinlikle yürümüyormuş. Bu uğursuz olayı bildirmek üzere Alappad'a derhâl haber gönderilmiş. Fakat geç kalınmış.

Alappad halkı arasında, çiçek hastalığı salgını çoktan patlak vermişti. Aptalca hatalarının farkına varan ve çok pişman olan köylüler, zaman kaybetmeden geleneğe uygun yaptıkları tüm hazırlıkları da yanlarına alarak festivale katılmak üzere Chenganoor'a doğru yola çıkmışlar.

Bu kadim efsaneler, Alappad sahilinin ayrılmaz bir parçasını oluşturur. O yüzden aynı kutsal toprakların, yeniden ilahi bir oyuna şahitlik etmesi çok şaşırtıcı değil.

# 1. Bölüm

# Doğumundan İtibaren

*"Doğduğum andan itibaren İlahî'nin Adına
yoğun bir düşkünlüğüm vardı. O kadar ki her
nefesimde aralıksız Rabbin Adını yinelerdim ve
nerede olduğuma ya da ne işle meşgul oldu-
ğuma aldırmadan, aklımda ilahi düşüncelerin
sürekli bir akışı olurdu. Aşk ve adanmışlık ile
Tanrı'yı sürekli hatırlamanın, arayıştaki her
insana İlahi Hakikate varmak için çok büyük
yardımı olacaktır."*

– Mātā Amritānandamayī

Tīrthī-kurvanti tīrthāni sukarmīkurvanti
karmāṇi saccāstrī kurvanti śāstrāṇi
modante pitaro nṛityanti devatāḥ
sa-nāthā ceyaṃ bhūr-bhavati

*Büyük Erenler kutsal yerlere kutsallık katar,
eylemleri doğru ve hayırlı kılar, kutsal yazıtlara
yetkinlik verir.*

*Böyle bir evliya doğduğunda, babalar sevinir,
Tanrılar coşkuyla dans eder ve Dünya bir kurtarıcıya
kavuşur.*

–Nārada Bhakti Vecizeleri, 69 ve 71

## Atalar

İdamannel ailesi, Parayakadavu köyündeki toprakları
Alappad Panchayat'ın küçük bir bölümünü oluşturan
çok eski bir aileydi. Babadan kalma meslekleri balıkçılık
olsa da farklı işlerle de meşgullerdi. Gündelik yaşamlarının
hayati bir parçasını dinî ibadetler, çeşitli yeminler ve adaklar
oluşturuyordu. Ailenin balıkçıları cömertlikleri ile de bilinirdi. Günlük avlarından döndüklerinde yaptıkları ilk şey,
karşılığında para almadan, toplanan köylülere biraz balık
vermek olurdu. Avlarını sattıktan sonra da, bir avuç dolusu
parayı çocuklara dağıtırlardı.

İdamannel ailesine birçok takva ehli ruh doğdu. Śrī Velayudhan da öyle bir adamdı. O, ahiṃsa (şiddetsizlik) ilkesine sıkı sıkıya bağlı, çok merhametli, dürüst ve cömert biriydi. Küçük bir sıçanın öldürülmesine dahi göz yummazdı. Velayudhan, iffetli ve inançlı bir kadın olan Śrīmati Madhavi ile evliydi. Onun ailenin mabet odasında yer alan tüm ilahlara çiçek çelenkleri yapmak için, şafak sökmeden kalkma alışkanlığı vardı. Çalışırken dahi her daim Tanrı'nın ilahi isimlerini zikrederdi. Bugün artık seksenlerinde olmasına rağmen, aynı adanmışlıkla her gün tapınakta oturup çiçekleri dizmeye devam eder.

Sugunanandan beş çocuklu ailenin en büyük oğluydu. Ailesinin adanmış ortamından esinlenerek, Tanrı Krişna'ya sevgiyle kendini adamıştı. Dokuz – on yaşlarındayken, Tanrı ve Tanrıçaların oyun ve oyunsu eğlencelerinin (līlā) sahnelendiği, Kerala'ya özgü klasik bir dans draması olan Kathakali'yi öğrenmeye başladı. Kathakali sahne sanatında, aktörler hikâyeyi dans ve mudralar (kutsal el işaretleri) ile sahneler ve ses sanatçıları hikâyeyi şarkılar ile anlatır. Sugunanandan'ın sahnelemeyi en çok sevdiği karakter Śrī Krişna idi. Bir keresinde Kathakali performansı esnasında Krişna rolüyle öylesine özdeşleşmişti ki sahnede bayılarak düşmüştü.

İdamannel ailesindeki ortam oldukça huzurlu ve sakindi. Yaban hayatın can bulduğu, gür Hindistan cevizi, meyve ve kaju ağaçlarının yer aldığı yemyeşil bir bitki örtüsüne sahip, üç tarafı da arka sular (backwaters) ile kaplıydı.

O günlerde çevrede sadece birkaç tane ev vardı. On üç - on dört yaşlarında küçük bir oğlan çocuğuyken, Sugunanandan ve kuzeninin okuldan eve dönüşlerinde en sevdikleri eğlenceleri kaju ağaçlarına tırmanmak ve lezzetli kaju meyvesini yemekti. Yine bir gün bu iki genç kaju toplamakla meşgulken, uzun saçlı ve sakallı bir *sannyasin*in (gezgin derviş) İdamannel'lere yaklaştığını fark ettiler. Onu daha önceden hiç görmemişlerdi ve ışıl ışıl görüntüsü ilgilerini çekmişti. Arazide bir süre dolaştıktan sonra *sannyasin* birden mutlu kahkahalara boğuldu ve yüksek sesle ilan etti:

"Burada derin tefekküre dalmış bir sürü dervişin oturduğunu görüyorum. Buralar, olağanüstü ruhların meskeniymiş ve şimdi bu toprağın altında mezarları yatıyor. Nice derviş burada nihai özgürlüğe erecek. Burası kutsal bir yer olacak." *Sannyasin* yeniden coşkulu bir kahkaha attı ve yoluna devam ederken, dilencinin açıklamasına şaşıran çocuklar da oyunlarını sürdürdü. Sugunanandan ve kuzeninin, gezgin dervişin kehanet gibi sözlerini hatırlayıp başlarını hayretle sallamaları, uzun yıllarını alacaktı.

Sugunanandan kısa bir süre sonra balık pazarlama işine girişti. Yirmi bir yaşındayken, komşu köy Bhandaraturuttu'dan yirmi yaşındaki Damayanti adlı bir kız ile evlendi. Damayanti, dinin buyruklarını her gün aksatmadan yerine getiren inançlı bir aileden geliyordu. Ailesinin kendi mabedi bile vardı. Damayanti, çocukluğundan beri erdemli bir hayat sürmüştü. Babası Punyan ve annesi Karutta Kunya, Tanrı'nın örnek adanmışlarıydı. Tüm aile ortamı onun dinî bir hayat sürmesini destekliyordu.

Damayanti o kadar dindardı ki köylüler ona saygıyla 'Pattathi Amma[1]' veya 'brahmana hanım' diye hitap ederdi. Yaşamının odağı Tanrı aşkı olduğundan, neredeyse haftanın her bir günü çeşitli dinî yemin ve adaklara riayet ederdi. Sıkça oruç tutardı ve orucunu ağaçlardan esrarengiz bir şekilde düşen taze hindistan cevizinin suyu ile bozardı.

Damayanti ve Sugunanandan çiftinden on üç çocuk dünyaya geldi. Ancak dördü doğumda, bir diğeri de elli üç gün sonra öldü. Geriye kalan çocukların, dört kız ve dört oğlun, kronolojik sırayla büyükten küçüğe doğru isimleri şöyle: Kasturbai[2], Sunil Kumar[3], Sudhamani, Sugunamma, Sajani, Suresh Kumar, Satheesh Kumar ve Sudhir Kumar.

---

[1] Takva Ehli Anne
[2] Bundan böyle günlük dildeki kullanımı olan Kasturi olarak hitap edilecek.
[3] Bundan böyle Subhagan olarak anılacak.

Bu çocukların arasında, Sudhamani'nin kaderinde, Mātā Amritānandamayī - Ebedî Mutluluğun Annesi - olarak dünya çapında tanınmak vardı. Damayanti, dördüncü gebeliğinde garip görüler görmeye başladı. Bazen Tanrı Krişna'yı, bazen de Tanrı Śiva ve Devī'nin (Tanrıça'nın), yani İlahi Anne'nin kutsal oyunlarını rüyasında görüyordu. Bir gece rüyasında Damayanti, gizemli bir suretin ona saf altından dökülmüş Krişna heykelciğini emanet ettiğini gördü. Aynı anlarda, Sugunanandan da İlahi Anne'yi rüyasında gördü. Tanrı Krişna'nın müridi olduğundan, Devī'nin bir anda neden rüyasına girdiğine bir anlam veremedi. Rüyasını Damayanti'ye aktarınca, onun da son dönemlerde birçok garip vizyonlar gördüğünü duydu. İkisi de bu rüyaların anlamını ve yakında hayırlı bir şey olup olmayacağını merak ediyordu.

O aralar, Sugunanandan ve Damayanti, balıkçılık işleri için daha elverişli olduğundan, deniz kenarından içeriye beş dakika yürüme mesafesindeki İdamannel aile mülklerindeki diğer kulübeleri yerine, deniz kenarındaki küçük bir kulübede yaşıyordu. Damayanti, daha önceki üç gebeliğinde de doğum tarihinden birkaç hafta öncesinde tüm bedeninde şişkinlik yaşamıştı. Bu onun günlük rutinini rahatlatıp, doğum sırasında bakılacağı Bhandaraturuttu'daki ailesinin evine geri dönmesine yönelik işaretti. Damayanti, dördüncü çocuğunun doğumuna hazırlanmak için hâlâ bu şişkinliği bekliyordu.

Damayanti bir gece, Krişna'yı doğurduğu ve kucağında O'na süt emdirdiği müthiş büyüleyici bir rüya gördü. Ertesi sabah sahilde çalışırken, birden doğuracağını hissetti. Şişkinlik belirtisi henüz görmediğinden, Damayanti bu hisse pek aldırış etmedi. Fakat bu garip his devam edince, Damayanti işlerini bir kenara bıraktı. İdamannel'e gitmesi için izah edilemez bir dürtü hissederek, arkasuları tek başına geçti ve küçük kulübeden içeri girer girmez birkaç eşya toplamaya başladı. Ancak, çok geçmedi ki aşina olduğu doğum hissiyle doğurmak üzere olduğunu anladı. Yere bir hasır mat serip uzanmasıyla birlikte, çocuk doğmuştu! Damayanti şoktaydı. Bebeğin bir kız olduğunu fark etti. Çocuğun doğumunu kuşatan ortam tamamen sessiz ve huzur doluydu. Onu alarma geçiren ilk hissin dışında Damayanti herhangi bir rahatsızlık hissetmemişti. Kendine geldiğinde ise endişe doluydu, çocuk yaşıyor muydu? Yeni doğan bebeğin ağlama sesini duymamıştı. Kaygıyla çocuğu inceledikten sonra Damayanti daha da şaşırdı. Bebeğin küçücük yüzünde ışıl ışıl bir gülümseme vardı! Çocuğun bakışı Damayanti'nin kalbinin en derinlerine nüfuz etti ve bu anı asla unutmadı.

O sırada komşu evlerden bir kadın kulübenin girişinde belirdi. Olanları hemen anlayarak, anne ve bebeği rahat ettirmeye çalıştı. Böylece 1953 yılı 27 Eylül sabahında, yakınlarda yankılanan okyanus dalgalarının sesi eşliğinde, palmiye yapraklarıyla dokunmuş mütevazı bir kulübede, minik bir kız çocuğu doğdu.

Bebeğin koyu mavi ten rengi, *padmāsana'da*[4] yatıyor olması ve baş parmağını işaret parmağı ile daire oluşturacak şekilde birleştirerek – parmaklarını *Chin Mudra'*da[5] tutuyor olması gerçeği anne-babayı şaşkınlığa uğratmıştı. Onlar, bu lacivert tondaki tenin tuhaf bir hastalığın belirtisi olabileceğinden ve bu kendine özgü duruşun anormal kemik yapısı veya çıkık sonucu olabileceğinden korkuyordu. Çeşitli doktorlara danışıldı. Doktorlar herhangi bir özürlülük durumu olmadığını doğruladıklarında, kemik anormalliği korkusu tamamen bertaraf edildi. Ten rengine gelince, Damayanti ve Sugunanandan'ın ikisi de açık tenli olduğundan, kalıtıma atfedilemedi. Bu esrarengiz rahatsızlığın kaybolması umudu

---

[4] Hatha yoga'da yer alan lotus (nilüfer) duruşu.
[5] Elin özel bir duruşu olan bu Mudra, Jīvātma (Bireysel Özbenlik) ile Parāmātma (Mutlak Özbenlik) arasındaki birliği sembolize ediyor.

ile ebeveynlere altı ay boyunca çocuğu yıkamamaları tavsiye edildi.

Altı ay geçmesine rağmen kız bebeği Tanrı Krişṇa ve Tanrıça Anne Kālī'yi andıran koyu lacivert renk tonunu koruyordu. Nihayetinde, zamanla lacivert ton, koyu kahverengiye dönüştü. Ancak, küçük kız ne zaman ki Tanrı Krişṇa'yı görme arzusu ile yanıp tutuşsa, ten rengi yeniden koyu laciverte dönüşürdü. Bugün bile, özellikle Krişṇa ve Devī'nin İlahi Hâlleri'nde iken, koyu lacivert ten rengi gözlemlenebilir.

İşe bakın ki bu lacivertimsi kara teninden dolayı, Damayanti ve diğer aile üyeleri çocuğa müthiş bir küçümseme ile bakacaklardı. Bu koyu renkli çocuğa duydukları tiksinti, ona ailenin ve yakınlarının kıymet görmeyen hizmetçisi gibi davranmalarına sebep oldu. Hatta, yeni doğan bu çocuk fazla önemsenmediğinden, sadece birkaç yakın akraba doğumdan haberdar edildi. Ayrıca o bir kızdı ve Damayanti zaten daha evvelinden üç çocuk doğurmuştu.

Umman Denizi kıyılarında küçük bir kulübede, gülümseyerek doğan bu garip lacivert renkli çocuğun, aslında dünyaya acı çeken insanlığa barış ve ilahi sevgi yağdırmaya gelen, manevi bir dev olduğunu kim tahmin edebilirdi? Arayıştaki binlerce ve binlerce ferdin, Hicret Okyanusu'nu[6] geçmek için yardımına yetişecek olan bu ufaklığın manevi kaderini kim öngörebilirdi?

Aile, ufak kızın doğumundan itibaren, anlamını ancak yıllar sonra kavrayabilecekleri olağandışı işaretleri fark etmeye başladı. Genelde, bir çocuk yürümeye başlamadan evvel çeşitli gelişim aşamalarından geçer. Önce sırtüstü yatar, sonra döner, sonra yüzüstü karnının üstüne yatar ve ön kollarıyla kendini yukarı iterek kaldırır. Nihayetinde, çocuk emeklemeye başlar ve birkaç ayın ardından, bir şeye

---

[6] Samsāra: Doğum, ölüm ve yeniden doğuş döngüsünün metaforik temsilidir.

tutunarak bacaklarının üzerine kalkar. Tüm bunlar, bir yaş civarında emekleme döneminde gerçekleşir. Bu küçük kızın durumunda işler tamamıyla farklıydı. Zira bu aşamaların hiçbiri gerçekleşmedi. Küçük kız, altıncı ayını doldurmasının ardından, bir gün aniden ayağa kalktı ve doğrudan yürümeye başladı. Herkesin kalbini ilgi ve coşkuyla doldurarak, kısa bir süre sonra da koşmaya başladı.

## Ölümsüzlük Mücevheri

Ebeveynleri, merak uyandırıcı kız bebeklerine Sudhamani, "Ölümsüzlük Mücevheri" ismini verdi. Sudhamani, onun yaşındaki diğer çocukların aksine, neredeyse altı aylık iken anadili Malayālam'ı konuşmaya başladı. Düzgün konuşmaya başlaması ile Arayıştaki binlerce ve binlerce ferdin ilahi isimleri tekrarlama tutkusu da ortaya çıktı. İki yaşındayken, hiç kimse öğretmemiş olmasına rağmen, dua etmeye ve Śrī Kriṣṇa'yı yücelten kısa şarkılar söyleme başladı. Elbette söylemeye gerek yok, bebeği şarkı söylerken duyduklarında ailenin ağzı açık kalmıştı. Sonraki yıl süresince Sudhamani, ilahi isimleri yüksek sesle melodik bir şekilde söyleme alışkanlığını oturtmuştu; bu geleneği bugün bile kesintisiz devam ediyor. Dört yaşına geldiğinde, en sevdiği ilah Tanrı Kriṣṇa'nın küçük resminin önünde oturup, bestelediği dizeleri, coşkulu bir aşk ile söylüyordu.

Bebekliğinden beri Sudhamani hayat ve coşku ile doluydu. Uysal bir çocuktu ve köydeki herkes onu severdi. Onu hiç tanımayan insanlar bile, küçük Sudhamani'ye karşı açıklanamaz bir çekim ve yakınlık hissederdi. Yaradan aşkı, başkalarına karşı ilgi ve diğer takdire şayan özellikler, onda erken çocukluk yıllarından itibaren belirmişti. Bu erdemli niteliklerinden dolayı, köydeki herkes ona hayvanlara verilen ve "ufaklık" anlamına gelen "Kunju" adıyla seslenirdi. Ne tuhaftır ki daha sonradan aynı nitelikler, ailesinin ve akrabalarının onu tacize ve kötü muameleye maruz bırakmasına bahane olacaktı. Sudhamani beş yaşına geldiğinde, kalbinden Śrī Krişna'ya doğal bir adanmışlık aşkı aktığı gözlemleniyordu. Çok geçmeden, aşkı muhteşem ilahiler şekline dönüştü. Şarkıları, sevdiği Krişna'sına çektiği hasretin kederi ile doluydu. Yalın, fakat derin anlam taşıyan mistik şarkılarını efsunlu ve içli söyleyişi tüm köyce bilinir olmuştu. Gömleğinin altına sıkıştırdığı Krişna'nın küçük resmine gözlerini odaklar, şarkısını öyle söylerdi. Ardından uzun süre kımıldamadan otururdu. Bu olağandışı davranış ve yoğun adanmışlık hâli herkesi şaşkına çeviriyor ve inançlı köylülerin ilgisini çekiyordu. Öyle ki sırf Sudhamani'nin yeni günü selamlayan, melek gibi söylediği şarkılarını duymak için sabahları erken kalkarlardı.

### Anpati tannile

*Ey Tanrım, Anpati'nin sevgili çocuğu olarak*
*Gokulam'ı koruyan,*
*Ey Tanrım, Süt Okyanusunun Efendisi, bulutların*
*rengi olan, Sen ki nilüfer gözlüm, Ellerimi*
*birleştirdim Sana dua ediyorum...*

*Günahkârları günahlarından lütfen kurtar,*
*Ah kara bulutların rengindeki.*
*Bu köydeki fakir fukaraya lütfen merhamet eyle...*

*Ey flütlerin Efendisi, sarı giysilere bürünen,*
*boynunda yaseminden çelenk olan, lütfen gel ve*
*flütünü çal.*

*Putana'yı yok eden, lütfen beni koru!*
*Sırtını koca bir yılana yaslayan, sağanak yağmuru*
*engelleyen, ey Gokulam'ın Efendisi, beni Nilüfer*
*Ayaklarınla bir kılarak ruhumdaki acıdan kurtar.*

Bu yaşta bile, Sudhamani'de gözle görülür bazı ilahi özellikler vardı. Oyun oynarken veya başka aktivitelerde birdenbire içe dönerdi. Böyle durumlarda, ebeveynleri veya diğer aile üyeleri onu ıssız, izole bir yerde hareketsiz oturmuş bir hâlde bulurlardı. Diğer zamanlarda ise, onu arkasuların yakınında başka bir dünyadaymış gibi oturmuş, gözlerini suya veya sessizce mavi gökyüzüne dikmiş bulurlardı. Onu tek başına gözleri kapalı şekilde bir yerlerde oturmuş bulmak nadir bir olay değildi. Uyandırıldığında ise, dünyadan soyutlanmış bir ruh hâlinde gözükürdü.

Kızlarının alışılmadık bilinç hâllerini anlayamayan anne ve babası, Sudhamani'yi diğer çocuklar gibi oyun oynamadığı için azarlardı. Bu, kızlarına kötü muamelenin ve onun ilahi âleme yaptığı ziyaretlerini yanlış anlamanın olduğu uzunca bir sürecin başlangıcını işaret ediyordu. Onlar kendilerince, tuhaf davranışların psikolojik bir bozukluğa işaret edebileceğinden endişe ediyorlardı.

Sudhamani beş yaşına basınca, yakın bir köydeki Srayicadu Okulu'nda birinci sınıfa yazdırıldı. O yaşta bile zekâsı parlak ve hafızası çok iyiydi. Dersi bir kere dinlediğinde, tek bir bölümünü dahi, asla unutmazdı. Kendisinin okuduğu veya sınıfta işledikleri dersleri zahmetsizce ezberlerdi. Sudhamani ikinci sınıftayken, ileri sınıfların derslerini sadece bir kere dışarıdan duyarak bile kolayca ezberlerdi.

Ağabeyi ve ablasının da bulunduğu kendinden yaşça büyük sınıf arkadaşlarına, bir şiiri ezberleyemedikleri için bazen öğretmen sert cezalar verirdi. Bu arada alt sınıftaki Sudhamani, şiiri çoktan şarkılaştırıp narin bir kelebek gibi dans ederek söylerdi. Tüm öğretmenler onu takdir eder ve Kunju'nun hayran bırakan hafızasına şaşırıp kalırlardı. Evdeki sorumlulukları yüzünden çoğu zaman devamsızlığı olsa da tüm derslerinden tam not alırdı.

Sudhamani'nin muhteşem hafızasını anlatan başka bir olay da Damayanti doğum yaptıktan beş ay sonra gerçekleşti.

O gün evin ve çocuğun bakımını Sugunanandan'a bırakıp evden çıktı. Bilinmeyen bir sebepten çocuk huysuzlanıp ağlamaya başladı. Böyle bir duruma alışkın olmayan Sugunanandan çok uğraşmasına rağmen çocuğu susturamadı. Sonunda, çocuğun ardı kesilmeyen ağlamasından öfkeden çılgına dönen Sugunanandan sabrını kaybedip, onu beşiğinin üzerine fırlattı.

Yıllar sonra Sudhamani babasına, "Ah, o gün nasıl fırlatmıştın beni! Neredeyse öldürecektin!" dediğinde, Sugunanandan sözlerine önce bir anlam veremedi. Ancak birkaç dakika sonra o eski olay gözlerinin önüne geldi ve kızının hafızasına bir kez daha şaşırıp kaldı.

Sudhamani, okuldaki boş vakitlerini ödevlerini bitirmek için kullanırdı. Böylece eve gidince o zamanı Tanrı'yı hatırlamak için değerlendirirdi. Eve vardığında küçük kız önce annesine ev işlerinde yardım ederdi. Yoksa kendini ilahiler söylerken unutabilirdi.

Çocukluğundan itibaren Sudhamani zamanı doğru kullanmaya çok dikkat ederdi. Asla bir anını bile boş oturarak geçirmezdi. Her gün düzenli ev işleri görevlerini yerine getirirken, sürekli Tanrı Krişna'nın İlahi İsimlerini tekrarlardı. Kunju, kalbinde sevdiği Krişnası'nın güzel endamını canlandırıp İlahi İsimlerini terennüm ederek, gecesini ve gündüzünü kendi dünyasında geçirirdi.

Sudhamani'nin çocukluğunu geçirdiği ev sadece iki küçük oda ve mutfaktan oluşuyordu. Böyle dar bir alandaki yaşamın getirdiği rahatsızlıkları gidermek için Sugunanandan ahırın[7] yanına bir oda daha inşa etti. Burası çocukların ders çalışma odası olmasının yanı sıra, küçük Sudhamani'nin çocukluğunu meditasyon ve ilahiler söyleyerek geçirdiği yerdi. Ahır ayrıca, iki tane de mülteci - terkedilmiş bir kadın olan kuaför Potichi

---

[7] Kalari: Eski Devī Bhāva Darśan Mabedi'nin şu anda bulunduğu yerin yakınlarında

ve çocuğunu barındırıyordu. Çaresiz hâllerine acıyan Sugunanandan, onların oraya sığınmalarına izin vermişti. Kuaför Potichi, Sudhamani'yi çok seviyordu. Ufaklığı sürekli kucağında taşıyordu. Ogünlerde Sudhamani'ye Damayanti'den daha fazla o bakmıştı.

Nitekim, nazik Sudhamani'nin kalbini ve ruhunu Tanrı Krişna'nın büyüleyici endamına odaklayarak ahırda yaşamaya başladığını görüyoruz. Nasıl ki Śrī Krişna için inekler çok değerli ise, küçük kız da onlara tapıyordu. Tüm boş vakitlerinde tek başına oturup kutsal düşlere dalıp gider, Krişna'nın göz kamaştıran görüsüne duyduğu hasretin saadeti ile mest olurdu.

Sudhamani'nin sevgi dolu tabiatı, her daim çocukların çevresini sarmasına sebep olurdu. Her fırsatta İdamannel'e gidip onunla oyun oynarlardı. Birlikte ineklere ot toplamaya giderlerdi. Sudhamani'nin küçük arkadaşları yorucu işler yapmakla ilgilenmeseler de, onun neşeli arkadaşlığı ile keyiflenmek için güle oynaya ona katılırlardı. Hepsinin ona karşı duyduğu gizemli bir çekim ve güçlü bir sevgi bağı vardı.

Sudhamani, işlerini tamamlamasının ardından, çocukları birçok oyunun içine dahil ederdi ve Krişna'nın bir çocuk olarak tatlı yaramazlıklarının olduğu Krişna mizanseni ile, diğerlerini de bu oyuna çekerdi. Hiç zorlanmadan tüm grubu, zihninde mütemadiyen dolaşan adanmışlık şarkılarını hiç zorlanmadan yüksek sesle birlikte söylemeye teşvik ederdi.

Sudhamani'nin gün geçtikçe yoğunlaşan adanmış aşk hâllerini kimse anlayamıyordu. Haftalar ve aylar geçtikçe, Rabbin ilahi güzelliğini görme arzusunu dile getirdiği yoğun hasret dolu şarkılarına daha çok kaptırıp, kendini tamamıyla ilahi aşk ritüellerine vermeye başlamıştı.

Vecd hâlleri daha da sıklaşmaya başladı ve artık ahırla sınırlı kalmıyordu. Sudhamani çevresinden çekinmeden, bazen vecd hâlinde ilahiler söyler ve dönerek dans ederdi.

Kunju yedi yaşında böyle bir hâldeyken, aşağıdaki şarkıyı besteledi:

*Koru beni, Guruvayur şehrinde yaşayan*
*Ey Yüce Rabbim...*
*İnek çobanı rolündeki çocuk Krişna*
*Kâinatın Efendisi, İlahe Lakşmī'nin Eşi,*
*Koru beni, Ah Krişna, Rādhā'nın Sevgilisi,*
*Ah Krişna, Sütçü kızlarının Sevgilisi,*
*Ah Krişna, Nanda'nın oğlu,*
*Ah Krişna, herkes tarafından övülen ve tapılan.*

Ailesi ve komşuları, küçük Sudhamani'nin vecd hâllerine anlam veremiyor ve bunu çocuk oyunlarından farklı görmüyorlardı. Ruhani rehberlikten yoksun bu yedi yaşındaki kızın, Saf Sevgi ve Saadet Okyanusu'nda yüzdüğünü kim hayal edebilirdi? Dünya algısını kaybeden Kunju bazen kendini odaya kilitleyip vecd hâlinde şarkı söyleyip, dans ederdi. Bir keresinde Damayanti onu kapıdan dikizleyip, "Görüyor musun kızımız nasıl dans ediyor! Ona dans dersi versek iyi olur!" diye hiddetle söylendi. Zavallı anne-baba! Sırf dünyevi dansa aşinaydılar. İlahi sarhoşluk ve mutluluk ile raks eden birini hiç görmemişlerdi. Şayet Yüce Ruhların yaşamlarını bilen biri olsaydı, Sudhamani'nin ruhsal hâlleri fark edilebilirdi. O vakit bile, böylesi küçük bir çocuğu vecd hâlinde bulmayı kim beklerdi? Sonunda aile, kızlarının biraz eksantrik ve aşırı hayalci soytarılığına şahit oldukları sonucuna vardı.

Sudhamani'nin Yüce Rabbini görme ve O'nunla bir olma hasreti derinleşmeye devam etti. Gömleğinin içine sakladığı, Krişna'nın küçük resmine gözünü ayırmadan biteviye bakıyordu. Kalbini O'na açarak şarkı ve dualarla içini döküyordu, "Ah sevgili Krişnam, çevremde sıkıntı ve acılar görüyorum! Ah Krişna! Ne olur bu ufacık çocuğuna göz kulak olmayı unutma. Sürekli Sana sesleniyorum; benimle oynamaya gelmeyecek misin?"

Aşağıdaki şarkı Sudhamani tarafından sekiz yaşındayken bestelendi ve tinsel yoğunluğunun derinliğine dair bir fikir veriyor:

## Kanivin porule
## (Merhametin Özü)

*Ey Merhametin Özü, Ey Şefkatli Olan*
*Ah Krişna, bana bir sığınak ver!*

*Ah Krişna, bu yanan göz yaşlarının hikâyesini*
*bilmiyor musun?*

*Yılan Kaliya'yı ezen Ayaklarına çiçekler sunuyorum,*
*Sana ibadet ediyorum, Ah Krişna!*

*Sen ki Arjuna'nın arabacısı olarak Kurukşetra'ya*
*geldin,*
*Hakikat ve Doğruluğu korumak için*
*Ah Rabbim Dharma'yı koruyan*
*Bize biraz merhamet eyle!*

*Gītā'nın Efendisi, İlahi Musikinin Aşığı*
*Senin şarkılarını söyleme kabiliyeti ver.*
*İlahilerin şarkıların Aşığı,*
*Duymuyor musun kutsal isimlerini*
*Kalbimin en derinlerinden haykırdığım?*

Ufaklığın mahzun çehresi ve kederli şarkıları, köylülerin müşfik kalplerini kazandı. Fakat Sudhamani'nin içinde yaşadığı hayatın büyük gizemi hâlâ bir muammaydı. Onun bu çocuksu vecd hâllerini, irfan sahibi olanlardan başka kim anlayabilirdi?

# 2. Bölüm

# Kutsal Hizmetkâr

*"Anne, hizmetkârların hizmetkârıdır. Kendisine ait özel bir yeri yoktur. Onun yeri kalbinizdedir."*

– Mātā Amritānandamayī

Kāminīriti hi yāminişu khalu kāmanīyaka nidhe
bhavān
Pūrṇasammada rasārṇavam kamapi yogigamya
manubhāvayan
Brahmaśankara mukhānapīha paśupanganāsu
bahumānayan
Bhaktaloka gamanīyarūpa kamanīya kṛṣṇa
paripāhi mām

*Ey Güzelliğin kaynağı! Gecelerini, sırf Yogilerin elde*
*ettiği o açıklanamaz yoğun mutluluk deneyimini,*
*gopikalara bahşederek geçiriyor ve onları Brahma*
*ve Śiva katında meşhur kılıyorsun. Ah hoş Krişna,*
*sadece âşıkların ulaşabildiği, lütfen beni her daim*
*koru.*

– Śrīmad Narayanīyam, 69. onluk, 11. dize

Sudhamani dokuz yaşına geldiğinde, dördüncü sınıfa gidi-
yordu. Annesi kronik romatizma hastası olduğundan,
ev işlerinin çoğunu artik o yapıyordu. Gün doğmadan
önce kalkıp birçok işi yapıyordu ve ancak işlerini bitirdikten
sonra aceleyle okula yetişiyordu. Akşam eve döndüğünde
de kalan ne iş varsa dua ve meditasyon eşliğinde onları
tamamlıyordu. Çok değerli resmini daima her yere taşıyor,
ona sarılıp ağlıyor ve öpüyordu. Zaman zaman Damayanti,
Sudhamani'yi arkada bırakarak kuyudan su çekmeye uzağa
gittiğinde, Sudhamani annesine yardımı dokunabileceğini
düşünerek, fark ettirmeden onu takip ediyordu. Damayanti
onu engellemeye kalktığında, Sudhamani sesini yükselterek

karşı çıkardı. Kızının inadına öfkelenen Damayanti onu bazen bir odaya kilitlerdi. "İşte hayalet geliyor! Seni almaya geliyor!" diyerek küçük kızı korkutmaya çalışırdı. Fakat kimse Sudhamani'yi korkutamazdı. Küçük bir çocuk olmasına rağmen, o korkusuzdu. Bu gerçek, olağanüstü çocuğa karşı zaten büyük bir sevgi besleyen yerel köylülerin saygısını da beraberinde getiriyordu. Köyde, küçük çocukları korkutması ile bilinen bir kadın vardı. Ebeveynler, çocuklar çok yaramaz olduklarında, onları korkutup söz dinletmesi için kadını çağırırlardı. İsmi Appisil Anne olan kadın, minik Sudhamani'yi korkutması için zaman zaman İdamannel'e çağrılırdı. Adı çıkmış kadın, Sudhamani'nin oturduğu yerdeki pencereye sinsice sokulurdu. Kafasını çuvalla örtüp, çığlıklarla atlayıp zıplayarak korkutucu hareketlerde bulunurdu. Pencerenin aralığından bakan Kunju "Git buradan, senin kim olduğunu biliyorum. Sen Appisil Anne'sin. Beni korkutmaya çalışma!" diye cesurca karşılık verirdi.

Sudhamani, umutsuz, terkedilmiş bir çocuk gibi sevgili Krişna'sını çağırırdı. Köylüler artık onun başka dünyada yaşayan biri olduğunu varsayıyordu. Ufaklığın çektiği ıztırabın sebebini anlayamayan köylüler, "Vah vah, zavallı çocuk! Ne oldu ona? Sürekli gözlerinden yaşlar süzülüyor. İçler acısı bir durum! Sadece ağlamak için mi doğdu? Ailesi onu istismar mı ediyor? Bu kadar sıkıntı çekecek ne yaptı?" diyerek derdine ortak olurlardı. Herkes Sudhamani'ye acırdı, hatta bazıları onu avutmaya bile çalışırdı. Gerçi gopilerin (sütçü kızları) sevgilisinden başka, kim onun bastırılamayan ruhsal birlik hasretini giderebilirdi?

Sudhamani'nin eşit bakış açısı, asil karakteri, tüm canlılara karşı duyduğu şefkat ve efsunlu şarkı söylemesi, onu bütün köylülere sevdirmişti. Onu tanıma şansına nail olanlar, kısa süre sonra kendilerini ona kalplerini açarken bulurdu. Ancak iş kendi ailesine gelince, kader o kadar kibar davranmıyordu.

Sudhamani'nin özellikle annesi ve ağabeyi, alışılmadık davranışlarından ötürü ona düşmanca davranıyordu. Damayanti'nin sağlığı, beş çocuğun ardından, tamamen kötüleşti. Artık hiçbir ev işi yapamaz olmuştu ve Sudhamani ile ortaklaşa yaptıkları işlerin hepsi Sudhamani'ye yüklenmişti. Evin en büyük kızı Kasturi yerel yüksekokula, en büyük oğul Subhagan ise okula gidiyordu. Sıkıntıları artan Sudhamani'nin meşakkatli görevi sabah üçte kalkarak başlıyordu. İşe önce evi temizleyerek başlıyor, sonra etrafı süpürüyor, su getiriyor, yemeği pişiriyor, inekleri besleyip süt sağıyor, çamaşırları yıkayıp yemek kaplarını ovuyordu. Küçük bir çocuk için böylesine zorlu bir düzen son derece zahmetliydi. Ailenin büyükbaş ve kümes hayvanlarına bakmak tek bir kişi için zaten yeterince işti. Yine de Sudhamani tüm işleri sabırla ve özenle hiç şikâyet etmeden yerine getirirdi. Bu noktada eğitim hayatı neredeyse sona ermişti. Ufaklık, aşırı iş yükünden dolayı okula zamanında yetişemez olmuştu. Bazen işlerini bitirmeyi başarıp derse koştuğunda ve ders eğer başlamış ise, öğretmen çocuğu geç kaldığı için ceza olarak sınıfın dışında bekletirdi. Sudhamani, mecburen sınıfın dışında olduğu hâlde, pür dikkat dersi dinlerdi. Bu sayede, dördüncü sınıfı tamamlamayı başardı. Ancak Sudhamani beşinci sınıfa geldiğinde, hem sonu olmayan ev işlerine yetişip hem de derslerine yetişemez olmuştu. Sonunda, Sudhamani on yaşında okulu bırakmak zorunda kaldı. Şafak sökmeden sabahın erken saatlerinden gece geç vakte kadar ağır işler yapıyordu. Yine de o kadar zahmetli işle uğraşırken ufaklık, sevgilisi Krişna'nın ilahi isimlerini söylüyordu. Zaman zaman vazifelerinin ortasında, kendini adanmış aşk hâllerine o kadar kaptırıyordu ki dış çevre ile bağlantısı tamamen kopuyordu.

DaDaha önceden bahsedildiği üzere, Sudhamani'nin günü şafak sökmeden başlıyordu. Biraz olsun yorgunluktan uyuyakaldığında, Damayanti bir maşrapa dolusu suyu hiç tereddüt etmeden üzerine dökerdi. Kalkar kalkmaz ilk işi

Hindistan cevizi kabuklarını bir tokmak ile yumuşak bir doku elde edene kadar dövmekti. Daha sonrasında bu, yerli bir ürün olan, Hindistan cevizi lifi olarak işlenirdi. Akabinde evi ve avluyu temizler, evden biraz uzakta kalan köyden su getirmeye gider, çanak çömleği yıkar, yemekleri pişirir ve küçük kardeşlerini okula göndermek üzere hazırlardı. Bir sonraki turda ise inekleri yıkayıp yemlemek, öğle yemeğinin ardından yeniden kazanları yıkamak, tüm ailenin çamaşırını yıkamak ve inekler için ot toplamak vardı. Hepsini tamamlamak öğleden sonra saat dördü bulur ve bu kardeşlerinin okuldan dönme vaktine denk gelirdi. Sudhamani onlar için atıştırmalık ve çay hazırlayıp ve nasıl oluyorsa komşu evleri ziyaret edip inekler için sebze artıkları veya pirinç lapası toplayacak zamanı bulurdu. Dahası, Damayanti, çocuğa ziyaret ettiği evlerde düzgün bir şekilde yapılmamış her türlü ev işini de yerine getirmesi talimatını vermişti. Sonra yine çocuk tüm aile için akşam yemeğini hazırlar ve kimsenin yardımı olmaksızın kazanları yıkardı. Sudhamani ailenin hizmetçisi olarak görülürdü ve tüm ev işleri ona bırakılırdı. Buna ilave, Damayanti onun her bir adımını dikkatle incelerdi. Bir yanlışını yakaladı mı, ne kadar küçük olursa olsun, süratle ceza vermekte gecikmezdi. Sudhamani'nin tek arkadaşı Krişna'ydı; yegâne ilham kaynağı O'nun ismiydi. Görevlerini yerine getirirken, sevgili Efendisi'nin yoğun düşüncesi gözlerini yaşartır ve O'nun Güzelliğini düşünerek, saatlerce ağlardı.

Sudhamani için gün gece on birde sona ererdi. Masum kızın dinlenmek için kısa bir vakti vardı. Fakat ne yatmaya ne de uyumaya niyeti olurdu, onun yerine sadece kendi içinde dinlenmeye, yani Rabbi ile birlikte olmaya çalışırdı. Sonunda herkes uyudu mu, o ailenin küçük mabedinde ilahiler eşliğinde kalbini Tanrı Krişna'ya dökerdi. Sudhamani, gecenin kör karanlığında sonunda uyuyup kalana kadar hasretle ağlar ve şarkı söylerdi.

## Krişņa niyennil karunyamekane
### (Krişņa Bana Şefkat Göster)

*Ey Krişņa, lütfen bana şefkat göster!*
*Ey Tanrı Vişņu, birleştirdiğim ellerimle Sana aşkla*
*yakarıyorum!*
*Lütfen beni dil, zihin ve beden yükünden kurtar!*
*Lütfen beni şefkatle koru!*

*Ey Krişņa, Sen ki düşkünlerin dostusun,*
*Az bile olsa şefkatin yok mu?*
*Sen sadece altın tapınakta mı bulunursun?*
*Parlak gözlerinin ışığı söndü mü?*

*Ey Şefkat Deryası,*
*Sen ki adanmışlara karşı sevgi dolusun!*
*Senin Ayaklarının altı Ebedî Dayanaktır!*

O günlerde bile, gönlünü çalan herhangi bir şarkı veya görüntü görmesin, Sudhamani o kadar mest olurdu ki zihni anında ilahi yüksekliğe varır ve vecd hâlini alırdı. Bir gün ev için yaptığı market alışverişinden dönerken, uzaklardan gelen bir ilahinin ezgisi kulağına çalındı. Şarkıdan etkilenerek ve yarı uyanık bir hâlde Sudhamani döndü ve şarkının geldiği yöne doğru yürüdü. Yakılan ağıt, o gün birinin vefat ettiği, Hristiyan bir aileye ait bir evden geliyordu. Akrabalar bedenin çevresinde oturmuş, acı dolu bir tonla ilahiler yakıyorlardı. Çocuğun yüreğine dokunan bu an, onun dünya ile bağlantısının kesilmesine ve Tanrı sarhoşluğu içinde hareketsiz bir hâl almasına sebep oldu. Gözleri kapalıydı ve yanaklarından yaşlar süzülüyordu. Aldıkları ellerinden düşmüştü ve toplanan insanlar onun da akrabalarının ölümünden etkilenmiş biri olduğunu düşünerek, tanımadıkları bu kızın ani dönüşümü ile ne yapacaklarını bilemediler.

Sudhamani'nin normal bilinci kısmen geri gelene kadar yarım saat geçmişti. Düşmüş paketlerini yerden toplayarak, aceleyle eve döndü. Ama geç kalmıştı ve Damayanti kızgın bir şekilde onu bekliyordu. Öfke ile Sudhamani'yi azarladı ve onu çok fena dövdü. Ufaklık, hâlâ içine dönük ve Damayanti'nin sert muamelesini sessizce ve etkilenmemiş bir hâlde karşıladı. Tanrı aşkındaki bir gönlü hangi dış güç rahatsız edebilirdi?

Olağanüstü parlaklığı, yılmaz neşesi, örnek adanmışlığı ve dokunaklı şarkı söyleyişinin yanı sıra Sudhamani en çok, yoksul ve muhtaçlara duyduğu sevgi dolu şefkati ile bilinirdi. Annesine hizmet etmek ve onu memnun etmek için elinden gelenin en iyisini yapıyor olsa da doğası gereği öfkesi burnunda olan Damayanti, onu hayali bir hatası için dahi insafsızca cezalandırmaktan çekinmezdi. Damayanti'nin küçük Sudhamani'ye duyduğu hoşnutsuzluğun özel gerekçesi, onun koyu ten rengine sahip olmasıydı. Üstelik Damayanti ufaklığı bazen, ünlü tereyağı hırsızı Śrī Krişna gibi tereyağı, süt ve yoğurt çalarken yakalardı. Lâkin Damayanti'nin bir süre keşfedemediği ise, Sudhamani'nin yiyecekleri arkadaş olduğu açlık çeken ailelere vermesiydi.

Başkaları tarafından fark edilmeden, götürmek istediği süt ve yoğurt yerine aynı miktarda su kattıktan sonra, gizlice sıvışırdı. Yakalandığı an, fena bir dayak yerdi. Çoğu zaman, kardeşleri de onun merhametli yapısından istifade ederek, kendileri için yemek çalar, sonra suçu Sudhamani'ye atarlardı. Gerçek hırsızın kim olduğunu bilse de tek bir kelime etmez, ancak sessizce annesinin attığı fırçaya mukavemet gösterirdi. Sudhamani, herhangi bir ailenin açlık çektiğini öğrendiğinde, gerekli alışverişlerin yapılabilmesi için annesinin ufak koleksiyon kutusundan para aşırırdı. Bu mümkün olmadığında, ona bir miktar para verene kadar babasına inatla rahat vermezdi. Her iki plan da işlemezse, ailesinin kilerindeki pişirilmemiş yemeklikleri alır ve muhtaç ailelere verirdi.

Bazı çocukluk şakaları ve hâlleri dışında Sudhamani'nin muzipliği sadece özverili niyetler üzerine kuruluydu. Onun eylemleri acı çeken herkese duyduğu doğal şefkatin meyvesi idi. Ne var ki bu tür hayır işleri Damayanti'yi daha çok kızdırır ve ona hemen ağır bedensel cezalar verirdi. Sudhamani kendi acısına aldırmaksızın, başkalarına verdiği huzur ve yardımlar ile muazzam bir memnuniyet ve mutluluk duyardı. Hayırsever işlerinden dolayı sürekli aldığı cezalar onu caydırmaya asla yetmedi. Yoksul köylülere hizmet edebilmek için çektiklerini kimsenin bilmesine asla izin vermezdi.

Sugunanandan çoğu zaman İdamannel'den günlerce uzaktaydı, balıkçılık işlerine gidiyordu ve gece geç saatlerde tüm çocuklar uyuduktan sonra dönüyordu. O döner dönmez, Damayanti hiç vakit kaybetmeden hizmetçi çocuğuyla ilgili suçlamalarını saymaya girişirdi. Yine böyle bir durumda, uyuyor numarası yapan Sudhamani aniden "Ben senin kızın değilim! Ben senin gelinin olmalıyım!" diye bağırdı. Sudhamani'nin patlamasını duymak Damayanti'yi şaşırtmıştı. Ufaklığın ima etmek istediği şey çok açıktı; Damayanti'ye, gerçek bir annenin kızının hatalarını sabırla affedeceğini hatırlatırken, yalnızca bir kayınvalidenin gelinin hatalarını titizlikle on kez abartarak rapor vereceğini hatırlatıyordu.

Erdemli ufak Sudhamani'nin keder ve ızdırabı hafifletmek için doymak bilmeyen iştahının, çok yakında dünyanın dört bir yanından binlerce insanı, tıpkı susuzluktan ölenlerin vaha aradığı gibi, Umman Denizi'nin uzak kıyılarına getireceğini kim hayal edebilirdi? On yaşına yeni basmış olan Sudhamani'nin bu ıssız balıkçı köyünde tüm dünyada hissedilebilecek bir şefkat dalgası yarattığı gerçeğini kim nasıl kavrayabilirdi?

Görevlerini son derece samimiyetle yerine getirse de annesi onu sık sık şöyle uyarırdı: "Hey kızım, tembel olma! Boş oturursan Tanrı sana hiç iş vermez ve açıktan ölürsün. 'Ey Tanrım, lütfen bana yapacak iş ver.' diye Tanrı'ya sürekli dua et. Herkes böyle dua ediyor." Bu sözleri duyan Sudhamani duayı sonra şöyle uyarladı: 'Ey Krişna, lütfen bana yapacak iş ver, ne olur bana Senin işini ver!" Sudhamani'nin gösterdiği sabır, tahammül ve fedakârlık inanılmazdı. Sevgilisini aralıksız hatırlarken, zulümleri göğüsleme yeteneği, Hindistan'ın *Tanrı İdrakine Varmış Kurtarıcılarının Soyunun* son bulmadığının ve bir tane daha *Mutlak Ruhun* arifesi olduğunun alâmetiydi. Sayısız sınavdan geçmesine ve acımasızca işkence görmesine rağmen, her şeyi ilahi takdirin bir lütfu olarak kabul ediyordu. Tüm üzüntüsünü kalbine gömüyor ve sırrını sadece İlahi Flüt Çalar, Tanrı Krişna'ya emanet ediyordu.

Gecenin karanlığında kapalı kapıların ardında ailenin mabet odasında, yaşlı gözleriyle Krişna'ya dua ederdi, "Ah Sevgili Krişna'm, Senden başka kimse benim kalbimi bilemez. Bu dünya keder ve acılarla dolu. Bencillik egemen olmuş. İnsanlar yalnızca kendi mutluluklarının ve zevklerinin arayışındalar. Benim canım Kanna[1], ben Sana kavuşmak dışında hiçbir şeyi arzu etmiyorum. Ah Rabbim, bugün çektiğim acıyı görmedin mi? Ey Rabbim, ne olur gel! Senin kutsal bedenini görmeme izin ver. Burada çektiklerim benim için bir hiç, ama senden ayrı olmak benim asıl ızdırabım." Sudhamani bu şarkıyı o dönemde bestelemiştii:

### Karunya Murte
### (Şefkatin Beden Bulmuş Hâli)

*Şefkatin Beden bulmuş Hâli, koyu tenlim,*
*lütfet de aç O Gözlerini.*
*Kederi yok eden Sen değil misin?*
*Öyleyse acılarımdan kurtar beni!*

*Bu dünyadaki sığınak Sensin,*
*Ey parlak tenlim, gözleri kırmızı bir nilüferin*

---

[1] Krişna'nın isimlerinden biri

*yaprakları gibi olan,*
*Gözyaşlarımın çiçekleriyle Sana sonsuza dek*
*taparım, ah Krişṇa.*

*Ah Gopala, Gönülleri Büyüleyen,*
*Karanlıkta yolumu arıyorum ben.*
*Ey on dört alemi dolduran Sen, ey Śrīdhara,*
*Gözlerini aç ve kurtar beni bu elemden.*

Böylece, yoğun hasret ve çetin sıkıntılar içinde üç yıl geçti. Sudhamani, artık on üçündeydi ve hâlâ dayanıklılıkla çalışıyordu. O büyüdükçe, sorumlulukları da artıyordu. Tek bir şikâyet bile etmeden, mücadelesine önceki gibi devam ediyordu. Aynı zamanda spiritüel çalışmaları da gittikçe yoğunluk kazanıyordu. Ufaklığın dudaklarının sürekli kıpırdadığı, ilahi isimleri zikrettiği görülürdü. Kutsal isimler bir ırmak gibi hem dudaklarından hem yüreğinden çağlıyordu.

## Akrabalarla Yaşam

Kıyı bölgesinde mutfak ve diğer ev işleri için hizmetçiler bulunmuyordu, çünkü balık ağlarını dikmek ve Hindistan cevizi lifi işlemek gibi çok daha kârlı işler vardı. Sırf o da değil, balıkçı boyundan gelen insanlar, balıkçılık dışındaki tüm işleri utanç verici olarak görüyordu. Bu yüzden okumaya devam etmeyen tüm kızlar, biteviye ev işleri yapmak zorunda bırakılıyordu. Ekseriya hizmet etmek için akrabalarının evlerine gönderirlerdi. Akrabaların, anne-babalarından böyle kızların hizmetlerini istemeleri gelenekti.

Sudhamani'ye de olan buydu. Akrabaları onun evlerine hizmet etmesi için ısrar ediyordu. Sudhamani'nin ailesi sonunda ısrarlı baskılara dayanamayıp, onu anneannesinin evine göndermek zorunda kaldı. Böylece Sudhamani gelecek dört yılı farklı akrabaların evlerinde hizmetçi rolü oynayarak geçirdi.

Sudhamani'nin anneannesi Parayakadavu'nun güneyinde yer alan, altı kilometre uzaklıktaki Bhandaraturuttu'da yaşıyordu. Buraya ya arkasulardan aşağıya doğru tekne ile yolculuk ederek ya da Umman Denizi kıyısı boyunca yürüyerek ulaşılırdı. Hangi rota olursa olsun, küçük Sudhamani'de sarhoşluk etkisi yapıyordu. Feribottayken gökyüzüne dalar ve mavi tenli Krişna'yı düşünerek mutluluk gözyaşları döker ve motorun uğultusuyla Om mantrasını zikrederdi. Dikkatini sudaki minik dalgalanmaların dansına odaklayıp, Sevdiğini gözünde canlandırırdı ve O'nun ilahi dansını hayal ederdi. Aşk hâlinde, yumuşak Om'un sesi bir ilahiye dönüşürdü. Diğer yolcular da ufaklığın büyüleyici sesinden keyiflenirler ve onun bu hâline hiç şaşırmazlardı. Zira, onu zaten başka bir dünyadan geldiğini kabul etmişlerdi. Kendini bu eylemlerde kaybeden Sudhamani ne mesafeyi hisseder ne de can sıkıntısı çekerdi.

Tekne sefasının ömrü kısa sürdü. Bir gün annesinden tekne ücretini istediğinde, Damayanti onu azarlamak için gecikmedi: "Sen kimsin ki tekne ile seyahat ediyorsun? Sen üniversite öğrencisi misin? Sana yürümek kâfi." Bu Kasturi'nin üniversiteye başladığı dönemdi, kıyı şeridinden bir kız için bu nadir bir ayrıcalıktı. Damayanti bu gerçek ile çok gurur duyuyor ve tüm günlük harcamaları için ona her zaman yeterli miktarda para veriyordu. Bir çocuğunun üniversite öğrencisi olması, çocuklarını ileri eğitim almaya gönderemeyecek kadar fakir olan aileler için büyük bir şeydi. Ebeveynlerin çocukları okutabilecek maddi gücü olsa dahi, eğer çocuklarda yeteri ilgi veya çaba görmezlerse, bu fikirden hemen vazgeçerlerdi. Damayanti'nin böbürlenmesi o yüzden anlayışla karşılanabilirdi.

Sudhamani koyu tenli ve yalnızca bir hizmetçi olduğundan ne fark ediliyor ne de umursanıyordu ve ailesi tarafından tamamen yanlış anlaşılıyordu. Yine de Krişna'nın varlığı ile dolu olduğu için, önyargı ve yoksulluğu yumuşak başlılıkla kabul ediyordu. Annesinin kaba sözleri onu hiçbir şekilde mutsuz etmiyordu. Tam aksine! Anneannesinin evine gitmek için deniz kıyısından yürümek onu sevindiriyordu. Kendi kendine sevinçle şarkı söyleyip dans etmeyi bulunmaz bir lütuf olarak görüyordu. Okyanusu annesi olarak gören Sudhamani için bu altı kilometrelik yürüyüş, yücelten bir deneyim hâline gelmişti.

Kabaran okyanus dalgalarının eşlik ettiği yüksek sesle şarkı söyleyişiyle kıyı boyunca yürürken kolayca kişinin gözünde canlanabilir. Dış dünyayı unuttukça, adımları giderek yavaşlardı. Koyu mavi okyanusun görünümü ve tepedeki mavi-gri fırtına bulutları aklını mest ederdi. Okyanusun gürleyen sesi 'Om"a benziyordu ve Sudhamani'de her daim ilahi sarhoşluk etkisi yapıyordu. Krişna'yı dalgalarda görerek, bazen onları kucaklamaya koşardı! Okyanus esintisi, onun için Krişna'nın yumuşak okşamasıydı. Bazen yüksek sesle "Krişna! Krişna!" diye ağlardı. En yüce aşk hâlinin içine tamamen çekilmişken, sahil boyunca sendeleyen adımlara ilerlerdi. En sonunda tüm dış bilincini kaybeder ve kumlara düşerdi.

Normal bilinci kısmen yerine geldiğinde, Sudhamani gözyaşlarına boğulur ve dua ederdi: "Kanna, benim canım Krişna'm, hadi koşarak gel! Beni burada bırakıp nereye gittin? Neden beni bu bilinmeyen kıyıda bıraktın? Ben neredeyim? Ah Sevgili Krişna, bu Hicret Denizi'nin dalgaları beni yutmadan koşarak gel! Ah Krişna, bu fakiri zevk kumlarından kaldır. Sen, Sana adanmışların kurtarıcısı değil misin? Kalbimin sancısını bilmez misin? Sana karşı ne kusur işledim, bana böyle acı çektiriyorsun? Ah tüm âlemlerin Rabbi, bu âciz hizmetkârına karşı az olsa merhamet eylemez misin? Her gün Senin ilahi flütünün büyüleyici sesini duymak için bekliyorum. Ah Krişna, ne olur gel... ne olur gel!"

Bir süre sonra idare edilebilir bir bilince ulaşır ve sahildeki yoluna devam ederken hâlâ mest olmuş bir hâlde şarkı söylerdi. Ufaklık arada yine düşe kalka çevresindeki dünyadan habersiz ilerlerdi.

### Karunya varidhe
### (Şefkat Deryası)

*Ah Krişna, Şefkat Deryası,*
*Yaşamın sefaleti gittikçe artıyor.*
*Zihinde huzur kalmadı...*
*Yerini keşmekeşe bıraktı...*
*Tüm kusurları affederek,*
*Alnımdaki teri sil.*
*Ah Kanna, artık Senin*
*Tapınılası Nilüfer Ayaklarından*
*başka desteğim yok...*

*Ah Krişna boğazım kuruyor,*
*Gözlerim görmüyor,*
*Ayaklarım yorgun,*
*Yerlere düşüyorum, ah Krişna...*

Böylece Sudhamani yüce aşkın ve adanmışlığın nektarını içerek, belini bükecek iş yükünü göğüslemek üzere, bir şekilde anneannesinin evine varırdı. Genç kız yine de mesut bir şekilde Krişna'nın adını sürekli terennüm ederek tüm işlerini yerine getirirdi. Ona göre, hayatın her anı, O'na hizmet etmesi ve O'nu hatırlaması için Yüce Rabbin verdiği bir fırsattı.

Zaman zaman, Sudhamani pirinç kabuğu soymak için, büyükannesinin evinden biraz uzakta olan tahıl değirmenine gönderilirdi. En sevdiği aşk ilahilerini söyleyerek, neşeyle bu yolculuğu yapardı. Köydeki tahıl ambarına, birçok ailenin ağır yoksulluk içinde yaşadığı bir bölgeden geçerek ulaşılıyordu. Tabiatı şefkat olan Sudhamani, onların kötü durumunu görünce umutsuzluk hissederdi. Çeltik kabuğunu soyduktan sonra eve dönerken, günlerdir açlık çeken ailelere biraz pirinç verirdi. Bazen anneannesi pirincin eksik kısmını fark eder ve bir atıştırmalık karşılığı sattığını düşünerek, Sudhamani'yi azarlardı ve döverdi. Sudhamani ne kadar baskıya maruz bırakılırsa bırakılsın, asla pirinci verdiği ailenin ismini açıklamazdı. Açıklarsa, anneannesinin gidip onlarla kavga edeceğini düşünüyordu.

Bhandaraturuttu'da kalırken Sudhamani bazen yeni ekilmiş pirinç tarlalarını kargalardan ve tavuklardan korumak için gönderilirdi. Tarla biraz uzak mesafede olduğundan, bu görev ona aile üyelerinden uzak kalması ve tek başına Tanrı'yı hatırlayarak ve O'na dua ederek vakit geçirmesi için bir fırsat sunardı. Her nefesinden çıkan seste Krişna'nın ismi vardı. Her adım onun hoş görüntüsü hatırlanarak atılırdı. Aşkı ve adanmışlığı öylesine yoğundu ki sık sık tarlanın yakınlarında ağlayarak yere yığılırdı.

Sudhamani'nin başlıca tesellisi ise anneannesinin Tanrı Krişna müridi olmasıydı. Evin duvarında Krişna'nın resmi asılıydı. Sudhamani Rabbine şarkılar söylemek için resmin önünde dururdu. Böyle zamanlarda, ufaklığı çok seven dayısı Ratnadasan, ayakta uzun süre kalmaması ve oturarak dua edebilmesi için ona bir tabure getirirdi. Fakat Sudhamani, "Ay, Krişna ayaktayken ben nasıl oturabilirim!" diyerek reddederdi. Onun için Tanrı'nın portresi boyanmış bir kâğıttan ibaret değildi; etiyle kemiğiyle Krişna'nın ta kendisiydi. Gerçek bir adanmış için cansız madde diye bir şey yoktur; her nesne Rabbin görkem ve ihtişamına dair birer kanıttır.

Sudhamani'nin yüreklere dokunan şarkılarından etkilenen komşular onu dinlemeye ziyarete gelirlerdi. Çocuğun coşkuyla şarkı söylemesi onların gönüllerini her zaman sevgi ve adanmışlıkla doldururdu. Onlar da yavaş yavaş Sudhamani'nin bestelerini öğrenip kendi mabetlerinde söylemeye başlamışlardı. Sudhamani'nin dayısı, nazardan korunması için özel dualarla okunmuş kutsal külleri yeğeninin alnına sürerdi.

Sonbahar, kış, ilkbahar ve yaz geçmişti. Sudhamani on dört yaşına gelince Damayanti'nin büyük ablasının evine gönderildi. Her zamanki gibi ağır bir yükün altından tek başına kalkmaya mecbur bırakıldı. Kabuğu ayıklanmış pirinci önce kaynatır, sonra güneşte kuruturdu. Ayrıca yemek, temizlik ve bütün çamaşırları yıkama görevleri de ona aitti. Ailenin tüm çocukları üniversiteye gidiyordu ve ev işi yapmayı utanç verici kabul ediyorlardı. Tanrı'ya inanmıyorlardı ve Sudhamani'nin adanmışlıkla şarkı söylemesiyle acımasızca dalga geçip onu engellemeye çalışırlardı. Duyarsız insanlarla çevrili bu sevgi dolu çocuk ne yapabilirdi? Geçici olarak onun şarkı söylemesini engelleyebildiklerinde, yüzünü elleriyle kapatır ve gözyaşlarına boğulurdu. Haricen susturulmuş olsa da kalbinden Sevgiliye doğru hiç durmayan o akışı kimse kontrol edemezdi. Ev denize yakın olduğundan, etraftaki musluklardan akan su tuzluydu. İçme suyu getirmek için Sudhamani'nin küçük bir kayıkla arkadasularda kürek çekip uzaktaki temiz bir musluğa ulaşması gerekiyordu. Bazen bir kayıkçı taklidi bile yapardı ve akrabalarının çocuklarını karşı kıyıdaki okula geçirirdi. Hatta büyük bir keyifle başka insanların çocuklarını da karşıya geçirirdi.

Ufaklık, dönüş yolculuğunda kanoda oturup, doğal manzaranın güzelliğinden müthiş keyif alırdı. Tanrı'ya özgürce yakarırken, hasret çeken kalbinin Krişna'yı görme isteği muazzam derecede yoğunlaşırdı. Nehrin yüzeyindeki ortaya çıkan dalgalanmalara "Ey küçük dalgalar, aranızda benim Krişna'mı gören oldu mu? Hani lacivert tonlarındaki fırtına bulutlarının rengini andıran? Büyüleyici flütünün tatlı ezgisini hiç duydunuz mu?" diye sorardı. Hâlâ yükselen dalgaları gören Sudhamani, olumsuz bir cevap verdiklerini düşünürdü. Hıçkırarak, "Ah, bu küçük dalgalar da benim gibi Krişna'yı görmediği için büyük ızdırapçekiyor." diye düşünürdü. Her yerde dayanılmaz ayrılık acısının yansımasını algılardı. Yalvararak haykırırdı, "Ah sonsuz gökyüzünün lacivert bulutları, sevgili Krişna'mı nereye sakladınız? Ah gökyüzünde çabukça uçan beyaz turnalar, yolculuğunuz Vrindāvan'a[2]mı? Eğer Krişna'yı görürseniz, O'na bu zavallı çocuğun, O'nu düşünerek hep ağladığını söyleyin!"

Çok geçmeden Sudhamani tüm harici bilincini kaybeder, kayıkta bir heykel gibi hareketsizce otururdu. Yavaş yavaş bilincinin geri gelmesi ile kendini akıntıya kapılmış kayıkta otururken bulurdu. Birdenbire meydana gelen bu vecd hâlleri yüzünden Sudhamani'nin hayati tehlike attığı zamanlar olmuştu.

Küçük Sudhamani yine bir pirinç ayıklama işini bitirip minik kanosuyla eve doğru kürek çekmeye başlamışken, gökyüzünde hareket eden fırtına bulutlarını gördü. Bu görüntü onun masum kalbini, mavi renkteki sevgili Krişna'sı ile doldurdu. Bir sonraki anda tüm harici farkındalığını kaybederek *samādhī*'ye[3] vardı. Kürek elinden düşmüştü. Gözleri gökyüzüne sabitlenmiş ve çevresinden bihaber, sükûnet hâlinde donup kalmıştı. Tamamen dünyadan kopmuş sadece ara ara "Krişna, Krişna!" diye inliyordu. Kano gelişigüzel bir rota almıştı ve akıntıya kapılmak üzereydi. Aniden yüksek bir motor gürleme sesi, Sudhamani'nin minik kanosuna doğru büyük bir teknenin yaklaştığını duyurdu! Teknedeki yolcular, küçük kızı uyandırmaya çabalamak için telaşla bağırıyorlardı. Nehrin kıyısında duran insanlar bağırıyor, bazıları ise çevresine taşlar atıyordu. Son anda bilinci kısmen yerine gelen çocuk bir şekilde kanoyu tehlikeden uzaklaştırmayı başardı.

Bir yıl daha geçmişti ve Sudhamani bu defa da Parayakadavu'ya yaklaşık on kilometre uzaklıktaki Karunagappally

---

[2] Krişna'nın çocukluğunu geçirdiği ve günümüzde çok sayıda müridinin yaşadığı yer.

[3] Birey bilinci ile Mutlak bilincin bir olduğu, meditasyonun ileri safhası.

şehrinde oturan, Damayanti'nin en büyük ağabeyi Anandan'ın evine gönderildi. Büyük bir hevesle Anandan ve eşini keyiflendirecek şekilde günlük görevlerini yerine getiren Sudhamani, çalışkanlığı için bir çift altın küpeyle bile ödüllendirildi.

Sudhamani'nin karakterindeki en göze çarpan özellik, fakir fukaraya duyduğu merhamet idi. İster dayısının ister teyzesinin evinde ya da kendi aile evinde olsun, onun yardıma muhtaçlara elini uzatmasına hiçbir şey engel olamazdı. Birçok Müslüman aile amcasının evinin etrafında yaşıyordu ve çoğu çok fakirdi. Ufaklık, dayısının evinden dikkatle ceplerine yüklediği çeşitli ürünleri gizlice ihtiyacı olan ailelere verirdi. İlk başta kimse fark etmemiş olsa da bir zaman sonra bir şeyleri arakladığı ortaya çıktı. Birkaç olayda yengesinden dayak yemişti. Fakat o asla yengesine karşı tavır almadı. "Bu beni neden rahatsız etsin ki? Nefret, kendimi onlardan farklı algılarsam doğar. Ben onları kendimden ayrı asla düşünmedim. Evde annem-babam bile beni dövüyor. Burada da aynı muameleyi neden görmeyeyim?" diye düşünürdü.

O kadar dayak yemesine rağmen Sudhamani, acı çekenlere şefkat ve merhamet göstermekten vazgeçmedi. Başkalarına bir şeyler verme alışkanlığı devam etti. Böyle durumlar, sonsuz sabır, merhamet ve tahammül gibi niteliklerin onun içinde olduğunu belli ediyordu. Hayatındaki her bir deneyimden ders alarak, gelecekte vereceği sevginin mesajına hazırlanırcasına, hayatını eşi benzeri olmayan fedakârlık yoluna adadı.

Sudhamani, keskin zekâsı sayesinde her durumun özünde yatan manevi öğretiyi özümseyip kolayca kavrardı. Daha sonradan, dayanmak zorunda olduğu tüm imtihanların, dünyanın ve ilişkilerinin geçici yaratılışını anlaması için Tanrı'dan gelen nadir bir nimet olduğunu anlatırdı. "Bütün deneyimlerden, dünyanın acı dolu bir yer olduğunu anladım. Gerçek ilişki diye bir şey yok, çünkü tüm akrabalarımız bizi kendi bencil ihtiyaçlarını gidermek için seviyor. İnsanlar birbirlerini arzudan dolayı seviyor. Kimse bizi koşulsuz sevmiyor. Yalnızca Tanrı bizi karşılıksız seviyor."

Sudhamani, dayısı ve yengesi ile yakın bağ kurması durumunda, hayat amacına engel teşkil edeceğini anlamıştı. Velhasıl, onu bu bağdan kurtaracak koşulları yaratmıştı. Bir sabah, onu bu anlaşmadan kurtaracak ateşli bir çıngar çıkararak evi terk etti. Küstah akrabaları, ona verdikleri hediyeleri, küpeler de dahil olmak üzere, geri alıp onu eli boş evine gönderdiler. Sudhamani ayrılırken, "Bir gün yalvararak bana gelmek zorunda kalacaksınız. O zamana değin bu eve adımımı atmayacağım" diye haykırdı.

Aradan geçen on bir yılın ardından, dayısının ailesinin maddi sıkıntıları onları perişan etti ve sonunda İdamannel'e gelerek Sudhamani'ye yardım etmesi için yalvardılar. Ancak o zaman, evlerine ibadet gerçekleştirmek için döndü ve böylece hayır duasını da vermiş oldu. O gün Sudhamani'nin yengesi geçmişte yaptıkları ile ilgili feryat ederek, "Ah, ufaklığın bu kadar yüce olacağını asla düşünmezdim! Onu nasıl öyle acımasızca azarlar ve döverdim!" diye yas tutmuştu.

Mutlak Olan, gerçek adanmışına verdiği sözü her daim tutar. Hindistan'ın büyük destanlarında bu tür birçok olay, Tanrı'nın adanmışlarının hizmetkârı olduğu gerçeğini örneklemektedir.

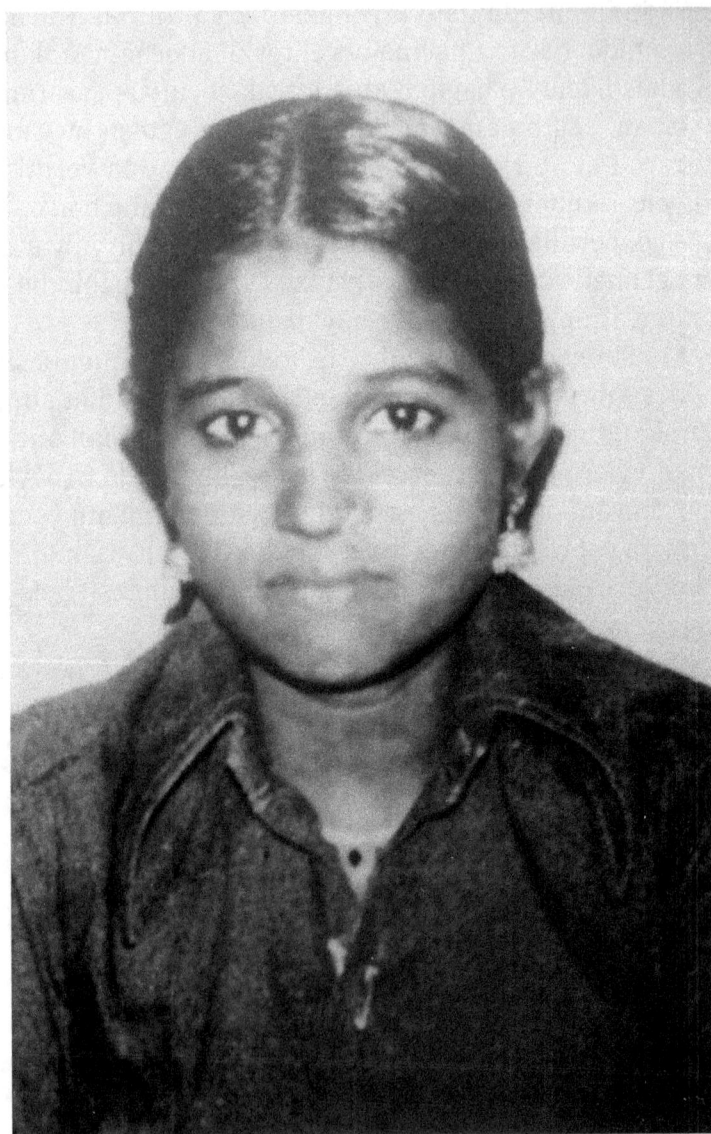

# 3. Bölüm

# Krişna için Gözyaşları

*"Sana ikram edebileceğim ne sütüm ne de yağım var. O yüzden, Sana kendi ızdırabımın bir parçasını sunuyorum. Ah Kanna, gözyaşlarımı inci taneleri olarak ayaklarına seriyorum."*

– Mātā Amritānandamayī

Śrī bhagavān uvāca
mayy āveśya mano ye māṃ nitya-yuktā upāsate
śraddhayā parayopetās te me yukta-tamā matah
mayy eva mana ādhatsva mayi buddhiṃ niveśaya
nivasişyasi mayy eva ata ūrdhvaṃ na saṃśayaḥ

*Ulu Krişna konuşuyor*
*Zihnini bana odaklayanlar, bana ibadet edenler, her*
*daim sadık olan ve yüksek bir inançla iman edenler,*
*Bana göre onlar yogada en usta kişilerdir.*
*Zihnini sadece Bana odakla, aklına Beni yerleştir,*
*(o zaman) hiç şüphesiz sonrasında Bende*
*yaşayacaksın.*

– Bhagavad Gītā, 12. Bölüm, 2. ve 8. Dizeler

## 'İdamannel' Aile Evine Dönüş

Sudhamani, on altı yaşında, amcasının evinden İdamannel'e dönünce, kendini tamamen spiritüel çalışmalara verdi. Aynı zamanda dağ yükü ile ev işlerini omuzlamaya devam ediyordu. Çektiği tüm sıkıntılara rağmen kızın gösterdiği manevi feragat tutkusu Hint standartlarına göre bile eşsizdi. Ruhsal inzivaya duyduğu muazzam tutku, ermişler diyarında dahi büyük bir itirazla karşılaşılanıyordu.

Her zamanki gibi onun işi Yaradan'a kesintisiz ibadetti. O günlerde Sudhamani'yi görenin şaşkınlıktan nefesi kesilirdi. O ufacık bedenin bu kadar ağır yükün altından nasıl kalktığı, şaşılacak şeydi. Damayanti'nin kronik romatizması,

53

Sudhamani'nin yokluğunda yapmak zorunda kaldığı ev işlerinden dolayı iyice artmış ve onu daha da asabi ve acımasız yapmıştı. Bununla birlikte, Sudhamani'nin başkalarına duyduğu merhametten dolayı akrabalarının evlerinden bir şeyler çalması, onun adını lekelemişti. Bu Damayanti'nin kızına duyduğu düşmanlığı iki katına çıkarmıştı. Ev işlerini hatasız yerine getirmiş olsa bile, Damayanti onu sürekli azarlıyordu ve dövüyordu.

Öz annesinin böylesi bir zalimlikle muamelesine rağmen Sudhamani ona karşı kin beslemedi. Hatta yıllar sonra Damayanti'den saygıyla manevi gurusu olarak bahsederdi. Kendi sözleri ile:

"Damayanti Amma bir bakıma benim gurumdu. Bana gayret, özveri ve disiplin aşıladı. Tüm hareketlerimi dikkatle gözlemlerdi. Avluyu süpürdükten sonra yerde küçük bir kırıntı bulursa, bana vururdu. Bütün kaplar yıkandıktan sonra, onları dikkatle tetkik eder, minicik bir kir kalmışsa, beni azarlardı. Yerleri süpürürken, süpürgeden kazara düşen bir parça ince çubuk bile benimle uğraşmasına sebep olurdu. Yemek pişen tencereye bir toz veya kül zerresi düşerse, ardından cezası mutlaka gelirdi. Annemin beklentisi kızlarının sabah erkenden dualarını okumalarıydı; eğer yorgunluktan dolayı kalkmakta gecikmişsek, başımızdan aşağıya bir kova su dökmekte tereddüt etmezdi. Özellikle de benim! İnekler için ot toplamaya gittiğimde, başkaları ile dedikodu yapıp yapmadığımı kontrol etmek için beni uzaktan izlerdi. Bir keresinde pirinci dövdüğümüz ahşap havanla bile bana vurmuştu. Annemin yaptıklarına tanık olan çevredekiler ona sık sık yalvarırdı: 'Lütfen onu böyle cezalandırma! Bir gün evlilik için verilmesi gerekecek!' Bütün bu süre zarfında şunu anladım ki tüm bu tecrübeler benim iyiliğim içindi."

Damayanti'nin kendi öz kızına karşı gösterdiği kalpsiz muamele, özellikle kitabın başında dindar bir kadın olarak bahsedildiği için, okuyucular için çok şaşırtıcı olabilir. Aslında onun inancının bilgiye dayalı olmadığını düşünürsek, bunu anlamak çok zor olmaz. Birçok inananın Tanrı ve Tanrıçalara belli bir saygısı olup, düzenli olarak dinin örf ve adetlerini yerini getirse bile, Tanrı anlayışı çok sığ olabilir. Tanrı'nın her şeyin içinde var olduğunu görmezler. Tanrı'yı sadece mabetteki dört duvarının içerisinde zannederler. Böyle bir inanca sahip olanlar, dinin örf ve adetlerini kendi arzularını gerçekleştirmek veya Tanrı'yı memnun etmek için uygular. Onların din ve ibadet anlayışında ne düzgün şahsiyet sahibi olmak ne de kendi olumsuz eğilimlerden kurtulmak vardır. Hele ki böyle insanların Tanrı'yı idrak etme ya da Kendini Gerçekleştirme gibi Yüksek Hedefleri katiyetle yoktur. İbadetlerini ya atalarından öyle gördükleri için ya da günaha girmekten korktukları için yaparlar. Mamafih, belli bir anlayışa sahip kişiler Tanrı'yı her şeyi kapsayan olarak algılarlar ve O'nu her canlıda görüp hizmet ederler. Tüm dünyevi isteklerinden vazgeçer ve varlıklarının tamamını Tanrı'nın ayaklarına teslim ederler. Hayattaki yegâne amaçları Mutlak Hakikati idrak etmek ve O'nunla bir olmaktır. Damayanti birinci kategoriye giriyordu. O yüzden Tanrı ve maneviyat hakkındaki görüşü kısıtlıydı ve bu değişik gördüğü kızına karşı gaddar davranışlar olarak yansıyordu.

Bazen tam Damayanti Sudhamani'ye vuracakken, çocuk onun elini yakalardı. Sudhamani küçük olabilirdi, ama çok güçlüydü. Damayanti elini, Sudhamani'nin sıkıca tutuşundan kurtaramayınca, bu defa ona tekme atmaya çalışırdı. Fakat Sudhamani, Damayanti'nin bacağını da yakalardı. Kızını cezalandıracak başka bir yol bulamayınca, annesi çareyi onu ısırmakta bulurdu. Hatta Damayanti'nin ona Hindistan cevizi açmak için kullanılan palayı bile savurduğu anlar olmuştu. Ayrıca bu masum genç kıza sürekli sözlü tacizlerde bulunurdu.

Sudhamani, annesine karşı bazen çok cesur davranıp haddini aşabiliyordu. Damayanti ona "Konuşma!" emrini verince, o çekinmeden "Konuşacağım!" diye karşı çıkardı. Eğer Damayanti, "Yapma!" derse, Sudhamani çekinmeden "Yapacağım!" diye inat ederdi. Ancak ne kadar çok misilleme yaparsa, cezası da o kadar ağır olurdu. Damayanti, kızına beddua bile okurdu: "Allah bu küstah kızı kahretsin. Böyle büyürse, ailenin adına kesin leke sürecek. Ah Rabbim, şunun canını neden almıyorsun?"

Sudhamani ise, annesinin bu acımasız hâllerinden hiç rahatsız değildi. Onun gözlerinde bütün insanlar eşitti. Çocukluğundan beri yaşlılara "baba veya anne" olarak hitap ederdi. Onun bu kendine özgü hitap şeklinin ailesini rezil ettiğine inandıklarından, ebeveynleri daha da sinirlenirdi. Ona kızar ve "Bütün bu pis ve fakir insanlara annem ya da babam demen doğru mu?" derlerdi. Sudhamani ise "Ben gerçek Anne ve Babamı hiç görmedim. O yüzden hepsi annem ve babam!" diye cevap verirdi.

Ufaklığın alnına okunmuş külden sürmesi yasaktı. Aile üyeleri "Hey kızım, başımıza sannyasi (zahit) mi olacaksın?" diyerek onunla dalga geçerdi. Sudhamani'nin diğer kızlar gibi giyinmesine de izin verilmezdi. Eğer ki alnına kırmızı tilak[1] sürer ya da kareli bluz ile temiz bir ceket giyerse, "Neden böyle rengarenk giyinip alnına tilak koydun? Kime şov yapıyorsun? Kız dediğin edepli olur!" diye alay edilirdi.

Ailesinin korkunç tacizlerinden daha da hayret uyandırıcı olan, Sudhamani'nin başına ne gelirse gelsin her daim hoşgörülü olmasıydı. Bazen küstah olsa da ona eziyet edenlere karşı asla nefret beslemezdi. Sonradan sorduklarında "Damayanti beni cezalandırmıyordu. Görüşü kısıtlı olduğu için bana kötü davranıyordu. Tüm bu sınavlar beni doğru yola getirdi, o yüzden ona karşı hiç kin gütmüyorum." diye açıklardı.

Diğer bir sınav ise büyük ağabeyi Subhagan idi. Sadece Sudhamani için değil, tüm aile ve köylüler için gerçek bir

---

[1] Hinduların alınlarına sürdükleri işaret.

terördü. Kadınların sessiz ve geride durması gerektiğini dayatan, kibirli bir ateistti. Çabuk sinirlenen yapısı ile bilinirdi ve Sudhamani sürekli onun kurbanı olurdu. Sudhamani'nin kendi yaşıtı kızlarla arkadaş olmasına izin vermezdi, zira arkadaşlarının onun karakterini bozacağına inanırdı. Sudhamani ailesi için su getirmeye gittiğinde, hep yalnız olurdu. Yolda başka kızlarla konuşmaya görsün, Subhagan'dan dayak yiyeceği kesindi. Bu kural Sudhamani'yi pek rahatsız etmiyordu, o zaten tek başına, hiç kimseyle konuşmadan Tanrı'yı anmayı tercih ediyordu.

O günlerde tüm köyün su ihtiyacını gidermek için tek bir çeşme vardı, o da rüzgâr gücüyle çalışıyordu. Pompadan su alabilmek için daima uzun bir kuyruk olurdu ve herkes sırasını beklemek zorundaydı. Sudhamani ve diğer köy kadınları kil çömlekleri ile orada toplanır, bazen rüzgârın esmesi için saatlerce beklerlerdi. Eğer sıra çok uzun ise, Sudhamani'nin kil çömleklerini sırada bırakıp inekler için ot toplamaya gitmesi gerekirdi. Onun Tanrı aşkını ve hamarat doğasını bilen diğer kadınlar, can-ı gönülden onun çömleklerini de su ile doldurur ve onun için bir kenara koyarlardı. Daha önce söz edildiği gibi, Sudhamani komşu evleri sıkça ziyaret ederek, ineklere sebze ve pilav artıkları toplardı. Bu ziyaretlerde, beklemek zorunda kalırsa, ailenin mabet odasına gidip birkaç ilahi söyler ya da meditasyon yapardı. Evdeki yaşlı kadınlara da vakit ayırır, şefkatle hâl hatır sorar, onların üzücü hikâyelerini dikkatle dinlerdi. Yaşlı ve çelimsiz olduklarından, çoğunun öz evlatları onlara kötü davranır, onları ihmal ederdi. Sudhamani erken yaşlarında insan ilişkilerinin geçici ve bencil yapısına böylece şahit olmuştu. Fırsat bulduğu her an, yaşlıları kendi evine götürüp onlara sıcak bir banyo yaptırır, doyurucu bir yemek verir ve onlara aile üyelerinin kıyafetlerini giydirirdi.

Eğer birinin aç gideceğini öğrenirse, ona ya sıcak yemek verirdi ya da kendi evlerinde olan elzem gıda maddelerinden hediye ederdi. Bazen yolda bulduğu, ailesi tarafından iyi bakılmayan küçük çocukları eve getirir, bakımları için gerekenleri yaptıktan sonra onları evlerine geri götürürdü. Bir gün Sudhamani, fakir bir adama vermek üzere, bir miktar yiyecek alırken yakalandı. Fena hâlde dövülmesine karşın, şefkat dağıtmaktan vazgeçmeyi reddetti. Bir keresinde açlıktan sürünen bir aileye, evde verecek bir şey bulamayınca, annesinin altın bileziğini vermişti. Böylece, bileziği bozdurup, acilen ihtiyaç duydukları yiyecekleri alabilirlerdi. Ancak babası bu olayı öğrenince, öfkeden çıldırarak, onu bir ağacın gövdesine sıkıca bağlamış ve körpe bedeni kanayana kadar zalimce dövmüştü. Anne-babasının gaddar muamelesine rağmen, Sudhamani cesaretli ve affedici olmayı sürdürdü. Tanrı'ya, akrabalarının cehaletlerinden dolayı sergiledikleri bu korkunç davranışları affetmesi için yakarırdı.

Sudhamani yalnız kaldığında düşünürdü: "Ah Krişna, bu ne biçim dünya? Bir annenin bile kendi doğurduğu evladına zalim davrandığı... Kendi ailesine karşı dahi saf sevgi beslemediği... Bu dünyada özverili, saf sevgiyi ben nereden bulacağım? Gördüklerimin içinde gerçekten hangisi hakiki sevgi? Yoksa hepsi bir hayal mi?" Bazı zamanlar ailenin mabet odasında otururken tüm bunları düşünüp, gözyaşlarına boğulurdu ve ağlayarak yakarırdı: "Krişna, Krişna! Bu dünyada Senden başka kimsem yok! Aklım sürekli sende, Seni görmek için yanıp tutuşuyorum. Beni de yanında götürmeyecek misin? Ah Krişna, ne olur koşarak gel!"

Aynı dönemde, uzaktan yaşlı bir akrabaları, onlarla birlikte yaşamak için İdamannel'e gelmişti. Sağlığı epeyce kötü olan bu adamın, hiçbir yakını hayatta değildi. Yürümekte dahi zorlanıyordu. Yatalak olan adamcağızın, idrarını tutamadığı için yatağı sürekli kirlenirdi. Sudhamani, daha ona söylenmeden yaşlı adama bakmaya başlamış ve onunla ilgilenme sorumluluğunu tamamen üstlenmişti. Diğer aile üyeleri ise yaşlı adamın yüzüne bakmaya bile tenezzül etmiyordu. Nitekim, ev işlerinin yanı sıra, Sudhamani sabır ve özenle onun ihtiyaçlarını da karşılıyordu. Çamaşırlarını yıkıyor, ona her gün sıcak banyo yaptırıyor, dışkı ve idrarını temizliyor ve reçeteli ilaçlarını da doğru zamanda veriyordu. İlginç bir şekilde, ailenin gözünün önünde gerçekleşen bu erdemler silsilesini ve Sudhamani'nin her şeyi kucaklayan doğasını hiçkimse fark edemiyor ve takdir etmiyordu. Ufaklığın yaptıklarına karşılık bu kadar zulme uğraması, ancak ilahi bir paradoks olabilir.

Sudhamani işlerini yaparken, kendisini Krişṇa, Rādhā, Gopi[2] veya Krişṇa'nın hayatı ile bağlantılı başka bir karakter olarak hayal ederek sürekli Krişṇa'yı düşünürdü. Bazen yemek yaparken, Krişṇa'nın annesi Yaşoda'yı hayal ederdi. Yaşoda'nın sütü karıştırırken veya bebek Krişṇa'yı beslerkenki görüntüsünü gözünün önüne getirirdi. Sudhamani kardeşlerini okula hazırlarken, Krişṇa, Balarāma ve diğer gopaları, inekleri otlatmaya gitmek üzere hazırladığını hayal ederdi. Bütün bunları kendi içinde yaşarken, sevinç gözyaşları dökerdi. Eve erzak almak için çarşıya gittiğinde, Vrindāvan'ın yollarında süt ve yağ satan gopileri anımsardı. "Yağ var, süt var..." diye bağırmak yerine "Krişṇa, Mādhavā, Govinda, Açyuta...!" diye seslenirlerdi. Ona besledikleri ilahi aşk o kadar büyüktü!

Gopilerin, Śrī Krişṇa'ya besledikleri saf sevgi ve adanmışlık Sudhamani için büyük bir ilham kaynağı idi. Zaman zaman kendini Krişṇa'nın sevgilisi Rādhā'nın yerine koyardı. Rādhā'nın aklına düşmesi, onu dış dünyadan alıp koparmaya yeterdi. Vecd hâlinde gözyaşları içinde şarkı söyler, dans ederdi.

---

[2] Vridānvan'nın çoban kızları gopiler, erkekleri gopalar

## Kālina kannan
## (Koyu Tenlim)

*Ah Koyu Tenlim, Yanıyor gözlerim*
*O Ayaklarını Görebilmek için.*
*Ah nilüfer gözlüm gel bana koşarak,*
*Kavalının ezgisi ile ineklerini de peşine takarak.*

*Kaç gün oldu sesleniyorum Sana?*
*Şu kadarcık bile merhametin yok mu bana?*
*Ne hata işledim ki ben?*
*Âşıkların Sevgilisi değil misin sen?*

*Feryat figan düşmeden ben,*
*Lütfet, ilahi kavalınla gel bana.*
*Yaşamak mümkün değil Seni görmeden,*
*Tek Hakikatim gel, gel bana*

*Dilekleri kabul eden, Her şeye kadir sen,*
*Kara Tenlim gel, gel.*
*Zaman kaybetmeden, acım büyümeden*
*Merhametin tezahürü gel, gel.*

Sudhamani su çekmeye gittiğinde, başlarının üzerinde çömleklerini taşıyarak Yamuna nehrine giden gopileri düşünürdü. Ailesinin çamaşırlarını yıkarken, Krişna'nın ve gopilerin ipek elbiselerini yıkadığını hayal ederdi. Çamaşırları kuruması için astığında, rüzgârda dalgalandıklarını görünce, "Krişna'nın altın sarısı ipekleri ne güzel rüzgârla dans ediyor!" diye düşünürdü. İnekler için ot toplamaya gidince düşünceleri Krişna'ya yoğunlaşır, Vrindāvan'ın ormanlarında ve çayırlıklarında çoban olduğu zamanlarını düşünürdü. Sudhamani, o ulu çobanın gopilerle oynadığı oyunların hayallerini zihninde canlandırırken mest olurdu.

Sudhamani'nin en sevdiği zaman alacakaranlıktı. Kaybolan hayvanlarını, ördekleri, keçileri ve inekleri bulmak için arkasular boyunca yürürdü. Bunu yaparken Krişna'yı, onun da sürüden ayrılmış inek ve buzağıları bulmaya gittiğini hayal ederdi. Eğer herhangi bir ilahi duyarsa ki Hindistan'da alacakaranlıkta genelde öyle şarkılar çok yaygındır, başka âleme transfer olmuş hâlde hareketsiz dururdu. Sıkça yaşanılan bu durumda, aileden biri sinir olmuş bir şekilde Sudhamani'yi aramak zorunda kalırdı.

Sudhamani sürekli bir işle meşgul olmasına rağmen, zihni hiçbir zaman o işte olmazdı. Hasretle yanan kalbi ve aklı sürekli Krişna'da olurdu. İlahi isimler dudaklarından sürekli dökülürken, Krişna ismini duyduğu an gözleri dolardı. Devamlı su taşıdığından, ailenin çamaşırlarını yıkadığından ya da arkasuların sığ bölümlerinde yürüdüğünden giysileri gece gündüz ıslak olurdu. "Üstümü başımı bir kere olsun kuru görmek isterdim!" diye anlatırdı sonradan, "Bitirmem gereken onca iş varken, ben yine de daha fazla iş için dua ederdim. Çünkü bu sayede tüm işlerimi O'na adayabiliyordum. Başımda taşıdığım sıcak pirinç lapası tencereleri ve su testileri yüzünden, başımın tepesindeki saçlar dökülmüştü."

Yaptığı her işte, Sudhamani'nin dudakları sürekli kıpırdardı. Kimse onun biteviye Mutlak Olan'ın İsimlerini sayıkladığını fark etmezdi. Bir gün küçük kardeşi Satheesh diğer aile üyelerinden kaptığı sözlü taciz etme alışkanlığı ile "Birinin dudaklarının sürekli kıpırdaması, deliliğe işarettir!" diye alay etmişti. Satheesh'in yorumunu duyan Sudhamani istifini bozmamıştı. Buna rağmen, Satheesh ne zaman ağır bir astım atağı geçirse, Sudhamani onu sırtında hastaneye kadar taşırdı. Oysa evde Satheesh'i daha kolay taşıyabilecek bir sürü insan vardı. Ne var ki masum kız dışında kimse onun astımlı hâliyle ilgilenmezdi. Sudhamani ise başkalarına yardım ve hizmet edebilmek için her zaman fırsat kolluyordu.

Sudhamani'nin ev işleri, gece geç saatlerde, tüm evlerdeki ışıklar söndükten sonra ancak biterdi. O saatten sonra Sudhamani aile mabedinde yüksek sesle şarkı söylerdi. Damayanti ve Subhagan ise gece gece şarkı söylediği ve uykularını böldüğü için ona çok kızardı. Büyük ağabeyi Subhagan, "Ne diye böyle uluyorsun? Cennetteki Tanrı sesini duysun diye mi? Yoksa senin Tanrın sağır mı?" diye azarlardı. Azar işitmeye ve cezaya maruz kalsa da Sudhamani gecenin sessizliğinde Tanrı'ya şarkı söylemekten vazgeçmezdi. Bir gece Sudhamani yine karanlıkta şarkı söylerken içeri dalan Subhagan'ın eleştirisi üzerine, "Sen yalnızca harici ışığa bakıyorsun, oysa içimde asla sönmeyen bir ışık yanıyor!" dedi. Bu derin anlam taşıyan sözlerinin tabi ki duygusuz Subhagan'da bir karşılığı yoktu.

Sudhamani, o ilahiler söylerken annesi, babası ve ağabeyinin attığı dayaklardan ötürü Tanrı'nın onları cezalandırmasından korkuyordu. Onların bu kötü davranışlarını önlemek için şarkılarını sıklıkla daha sessiz söylerdi. Ailesinin yarattığı engeller onu derinden üzdüğü için, Sudhamani mabet odasında otururken ağlardı. Ancak ailesi buna da karşı çıkıyordu. İlahiler söylerken ağlamasının günah olduğunu ve aileyi büyük bir tehlikeye attığını söylüyorlardı. Ne yaparsa yapsın, hep bir kulp takıyorlardı. Zavallı küçük Sudhamani! Sessizce her şeye katlanıyor ve tüm acılarını Krişna'nın tatlı hatırasıyla eritiyordu.

Çocukluğunda bile hiçbir derdini kimseye anlatmazdı. Sadece Tanrı Krişna'ya içini dökerdi. Sudhamani'nin bir de hayvanlarla ve doğayla konuşma alışkanlığı vardı. Bunu yaparken, Krişna'nın onun her sözünü dikkatlice dinlediğini hayal ederdi. Her şeyi Krişna olarak algılayarak tüm canlılarla konuşurdu. Bir inek yatmış dinleniyorsa, o da yanına yatar, mutlu mutlu gövdesine yaslanırdı ve Krişna'nın kucağında yattığını hayal ederdi.

Sudhamani yıldızlara, aya ve çiçek açan ağaçlara bakıp sorardı: "Ey dostlarım, Krişna'mı gördünüz mü? Ah tatlı meltem, onun büyüleyici yüzünü okşadın mı? Gökte parlayan yıldızlar ve sessiz ay, siz de O'nu arıyor musunuz? Eğer

O'nu bulursanız, lütfen O'na söyleyin, zavallı Sudhamani O'nu görmek için bekliyor."

### Ningalil arunum undo
### (Aranızda Gören Oldu mu?)

*Aranızda benim tatlı Kanna'mı[3] gören oldu mu?*
*Siz görüyorsunuz, ama bana hiç gözükmüyor...*

*Alnındaki sandal ağacı macunu işareti*
*Sarı ipeklere sarıp sarmalanmış heybeti*
*Tavus kuşu tüyü ile süslenmiş lüle saçlar*
*Bana ne zaman yar olacak tüm bunlar?*
*Bu beden, bu hayat benim neyime?*
*Tüm talihim bitip tükendiyse eğer*
*Daha ne kadar sürer bu elem, bu keder?*

'Derya Ana' da Sudhamani'nin dostlarından biriydi, hatta denizi öz annesi gibi görürdü. Boş vakit bulduğu anda hemen deniz kenarına kaçar, engin denizin sonsuzluğuna bakarak kalbindeki tüm sıkıntılarını dökerdi. Denizin koyu mavi rengi ona Sevgilisini hatırlatırdı ve çok da vakit geçmeden onun hayaline dalarak bilincini kaybederdi.

Sudhamani bazı komşuların geçimini terzilik yaparak sağladığını gözlemlemişti. Bu onun da aklına terzilik yaparak kazandığı para ile başkalarına yardım edebileceği fikrini getirdi. Büyük bir hevesle dikiş dikmeyi öğrenmek istiyordu. Böylece başkalarına yardım etmek için evden bir şeyler almanın verdiği rahatsızlıktan kurtulabilirdi. Büyük umutlarla Sudhamani bu arzusunu anne-babasıyla paylaştı. Damayanti'nin cevabı ise hiç cesaret verici değildi: "Hayır, dikiş dikmeyi öğrenmeyeceksin, hatta yakında bir Hindistan cevizi toplayıcısı ile evleneceksin!" Hindistan cevizi toplayıcıları

---

[3] Krişṇa'nın farklı bir ismi.

63

Kerala'da düşük sınıftan kabul ediliyordu ve tek gelirleri Hindistan cevizi palmiyelerine tırmanıp, cevizleri toplamaktan geliyordu. Sudhamani birçok kez Hindistan cevizi çalarken yakalanmıştı. Damayanti onun yediğini zannediyordu, ancak onları hep ihtiyacı olanlara veriyordu.

Ancak Sudhamani'nin yoğun ısrarı ile ebeveynleri, tüm ev işlerini bitirdiği takdirde günde bir saatliğine dikiş öğrenmeye gitmesine izin verdi. O günlerde Sudhamani'nin günlük rutini hayret uyandırıcı idi. Bir şekilde öğlene kadar tüm ev işlerini bitirir ve koşarak dikiş kursuna yetişirdi. Bazı günler onun durumunu bilen diğer kızlar gelip işleri bitirmesine yardım ederlerdi. Öğlen güneşinin altında kavrularak, dersin olduğu yere iki üç kilometre yürürdü. Bir saat süren dersin ardından, öğle yemeğini hazırlamak için yeniden eve koştururdu.

Günün geri kalan kısmı da her zamanki meşakkatli işlerine aitti. Ona göre en önemli işi olan dua ve meditasyon için ise gecenin geç ama sessiz saatleri kalıyordu. Sonra hasretle ağlayarak, ufaklık vecd hâline ulaşırdı. Biraz olsun bilinci yerine geldi mi, uykuya dalardı.

Sudhamani'nin bugün bile devam eden sabrı, dayanıklılığı ve hiç tükenmez görünen enerjisi mucizeviydi. Ona ne vazife yüklenirse yüklensin, hiç söylenmeden büyük bir keyifle yerine getirirdi. Sudhamani, doğuştan hakkının ve *dharma*sının kendisine sorulmadan insanlara yardım elini uzatmak olduğunu hissediyordu. Sonradan bu durumu şöyle açıkladı: "Benim mutluluğum başkalarının mutluluğunu görmekte yatıyor. Kendi konforumu ve iş yükümü asla düşünmedim. Elime ne vakit başkalarına hizmet etme fırsatı geçtiyse, büyük bir içtenlik ve sevgiyle onlara yardımcı olmaya çalıştım."

Başlangıçta Sudhamani dikiş dikmeyi öğrenmek için iki ayrı yere gidiyordu. Bir süre sonra, yakınlarındaki bir şapelde, kiliseye ait olan kursa devam etmeye karar verdi. Dikişin inceliklerini tez vakitte öğrenen Sudhamani, mahalledeki fakir kadınlara ufak tefek terzilik işleri yapmaya başladı. İlk başlarda verdiği hizmetten dolayı para almayı reddetti, zira ona ödeme yapılması onun tarzı değildi. Ancak ailesi kurs parasını ödemeye razı gelmeyince, sunduğu hizmetten para alma zorunluluğu doğdu. Böylece hem kurs ücretini ödüyor hem dikiş için gerekli malzemeleri alabiliyor, hem de kalan para ile köydeki gariplere yardım edebiliyordu. Sudhamani terzilikte becerikliydi ve iyi de para kazanıyordu. Eve tek bir paisa (Hint kuruşu) vermeden, kazancını sadece yoksullara yardım etmek için kullanıyordu.

Şapeldeki atölyede dikiş dikerken, Sudhamani ilahi aşk ve hasret dolu şarkılarını söyler ve ağlardı. Gözyaşları dikiş makinasının üzerine damlardı. Kilisenin rahibi, Sudhamani'nin dikkate değer karakterini hemen fark eden, dindar ve yaşlıca bir adamdı. Diğer kızlar dedikodu yaparken, Sudhamani kendi ilahi hakikatinde yaşardı. Onun bu adanmışlığı rahibi etkilemişti ve ona sevgiyle yaklaşmasını sağlamıştı. Bu diğer kızlar arasında kıskançlığa yol açmış olsa da, ufaklık onlara hiç düşmanlık beslemeden, öncesinde gösterdiği yakınlığın aynısını gösterirdi.

Kardeşi Satheesh onunla derse gelir ve kilisenin avlusunda veya bir köşede oturarak onu beklerdi. Bir gün Sudhamani ona, kilisenin duası esnasında, "Neden sen de duaya katılmıyorsun?" diye sormuş, o da "İyi de biz Hindu değil miyiz?" diye cevaplamıştı. Sudhamani de ona duaya katılabilmesi için pederden izin almasını söylemişti. Peder severek izin verince, Satheesh o günden sonra dualara hep katılır olmuştu.

Sudhamani dikiş işini tamamlayınca, nakış yapmak için kilisenin mezarlığına giderdi. Mezarlığın sessizliğinden ve yalnızlığından hoşlanırdı. Orada otururken, ölmüşlerin ruhlarına sorular sorardı: "Şimdi nerede yaşıyorsunuz? Ve yaşamınız nasıl? Orada mutlu musunuz? Duygularınız var mı?" Bir şekilde bu ruhların ona eşlik ettiğini hissederdi ve onları teselli ederdi. Sudhamani'nin büyük ablası Kasturi'nin bir arkadaşı da bu mezarlıkta gömülüydü. Ailesi ona bu kadar kötü davranırken, o kız Sudhamani'ye sınırsız sevgi göstermişti. Mezarlıkta vakit geçirmeyi sevmesinin başka bir sebebi de bu olabilirdi. Süptil bedenleriyle sürüklenen ruhlarla konuşur ve onların huzura kavuşması için, kalbe dokunan ezgiler söylerdi. Bazen meditasyon yaparken, Sudhamani bu Hristiyan mezarlığının sessizliğinde *samādhī* hâline varırdı.

Nakışını bitirdikten sonra şayet vakit kalmışsa, Sudhamani içinde mağara gibi bir odası olan şapele geri dönerdi. Loş ışıkta Hz.İsa'nın çarmıha gerilmiş formuna bakardı. Onu Krişna'sı olarak görürdü ve bu onu anında kendinden geçirirdi. Normal bilincine geri döndüğünde, İsa'nın ve Krişna'nın gösterdiği sevgiyi ve fedakârlığı düşünerek ağlardı. "Ah nasıl da her şeyi dünya için feda ettiler! İnsanlar Onlara sırtlarını döndüler, ama Onlar yine de insanları sevdiler. Onlar yaptıysa ben neden yapamayayım? Bunda yeni bir şey yok."

Sudhamani, köy sakinlerinin yaşadığı feci yoksulluğun farkındaydı. Onların perişan hâllerini gören ufaklık, gece mabet odasında geçirdiği o sessiz saatlerde ağlardı. "Tanrım, bu hayat mı?" diye yakarırdı, "İnsanlar her gün karınlarını doyurabilmek için kıvranıyor. Ah Krişna, neden onların açlık çekmesine izin veriyorsun? Neden böyle hastalıklar çekiyorlar? Nereye yüzümü çevirsem, insanların bencillikleri ve bunun sonucunda çekilen acılarla karşılaşıyorum. Çocuklar kendilerine uzun bir hayat için dua ederken, anne-babalarına ise erken bir ölüm diliyor. Kimse yaşlılara bakmak istemiyor. Ah Tanrım, bu nasıl bir dünya? Böyle bir dünyayı yaratmanın amacı nedir? Ah Krişna, tüm bunların çözümü nedir?" Masum kızın duaları böyleydi.

Üç senenin ardından, manevi çalışmalarından alıkoyduğu için, Sudhamani dikiş kursunu bırakmaya karar verdi. O maneviyata ağırlık vermek istiyordu. Peder de aynı dönemde başka bir cemaate transfer olmuştu. Ayrılmadan önce, Sudhamani'ye veda etme isteğini ifade etmek için sınıftaki birkaç kızı İdamannel'e gönderdi. Sudhamani, kardeşi Satheesh ile beraber pederi son kez görmeye gitti. Kızı görünce, peder gözyaşlarına boğuldu. Sudhamani ise duyguları kontrol altında, orada öylece durdu. Peder: "Kızım, artık bu işi bırakmaya ve *Sannyasin* hayatı yaşamaya karar verdim." dedi. Sudhamani ve kardeşi vedalaşırken, peder Satheesh'e dönerek: "Göreceksin, Sudhamani bir gün büyük bir azize olacak" dedi. Muhtemelen ufaklıktaki ışıldayan tanrısallığı içgörüsüyle çoktan fark etmişti.

Artık dikişte ustalaşan Sudhamani, kendine ait bir makineye sahip olma arzusunu dile getirdi. Damayanti ona hırslı olmasından dolayı kızmıştı, fakat diğer yandan Sugunanandan da ona birkaç kez dikiş makinası alma sözü vermişti. Ancak o dikiş makinası hiçbir zaman alınmayınca Sudhamani bir karar aldı: "Bir daha makina istemeyeceğim. Yalnızca Tanrı bir tane verirse, kullanacağım."

Birkaç yıl sonra, adanmışlar İdamannel'e akın etmeye başladığında, Peter adlı Hollandalı adanmış onun için bir dikiş makinesi satın aldı. Bu geçmişteki yeminini aklına getirdi. Tanrı ona gerçekten bağlı kullarının her ihtiyacını karşılar.

Sudhamani hariç, evin tüm çocukları ya orta öğretimde okuyor ya da üniversiteye gidiyordu. Hepsi ondan daha açık tenliydi ve güzel görünüyorlardı. Sudhamani'nin lacivert teni ve çalışkan doğası, hepsinin onu sadece bir hizmetçi olarak görmelerine neden oluyordu. Ona yeterli kıyafet bile verilmiyordu. Genç Sudhamani'nin tüm bu zorluklarını ve anne-babasının ve ağabeyinin düşmanlığını gören köylüler, "Sudhamani, Kollam'da[4] çeltik kabuğu karşılığında satın alınmış." derlerdi. Ailesi, bütün çocukları, bayram ve diğer törenler için tapınağa götürürken, Sudhamani'ye aldırmaz ve onu geride bırakırdı.

---

[4] Parayakadavu'nun 35 kilometre güneyindeki bir sahil kasabası.

Bir gün Sudhamani'ye kareli bir gömlek hediye gelmişti ve o da gömleği büyük bir keyifle giymişti. Bunu gören büyük ağabeyi, derhal o gömleği çıkartmasını emretmişti. Elinden kaptığı gömleği, kızın gözü önünde ateşe verip, "Sadece başkalarının dikkatini çekmek için bu renkli kıyafetleri giyiyorsun!" diye bağırmıştı. Başka bir sefer ise Damayanti ona kardeşlerinden birine ait sarı ipek bir ceketi giydiği için kızmıştı. O andan itibaren sadece Tanrı'nın ona sunduğu elbiseleri, yalnızca başkaları tarafından atılmış eski, yıpranmış giysileri giymeye karar verdi. Sudhamani bu kıyafetleri kesip kendine bluz ve etek yapardı. Yırtıkları birleştirmek için eski bir giysinin ipliklerini kullanır ve de kimseye yük olmadığı için mutlu olurdu. Sonradan o günleri, "Düzgün bir ipliğim, makasım ve dikiş makinam olmadan, bir şekilde kendi kıyafetlerimi dikmeyi becerirdim!" diye anımsardı.

# 4. Bölüm

# Gerçek Flüt

*"Gerçek flüt gönüldedir. Onu çalmanın keyfine varmaya çalış. O ses bir kere duyuldu mu, kişi ölüm ve doğum olmaksızın var olabilir."*

– Mātā Amritānandamayī

vāg gadgadā dravate yasya cittaṃ
rudaty abhīkṣṇaṃ hasati kvacic ca
vilajja udgāyati nṛtyate ca
mad-bhakti-yukto bhuvanaṁ punāti

*Duygulardan boğazı düğümlenen, Aşk'tan yüreği
eriyen, biteviye hıçkırarak ağlayan ve zaman zaman
kahkaha atan, utanan, bağıra çağıra şarkı söyleyip
dans eden, kendini benim hizmetime adayan âşık
tüm dünyayı arındırır.*

– Śrīmad Bhāgavatam 11.14.24

Tanrı Hakikatine Varmış bir ruhun manevi görkemi ve garip davranışları, sıradan bir insanın bilincinin kavrayabileceğinin çok ötesindedir. Bazıları Hak aşkını delilik olarak görür, diğerleri psikolojik olarak bilinçaltına bastırma olarak kabul eder, bazıları da varlığını toptan inkâr eder. Yüce Ruhlar istiflerini bozmazlar. Bilincin süptil âlemleri ile ilgili sınırlı algıları için suçlanamayacak olan şüphecilerin ve eleştirmenlerin, anlamsız yorumlarına asla kulak asmazlar. Sokaktaki bir adam atomaltı parçacıkların varlığını küçümsediği için, bir fizik mühendisi endişe duyar mı? Temeli olmayan eleştirilerine canını sıkar mı?

Evliya sabrına sahip Sudhamani'yi hiçbir alay, küçümseme veya hor görme etkilemiyordu. Yirmi yaşına yaklaşırken, kesintisiz bir ruhsal farkındalık akışına dalmıştı. Śrī Krişna'ya olan sadakati ve aşkı tarif edilemez bir yoğunlukta idi. Sudhamani, bir bilinç hâlinden diğerine doğal olarak ve kendiliğinden yükselirdi. Gece gündüz ayrılık acısı ile yanan yüreğinden taşan şarkılar söyleyerek, sanki ağır iş yükünü hafifletiyordu.

### Niramilla
### (Renksiz)

*Renkleri olmayan bir gökkuşağı, kokusu olmayan bir çiçek gibiyse kalbim*
*Neden merhamet için ağlayayım?*

*Hayat baştan aşağı buz kesti, sıcaklığın izinin dahi kalmadığı sıcak bir melodiden yoksun, yalnızca hazin sessizlikteki bir vīna gibi.*

*Güneş ışınlarının girmediği, ormanın derinliklerinde ufak bir deredeki nilüfer çiçekleri çiçek açabilir mi?*

*Gökte bulutları görünce, tavus kuşu raksa hazır, açar kanatlarını, ama beyhude ve bir cātaka kuşu[1] su damlaları için aralar gagasını.*

Sudhamani'nin bu coşkulu vecd hâllerinin önemini kavrayamayan ebeveynleri ve büyük ağabeyi onu acımasızca cezalandırıyor ve ona işkence ediyordu. Tüm bu tanrısal hareketlerinin bir tür akıl hastalığı ya da depresyon semptomları olduğuna ikna olmuşlardı. Sudhamani, o dönemde vaktini gece gündüz meditasyon yaparak, şarkı söyleyerek ve ilahinin ismini zikrederek geçiriyordu. Büyük ağabeyinin aşırı tiksinmesine karşın, o çoğu zaman kendini ailenin mabet odasına kapatır ve vecd hâlinde dans ederdi. Bazı

---

[1] Cātaka kuşunun, sadece gökten yağan yağmur suyunu içtiği söylenir. Başka hiçbir suyun tadını tercih etmez. Tavus kuşu ve çataka kuşu bulutları görünce sevinirler, ancak yağmur yağmayınca üzüntüye kapılırlar. Benzer şekilde, sonu gelmeyen ve meyve vermeyen arayışların ve manevi çalışmaların sonunda, sadece Hakk'ı beklemenin birini mutlu etmesi de boşa gibi görünüyor.

zamanlarda ise, ayrılık acısının yoğunluğuna dayanamayıp ağlar ve daha sonra bilincini kaybetmiş şekilde kumsalda bulunurdu. Krişna'ya olan sınır tanımayan sevgisinin bu durumlardan geçerken nasıl artmaya devam ettiği bir merak konusu olabilir. Sudhamani'nin aşkı sınır tanımıyordu ve gönül kapısını açmış, hasretle Krişna'sını bekliyordu. Böylesi yoğun bir adanmayı ve teslimiyeti kim nasıl açıklayabilirdi? Sudhamani'nin Krişna'nın öykülerini dinlemeye doymayan bir açlığı vardı. Nerede O'nun hikâyelerinin anlatıldığını duysa, tüm ilgi ve alakası O'na yönelir, samādhīye girerdi. Öykü çoktan bitmiş olmasına rağmen, o hareketsiz bir şekilde oturmaya devam ederdi. Köylüler, bu zamana kadar onun öteki-dünyasal hareketlerini tuhaf veya şaşırtıcı bulmamışlardı. Sudhamani bazen küçük çocukları toplar ve Krişna'nın hikâyelerini oynamak için onları teşvik ederdi. Gözlerinde yaşlarla oyunu izler ve Krişna'nın yanında oturduğunu ve hikâyeyi onun anlattığını hayal ederdi. Sonra durumu unutup, onların gerçekten Krişna'nın kendisi olduğunu düşünerek, küçük çocuklara sarılırdı. Böyle davranışlara alışık olmayan ve Sudhamani'nin bu alışılagelmişin dışındaki hâllerine aşina olmayan gençler zaman zaman ondan korkarlardı. Küçük çocuklara, dualarla şarkılar söyleyip naivedyam[2] ve nefis yiyecekler sunmak, onları gerçekten Krişna gibi gören ve içten hürmet gösteren bu masum kızın alışkanlığı olmuştu.

Gecenin sessiz saatlerinde uyanık olanlar, ufaklığın acı dolu haykırışlarını duyardı: "Krişna, Krişna! Hayatımın amacı! Ne zaman o güzel çehreni göreceğim? Yaşamım ve tüm çabalarım boşa mı? Seni görmeden mi gideceğim? Seninle bir olmak için ettiğim dualar duyulmuyor mu? Ah Krişna, müritlerine karşı şefkat dolu olduğunu söylüyorlar. Yoksa ben şefkatli kalbini küstürdüm mü? Senin hizmetkârın olmayı

---

[2] Tanrı'ya ya da tapınaktaki ilâha sunulan ilk gıda. Sunulan nimetin adanmışlar tarafından tüketilmesine prasādam denir.

hak etmiyor muyum? Daha kaç gün daha bu yakarışlarım sonuçsuz kalacak? Bu zavallı, terkedilmiş çocuğa karşı hiç mi merhametin yok? Ah Kanna, sen de mi beni terk ettin? Neredesin? Neredesin?"

Sonunda yere düşüp kalırdı, ama geceleri uykusuz geçmeye devam ederdi. Gözünü dahi kırpmadan Krişna'nın her an gelebileceğini düşünürerek beklerdururdu.

Bazen Sudhamani çamurdan, Krişna'nın heykelini yapar ve ibadetini ona sunardı. İçinden sevdiğine seslenip, "Bak, kimse sana nasıl hizmet edeceğimi ya da ibadet edeceğimi öğretmedi. O yüzden hatalarımı mazur gör!" derdi. Sonra çiçeği olmadığından ilahın ayaklarına kum sunardı. İbadeti bittiğinde adeta Krişna'nın gelip karşısında durduğunu hissederdi. Heyecandan titreyen bedeni ve yaş dolu gözleriyle Sudhamani, meşkin yoğunluğuyla çamurdan heykelin önünde defalarca eğilirdi. Hemen sonrasında Krişna'nın kaçmak üzere olduğunu hisseder, aceleyle ileri doğru atılıp O'nu yakalamaya çalışırdı. Fakat sonrasında hepsinin onun hayal ürünü olduğunu, ilahın sırf çamurdan ibaret olduğunu fark ederdi.

Gözyaşlarına boğulmuş hâlde, "Krişna, Krişna! Ne olur gel ve Seni görebilmek için paramparça olmuş olana kendini göstererek rahmetini yağdır! Hepsi Sana olan aşkımın bir imtihanı mı? Neden çekiniyorsun? Ah Kanna, her türlü acıya dayanabilirim, ama Senden ayrı kalmaya dayanamam. Krişna, yüreğindeki merhamet nereye gitti?" diye hıçkırırdı.

Sudhamani beklemekten bezmiyordu. Bu mütevazı kız, kendinden emin bir şekilde Rabbinin gelmesini sabırla bekliyordu. Bazı zamanlar kendisini Krişna'nın sevgilisi, bazı zamanlar ise O'nun hizmetçisi olarak kabul ediyordu. Dördüncü sınıftan terk, eğitimi olmayan, Vedaları veya Upanişadları okumamış bu çocuk, Tanrı Krişna'ya olan muazzam bir aşkın tezahürü hâline geliyordu. Genç Sudhamani'de ilahi aşkın farklı hâlleri kendiliğinden tecessüm ediyordu.

O dönemlerde babası Sugunanandan'ın balıkçılık işi keskin bir viraj alarak, aileye büyük maddi kayıplar yaşattı. Bir gün annesi Damayanti Sudhamani'ye, "Kızım, Tanrı bize neden acı veriyor? Babanın işi battı, onun için dua et" diyordu. Sudhamani ise, "Ah Krişna, dertler nasıl başlar? Bunun kaynağı nedir? Annem, babamdan mutluluk beklediği için üzgün çünkü rahat bir şekilde yaşamak istiyor. Aslında mutsuzluğu getiren istekler değil mi? Ah sevgili Krişna'm, benim bu ağa düşmeme izin verme! Eğer arzular ve cahillikte boğulan insanlara bel bağlarsam, o zaman ben de elbette elem dolu olurum. Ah Krişna, aklım hep Senin Nilüfer Ayaklarına sıkı sıkı sarılsın!" diye iç geçirdi.

Aynı dönemde bu malî sıkıntıların arasında Sudhamani'yi bir şekilde evlendirmeye karar verdiler. Damayanti dört kızının büyütülmesi konusunda her zaman çok titiz davranmıştı ve bu konudaki kibri, köylüler arasında sır değildi. Kızları toplum tarafından doğru ve erdemli olarak görülmeliydiler. Eğer itibarları zedelenirse, Damayanti için her şey bitmiş demekti. Bu yüzden, Damayanti kızlarını çok sıkı disiplin ile büyüttü. Hiçbir erkekle, özellikle de genç erkeklerle konuşmalarına izin vermedi.

O zamanlar İdamannel mülkünün dört cephesi sularla çevriliydi, fakat Damayanti davetsiz misafirleri uzak tutmak için yine de evin çevresine çit ördürmüştü. O da yetmeyince, evin yakınına gelenleri haber versin diye bir de köpek aldı. Köpek her havladığında, Damayanti gidip kontrol etmesi için Subhagan'a seslenirdi. Eğer bir yabancı veya genç bir adam ise, Subhagan kapıyı açmayı reddederdi. Damayanti serpilmiş kızları için her zaman endişelenirdi. O yüzden onu en çok dertlendiren Sudhamani'den bir an önce kurtulmak istiyordu.

Sonunda Sugunanandan ve Subhagan, Sudhamani için uygun bir koca adayı buldular ve ilk buluşma için bir gün kararlaştırıldı. Bu sayede düğünden evvel, iki insanın birbirlerini sevip sevmediklerinden emin olabilirlerdi. Tüm ayarlamalar Sudhamani'nin bilgisi olmadan ve onayı alınmadan yapılıyordu. Sadece bununla da bitmiyordu. Buluşma İdamannel'den uzakta başka bir evde yapılacaktı. Belirlenen günde, Sudhamani'nin evine görüntüde terzilik işi için bir kadın geldi. Ondan kızlarının etek ve bluzları için tüm ölçüleri almak amacıyla onunla birlikte evine gelmesini rica etti. Sudhamani eve varınca, anlar ki ortadaki niyet tamamen farklıdır. Ev sahibesi ona bir bardak çay ikram ederek, "Sudhamani buraya bak bir. Yan odada biri oturuyor, ona bu çayı götür" dedi. Gelini damada tanıtmak için çay götürmesini istemek adettendi. Sudhamani ise bu gizli niyeti sezerek, "Yapamam. Ben buraya ölçü almaya geldim, çay götürmeye değil." diye ciddi bir ses tonuyla cevap verdi. Hemen oradan çıkıp, eve döndü. Durumu annesi Damayanti'ye anlatınca anlar ki aslında tüm ayarlamalar kendi annesi, babası ve ağabeyi tarafından yapılmıştı.

Sudhamani'ye başka bir evlilik teklifi daha geldi. Bu sefer damat tarafı İdamannel'e gelecekti. Damat adayı eve varınca, Damayanti tatlı bir şekilde Sudhamani'den ona muz ikram etmesini istedi. İsteksiz gelin misafirlerin önünde "Getirmeyeceğim! Eğer çok istiyorsan, kendin gidip ona muz verebilirsin!" diye karşılık verdi. Böylece, o teklif de iptal olmuştu!

Ancak ailesi evlendirme fikrinden caymıyordu. Sudhamani için gelen yeni teklifte damadın İdamannel'i ziyaret etmesi kararlaştırıldı. Damayanti öncesinde Sudhamani'ye yalvararak, "Kızım, bak ne olur ailemizin ismini lekeleme. Lütfen müstakbel kocana biraz nazik davran." diye ağlamıştı. Sudhamani ile tanışmak için gelen genç oğlan, sessizce oturma odasında oturuyordu. Sudhamani ise mutfakta kurutulmuş kırmızı biberleri ahşap bir havanla dövmekle meşguldü. Durumu öncekilerden daha da hoyratça karşılamaya karar vermişti. Düşmanına saldırmaya hazır bir askerin süngüsünü tuttuğu gibi iki eliyle havanı tutup sallayarak, bağıra çağıra oğlana tehditler savuruyor ve tuhaf hareketlerde bulunuyordu. Damayanti neredeyse utancında bayılmak üzereydi, ama ufaklık kolay kolay pes etmeyecekti. Erkek tarafı, onun deli olduğunu düşünüp evden kaçana kadar, rolüne devam etti. Tabii ki Sudhamani'nin cezası, sert tekmeler ve darbeler şeklinde gelmekte gecikmedi.

Bu olaydan sonra, eğer annesi ve babası bir kez daha onu evlilik teklifi ile rahatsız edecek olurlarsa, Sudhamani evi terk edip bir mağaraya ya da münzevi bir yere gidip manevi çalışmalarına orada devam etmeye karar verdi. Evlilik konusunda ciddiydi, ancak ailesinin uzunca bir süre bu konuyu deşmeyeceğine inanıyordu.

Ailesinin kötü muamelesi gittikçe artıyordu. Bu duruma daha fazla katlanamayan Sudhamayi evden kaçmaya karar verdi. Tam kaçacağı gün, rüzgârda süzülerek gelen bir gazete parçası önüne düştü. Kâğıdı yerden alıp baktığında çok şaşırdı. Zira gazetenin tam o yırtık kısmında, evden kaçan bir kızın korkunç kaderi anlatılıyordu. Bunu Tanrı'dan gelen net bir mesaj olarak alan Sudhamani evi terk etmekten böylece vazgeçti.

Bir keresinde de aile üyelerinin ona yaptığı acımasız taciz yüzünden, denize atlayarak hayatına son vermeye karar verdi. Ancak bunun üzerine biraz düşündü: "Ölen kim? Doğan kim? Hakk'ın gerçek bir kulunu kim canından bezdirir?" Bu güçlü inanç ile zihninden intihar fikrini kovmuştu.

Yoğun *sādhanā* günlerinde Sudhamani ne başkasının evinde uyuyabiliyor ne de dünyevi birinin elinin değdiği yemeği yiyebiliyordu. Eğer böyle bir yemek yemiş ise, son derece rahatsız hissediyor ya da kusuyordu. O yüzden çoğu günler Sudhamani oruç tutardı. Eğer dünyevi bir insanın uyuduğu başka bir evde kalırsa, hiçbir şekilde dinlenemiyordu. Yine de uyku ona dert değildi. O uyanık kalıp Sevgilisine yakarıp meditasyon yapmayı tercih ediyordu. Hatta uykuya dalmaktan korkuyordu. 'Ya Krişṇa tam o anda gelirse? Uzun zamandır beklediğim ilahi görüntüsünden mahrum kalırsam?' diye dert ediyordu. Sudhamani bu dönemde bile, bir şekilde ev işleri vazifesini aksatmadan yerine getiriyordu. Onun bu zahmetli iş yükünden dolayı köydekiler ona "*Kaveri*" demeye başlamıştı. Kaveri, tüm erdemlere sahip kusursuz bir karakterdi. Hasta olsa dahi, ev ev gezip süt satardı.

Sudhamani'nin içinden geçtiği bu korkunç zorlukları gören ve onun asil niteliklerini fark eden köylüler, ona karşı büyük bir saygı ve sevgi duyuyorlardı.

Zalim bir çevrede büyüyerek yaşadığı acı deneyimler, dünyevi hayatın geçici ve bencil doğasına inanmasını sağlamıştı. Zihnini sadece hayata ve amacına dair derin tefekkür meşgul ediyordu. Hayatın gizemini düşünürken, "Tanrım, tüm bu üzüntü ve ızdırabı görmüyor musun? Ben bu dünyada yalnız mıyım? Kim benim gerçek akrabam? Benim babam kim ve benim anam kim? Tüm bunların içinde hakikat nerede? İnsan bedenine doğan kişinin, acı çekmek kaderi midir?" diye iç geçirirdi. Sudhamani her zaman, dünyevi yaşamın ansal zevklerine sahip olmak isteyen sıradan insanlara karşı sempati beslemişti. "Rabbim, cahillikten dolayı acı çeken, bu geçici dünyayı hakikatle karıştıranları kurtar. Ne olur onlara doğru bilgiyi bahşet." diye onlar için dua ederdi.

Damayanti için inekleri çok önemliydi. Aile üyeleri zorluk çekse dahi, ineklerinin herhangi bir zorluk çekmesine izin vermezdi. Onun için inekler Hakk'a eşdeğerdi. Güneybatı bölgesinin muson sezonunda, Kerala'nın arkasular diye adlandırılan nehir yatakları taşar ve Umman Denizi ile bir olup, tüm kıyı şeridinde sellere sebep olurdu. İdamannel'de de ineklerin bulunduğu ahır bu dönemde sular altında kaldığından, Damayanti inekleri kendi oturdukları evlerinin içine alırdı! Oturma odası, inek gübresi ve idrarından geçilmediğinden, tüm aile üyeleri isyan eder, Damayanti'ye söylenirlerdi.

Tabii ki Sudhamani dışında. Krişna'nın hayatında oynadıkları önemli rolden dolayı, annesinden bile fazla severdi inekleri. Onun için tüm mevsimler aynı derecede ilham vericiydi, zira onun için her şey İlahî Oyun'du. Ne yazın yakıcı sıcağından, ne muson mevsiminin şiddetli yağışlarından, ne de kışın denizden gelen dondurucu rüzgarlardan rahatsız olurdu. Doğada Sevdiğinden başka hiçbir şey görmezdi. Bu âlemde Krişna'nın ayaklarına varıp, O'nunla bir olmaktan başka hiçbir amacı yoktu. Yağan yağmurun sesi dahi Sudhamani'nin gönlünü sevgi ile doldururdu. Onun için tüm sesler, özellikle de yağmur sesi, kutsal Sanskrit 'Aum' hecesine benziyordu. Tanrı'ya yakardığı ilahilerde, o sesin ahengini yakalayarak söylerdi. Her bir yağmur damlasında Krişna'nın olduğunu hayal ederek, keyifle yağmuru izlerdi.

Sudhamani'nin ruhsal çalışmaları yoğunlaştıkça, alışılmışın dışındaki hâlleri de daha çok fark edilir olmaya başlamıştı. Bazen yıkanmak için girdiği banyoda, saatler sonra etrafında olanlardan bihaber bir hâlde bulunurdu. Sudhamani'nin bu hâlleri aile için bir muamma idi ve onun bir tür akıl hastalığından muzdarip olduğundan emindiler. Ufaklık kendi dünyasında yalnız bir yolcuydu. Sevgisi sınır tanımayan bu masum kız çocuğunun manevi derinliğini kim nasıl anlayabilirdi? Mutlak Olan'dan başka hangi güç ona Kendini Gerçekleştirme yolunun derinliklerine doğru rehberlik ediyordu?

Genelde Sudhamani keçiler için ot toplamaya giderken, onu sürekli takip eden ufak çocuklar da ona eşlik ediyordu. Onunla olmaya bayılıyorlardı. Sudhamani onların lideri idi. Bir dalda oturup ağaçtan yaprak toplarken, Sudhamani kendisinin Krişna olduğuna dair aşikâr bir duyguya kapılırdı. Daha sonradan bu günleri hatırladığında, "Yanımda olan bütün oğlanlar ve kızlar Gopalar ile Gopiler'di benim için." derdi.

Sudhamani, birçok tanrısal vizyon görüyordu. Krişna gece geç saatlerde önünde beliriverirdi ve bu İlahî Flüt Çalar, ellerinden yakalayıp onunla dans ederdi. Bazı zamanlar onunla oyun oynar ve onu güldürürdü. O mutlu anlarında, daha önceden dans etmediği gibi vecd hâlinde dans ederdi. Rādhā ve Krişna'nın dansıydı bu. Bazı zamanlarda ise Krişna'nın büyüleyici flüt sesini duyardı. İlk başlarda, Krişna'nın o cennetten seslenen flütünü yakınlarda bir yerlerde çaldığını düşünürdü, ancak sonradan şaşkınlıkla sesin kendi içinden geldiğini anladı! Akabinde gözyaşlarına boğulur ve Krişna'nın resminin önünde yığılıp kalırdı. Olur da uyuya kalırsa, Krişna hiç vakit geçirmeden onu uyandırmak için beliriveriyordu. Sudhamani sonradan, "Krişna'nın teni koyu mavi ile açık kırmızı karışımıydı." demişti. Bazen, üzerine çeşit çeşit kokulu çiçekler serpilmiş bir karyola görürdü. Krişna ufaklığın elinden tutarak, üzerinde onunla dans ederdi. Onu bulutların üzerine çıkartırdı ve başka dünyalar ve enfes manzaralar gösterirdi. Sudhamani ise, "O olmadıktan sonra tüm bunların ne cazibesi olabilir ki? O, her şeyin özü. Dünyaların dış görünüşleri ise değişmeye devam edecek!" diye düşünürdü. Bu fikrinden vazgeçmeyecek kadar çok emindi. Sevdiği ile içsel buluşmaları daha sıklaşmıştı. Ufaklığın teslimiyeti tamamlanmıştı.

Sudhamani bazen Krişna'nın yürürken ona eşlik ettiğini görürdü. Kimi zaman da kendisini Krişna ile özdeşleştirdiğinde, duvarda asılı olan, Krişna da dahil, tüm Tanrı ve Tanrıçaların resimlerini söküp atmak geliyordu içinden. "Bu resimler sadece kâğıt ve boyadan ibaret, bunlar Krişna değil! Ben kendim Krişna'yım!" Akabinde ise tavrı değişirdi: "Yok, bu resimleri böyle yırtmamalıyım; bu resimler sayesinde ben Krişna'ma ulaştım. Krişna, Mutlak Bilinç, her şeyi kaplıyor. O yüzden, bu resim de O!"

Her şeyi Krişna olarak algılayıp fark etmek, yıllarca yapılmış fedakârlıkların ve duyulan hasretin birikimini gösteriyordu. Artık Sudhamani ağaçlara sarılırken, bitkileri ve küçük çocukları öperken görülüyordu, çünkü nereye dönse

Krişna'nın büyüleyici yüzünü görüyordu. O'nun olmadığı ufacık bir zerre dahi yoktu. Sonradan bu dönemler hakkında, "Doğaya bakar ve her şeyi Krişna olarak görürdüm. Tek bir çiçek bile kopartamazdım, çünkü onun dahi Krişna olduğunu bilirdim. Tenimde hissettiğim meltem, Krişna'nın bana sarılmasıydı. Yürümeye korkardım, çünkü 'Krişna'ya basıyorum!' diye düşünürdüm. Her bir kum tanesi Krişna'ydı benim için. O andan itibaren kendimi Krişna olarak algılamaya başladım. Ve bu gitgide benim doğal hâlim olmaya başladı. Kendim ile Vrindāvan'da yaşayan Krişna arasında herhangi bir fark bulamaz oldum."

Nitekim, Sudhamani saf varoluşun ve saadetin deryasında artık köklenmişti ve daimî bir iç huzura kavuşmuştu. Ancak Mutlak Olan ile özdeşleşmesi ailesi ve köy halkı tarafından hâlâ bilinmiyordu. Dışarıdan bakıldığında, aynı köylü kızı gibi gözükse de, aslında o tek Hakikat'e ermiş ve Krişna ile bir olmuştu.

# 5. Bölüme

# Dünyanın İyiliği İçin

*"Tek Yüce Varlık'ın sonsuz suretlerini temsil eden, Hint panteonundaki tüm İlahlar, bizim içimizde de mevcuttur. İlahi bir Enkarnasyon, Dünyanın iyiliği için sadece kendi iradesi ile bunlardan herhangi biri olarak tezahür edebilir. Krişṇa İlahi Hâl'i (Krişṇa Bhāva), Puruşa ya da Mutlak Olanın Saf Bilinç yönünün tezahürüdür."*

– Mātā Amritānandamayī

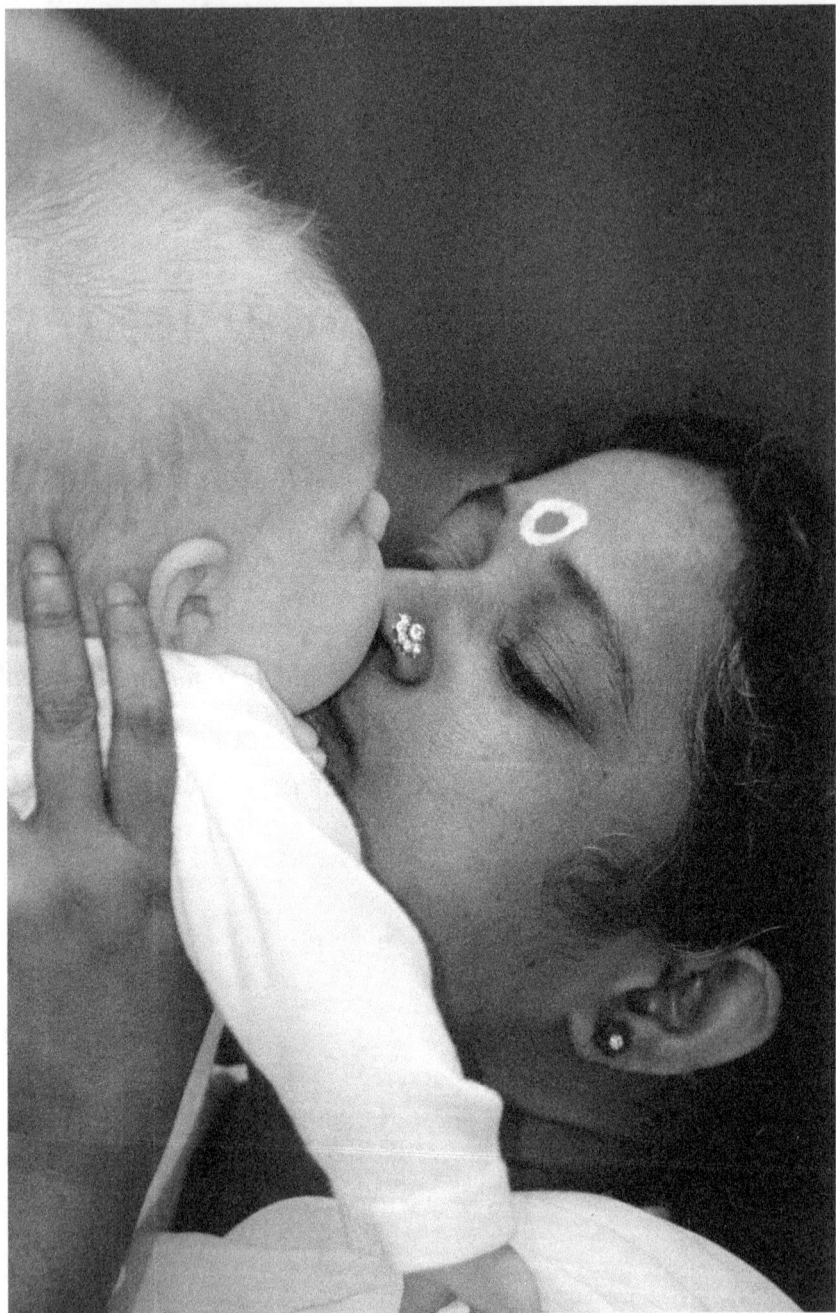

**Vamśī vibhūṣita karāt navanītarābhāt
pitāmbarātaruna bimba phâlâ dharoṣṭāt
purṇendu sundara mukhādaravinda netrāt
kṛṣṇāt param kimapi tatva maham na jāne**

*Gözleri nilüfer yaprakları gibi uzun, dudakları
nar kırmızısı, çehresinin cemali dolunayı andıran,
sarı giysiler içerisinde taze bir yağmur bulutu
güzelliğinde olan, elleriyle flütünü tutan Śrī
Kriṣṇa'dan başka Hakikat tanımıyorum.*

– Madhusudana Saraswati

## Krişṇa Bhāva Arifesi

**M**utlak Varlık'ta ebedî huzuru bulan genç Sudhamani, artık ev işlerini önceki gibi yerine getirmekte zorlanıyordu. Sorumluluklarını yerine getirmek için çok çabalıyordu, ancak göreceğimiz üzere İlahî'nin onunla ilgili başka planları vardı.

1975 yılının Eylül ayında bir Çarşamba akşamı, Hindistan'ın manevi takviminde yeni bir dönemin başlangıcına işaret edecek olan bazı olaylar yaşandı. Saat beş sularında, Sudhamani ot toplamayı bitirmiş ve küçük kardeşi Satheesh ile birlikte eve dönmek üzereydi. Kafasında büyük bir ot demeti taşıyarak, dilinde bir ilahi ile her zamanki hülyalı hâliyle yürüyordu. İdamannel mülkünün kuzeyinde yer alan komşu evlerin önünden geçerken, Sudhamani aniden durdu.

Avluda yüksek sesle okunan Śrīmad Bhāgavatam'ın[1] son dizelerine kulak misafiri olmuştu. Okuma sona ermişti ve ilahiler başlamak üzereydi.

Sudhamani anın büyüsünde öyle kıpırdamadan kalakalmış, söylenen şarkıları pür dikkat dinler gibi görünüyordu. Aniden bambaşka bir hâle büründü. Başındaki ot demetini düşürdü ve adanmışların bulunduğu yere koşarak tam ortalarında durdu. Kutsi mutluluğun sarhoşluğuyla, içsel anlamda kendini Hak ile özdeşleştirmişlik hâli[2], Sudhamani'nin dışsal varoluşundan taştı ve onun beden hareketlerini ve yüz ifadesini Śrī Krişṇa'nınkilere dönüştürdü!

Orada toplanan insanlar hayrete düşerek, Śrī Krişṇa'nın gerçekten de onlara lütufta bulunmak için aniden bu köylü kız kılığında geldiğine inandılar. Sudhamani, adanmışların birinden su getirmesini istedi. uyu her birinin üzerine kutsal su olarak serpiştirdi. Sudhamani'nin kutsal tezahür haberi çabuk yayıldı ve kalabalık toplandı. Ufaklığın bu ilahi hâline itiraz eden bazı şüpheciler, "Eğer sen gerçekten Tanrı Krişṇa isen, bize bunu bir mucize göstererek kanıtlamalısın. Yoksa sana nasıl inanalım?"

Anında cevap gelmişti: "Zaten var olmayan bir obje, varoluşa getirilemez. Her şey aslında zihnin yansımasından ibaret. Gönlünde Hakiki Cevher var iken, neden bir taklidini arzuluyorsun? Hak içinde olmasına rağmen, cehaletin buna perde oluyor!"

Saf Varoluş'ta köklenmiş olan kişi tarafından dile getirilen bu ulvî hakikati kavrayamayanlar, bir mucize göstermesi için baskı yapmaya devam ediyordu. Sudhamani yeniden döndü ve "Mucize göstererek birilerinin imana dönmesiyle ilgilenmiyorum. Benim niyetim mucize göstermek değil.

---

[1] Her ay, komşu köyden Śrī Nayananan adlı bir adamın ailesi, Krişṇa'nın hayatı ve latifelerini ön plana çıkaran Bhāgavatam destanının okumalarını yönetirdi.

[2] Tasavvufta, "fenafillah" olarak geçen bir mertebe.

Amacım insanların kendi ilahi hakikatlerini idrak ederek, özgürlük aşklarını ateşlemek ve ilham olmak. Mucizeler aldatıcıdır. Onlar ruhaniyetin özü değildir. Sırf o da değil. Bir kere mucizeye şahit olduktan sonra, sürekli yeni mucizeler görmeyi arzularsın. Benim görevim yeni arzular yaratmak değil, mevcut olanları yok etmektir."

Şüpheciler "Hayır, bir daha istemeyeceğiz; bir kereliğine bir mucize göster, biz de tekrar ısrar etmeyelim!" diyerek ısrar ettiler. En sonunda Sudhamani kabul etti ve "İçinizde inanç ve iman duygusunu geliştirmeniz için bunu bir kere yapacağım. Fakat bana bir daha asla böyle isteklerle yaklaşmayın. Şüphe edenler, bir sonraki Śrīmad Bhāgavatam okumasının olduğu gün buraya gelsinler." dedi.

Bir sonraki Bhāgavatam okumasında hem evde hem de evin dışında geniş bir kalabalık toplanmıştı. İnanmayanlar, bir sahtekârlık yakalamak umuduyla ağaçlara tırmanmış, çatılara çıkmışlardı. Krişṇa ile birlik hâlini ortaya dökerken, Sudhamani şüphecilerden birinden su dolu bir maşrapa istedi ve daha önce yaptığı gibi bunu adanmışların üzerine serpiştirdi. Sonra aynı adamdan parmaklarını kalan suya batırmasını istedi. Su, saf süte dönüşerek herkesi hayrete düşürdü. Sonrasında bu Tanrı'nın kutsal nimeti (Prasād) olarak kalabalıktakilere dağıtıldı.

Ardından Sudhamani başka bir şüpheciyi daha çağırarak, ondan parmaklarını maşrapanın içine sokmasını istedi. Bu sefer de süt, içinde muz, işlenmemiş şeker, kuru üzüm ve taneli şeker olan beş içerikli, *Pançāmritam* adlı sütlaca dönüşmüştü. Orada bulunan herkesten "Aman Tanrım! Aman Tanrım!" diye haykırışlar yükseldi. Gerçekten Tanrı Krişṇa'nın huzurunda olduklarına inanmışlardı. Binden fazla kişiye dağıtılmış olmasına rağmen *Pançāmritam* hâlâ kapta ağzına kadar dolu kalmaya devam ediyordu. Biraz uzakta bulunan, deniz kenarındaki banyan ağacının altında oturanlara bile dağıtılmış olmasına rağmen, kap bir türlü boşalmıyordu.

Şüphecilerden birkaç tanesi hâlâ tatmin olmamış, tüm olayın bir büyü olduğunu savunuyor ve Pançāmritam'ın birkaç saniye içinde yok olacağını iddia ediyordu. Ancak hayal kırıklığına uğrayarak, yok olmadığına, hatta tatlı kokusunun herkesin parmaklarında günlerce kaldığına şahit oldular. Bu hadise köy halkının inancını hayli artırmıştı ve artık Sudhamani'nin ilahi kimliğine hepsinin inancı tamdı.

Krişna Bhāva günlerini hatırlayarak, Sudhamani sonradan şöyle açıklamıştı: "Önceleri, tek başıma vecd hâlinde dans edip etrafta dolaşırken, aslına Krişna Bhāva'da olurdum, ama kimse bilmezdi. Bir gün bir daha geri dönmemek üzere Yüce Yaradan'ın içine çekilip O'nunla bir olma arzusu ile yanıyordum. İçimden bir sesin, 'Dünyada milyonlarca insan acıya gömülmüş durumda. Sen ki artık Benimle Bir'sin, Benim için yapacağın çok şey var' dediğini duydum." İşte bu sesi duyduktan sonra Sudhamani, Tanrı Krişna ile olan içsel kimliğini köydekilere gösterdi. Sudhamani şöyle devam etti: "Kimin içinde ne sıkıntısı varsa hepsini biliyordum. Sadece o özel hâldeyken değil, fakat her an Krişna olduğumun artık tam bilincindeydim. 'Ben uluyum' gibi hissetmiyordum. Daha ziyade, insanları görünce acılarını bilip, yoğun bir merhamet hissi ile doluyordum. Gelip bana selamlarını sunan ve bana 'Tanrı' diye hitap eden adanmışların farkındaydım. Adanmışlar, henüz dertlerini açmadan, ne olduğunu bilirdim."

O zamandan itibaren Sudhamani düzenli bir şekilde İdamannel mülkünün sahil yoluna yakın, batı yakasındaki ufak bir banyan ağacının yanında Krişna Hâli'ni almaya başladı. Köy sakinleri birkaç yıl öncesinde oraya bir tapınak inşa etmeyi planlamışlardı. Tapınak alanını açmak için köyün gençlerinden bazıları oraya başka bir banyan ağacı daha dikmiş ve de kutsal bir yağ kandili yakmışlardı.

Sugunanandan o zaman hem gençleri teşvik etmiş hem de onların çabalarına aktif bir şekilde katılmıştı. Yaşlı annesi Madhavi, çoğu zaman Sudhamani'nin eşliğinde, her akşam buraya gelir, yağ kandilini yakar, ilahiler söylerdi. Banyan ağacının önüne, dokunmuş palmiye yapraklarıyla üstü kapatılmış küçük bir kulübe inşa edilmiş, içine Tanrı Krişna ve Tanrıça Kālī Anne'nin resimleri asılmıştı[3].

Şimdi yıllar sonra ise bu aynı yer, Sudhamani'nin Krişna Hâlleri'ne şahitlik ediyordu. Arazi kamu malı olduğundan, insanların bir araya gelip Krişna Bhāva gibi kutlu bir etkinliğe katılmaları için çok uygun bir yerdi. Banyan ağacının zayıf bir dalına yatay uzanan Sudhamani, Tanrı Vişnu'nun bin-başlı yılanı Ananta'nın üzerine uzanışını, yani 'Anantaśayana' duruşunu alırdı. Bu süreçte kendi iradesi ile beden ağırlığı tüy gibi olurdu. Adanmışlar için bu olağanüstü bir manzara idi.

Bu kutsal nokta, tam anlamıyla Krişna'nın meskeni Vrindāvan oluvermişti ve tüm atmosfer Tanrı'yı öven ilahiler ile dolmuştu. İnsanlar sadece Śrī Krişna'nın Kutsal Darşanı'nı almaya değil, aynı zamanda dertlerine de derman bulmaya akın akın gelmeye başlamıştı. Sudhamani Krişna Bhāva'dayken insanların ona aktardıkları dertler esrarengiz bir şekilde çözülüyordu.

O günlerde insanlar dertlerine çare için dua ettiklerinde, Sudhamani Krişna olarak onlara bir adet kâfur yakıp, dışarıya çıkardığı dilinin üzerine yerleştirmelerini söylüyordu. Ardından yanan kâfuru öylece yutuyordu! Bhāva Darşan sona erdiğinde ise, Sudhamani'nin dilinde tek bir yanık dahi bulamazlardı. Bu sayede, insanların inancı daha da artmıştı.

Krişna Bhāva haberi çabuk yayılmıştı. Hindistan'ın diğer eyaletlerinden ve Kerala'dan insanlar Parayakadavu'ya akın etmeye başlamıştı. Günümüze değin giderek artan sayıda arayıştaki insanların ziyaretleri, bu kutsal yere yapılan haccın başlangıcına işaret ediyordu. Gün geçtikçe artan ziyaretçilerden bazıları hastalıklarına çare, bazıları maddi zorluklarına çözüm arıyordu; bazıları meraktan ve bazısı ise

---

[3] Bu küçük mabed, denizden aşrama giden çakıl yolda yer alıyor.

ilahi aşktan geliyordu. Hepsinin ortak keşfi ise aynıydı; kim ne için gelirse gelsin, hepsi Sudhamani'ye geldikten sonra sorunlarına çözüm buluyordu.

Bir grup şüpheci yerli kesim, Sudhamani'nin bu İlahi Hâli'nin foyasını ortaya çıkarmak umuduyla gelip gitmeye başlamıştı. Ancak ufaklığın hiçbir koşulda dengesi şaşmıyordu. Daha sonradan şöyle açıklayacaktı: "Bhāva Darşan esnasında, çeşit çeşit insan beni görmeye geliyor. Kimisi aşktan, kimisi dünyevi sorunlarına çare için, kimisi de hastalıklarına derman bulmak için. Bana gelen kimseyi geri göndermem. Onları geri çevirebilir miyim? Onlar benden farklı mı ki? Hepimiz hayatın tek bir ipine dizilmiş boncuklar değil miyiz? Herkes kendi idrak mertebesine göre beni algılıyor. Benim için, beni seven de nefret eden de aynı."

Gerçekleşen ilk iki Krişna Bhāva'da Sugunanandan iş için şehir dışındaydı. Kızının esrarengiz dönüşümünü duyunca, bunun teşhisi konulmamış bir hastalık olmasından şüphe duydu. Ancak kesin kararı vermeden evvel, kendisi de Krişna Bhāva'ya şahit olmaya karar verdi. Bu nedenle İdamannel'de bir Bhāgavatam okuması düzenledi ve o gün Sudhamani yine Śrī Krişna ile birlik hâlini gözler önüne serdi. Sugunanandan, doğumundan itibaren sürprizlerle dolu olan kızını bu İlahi Hâl'de görünce hayretler içinde kalmış, nutku tutulmuştu. Zaten Tanrı Krişna'nın coşkulu bir adanmışı olan Sugunanandan, o günden itibaren bu kutsal balıkçı bölgesinde düzenli hâle gelen Bhāva Darşan'ların hepsine katıldı.

Artık Sudhamani'nin anne-babası, Tanrı Krişna'nın bu İlahi Hâlleri'nde onun içine girdiğine ve tüm bu uygulamalarının sadece geçici olağanüstü bir durum olduğuna ve bir gün son bulacağına inanıyordu. Kızlarını evlendirebilmek için o günün gelmesini bekliyorlardı. Onları, sahip oldukları bu bakış açısı için yargılamak doğru olmaz, zira onlar Yüce Ruhlardan ve onların hâllerinden bihaberlerdi. Onların Tanrı görüşü oldukça sığdı: Tanrı'nın tezahürleri, ancak Tanrı ve

Tanrıçaların tapınak ve mabetlerdeki idollerinde olabilirdi. Tanrı başka hiçbir yerde bulunmazdı, hele ki eksantrik kızlarında!

Anne ve babası önceki deneyimlerine rağmen, Sudhamani'nin evliliği için yine hazırlık yapıyordu, ama Sudhamani İdamannel'e varan bahtsız her damat adayını yine şiddetle tehdit ediyordu. Sonunda Sudhamani öfkeyle anne-babasını uyardı: "Eğer beni evlendirirseniz, adamı öldürüp İdamannel'e geri gelirim!"

Sudhamani'yi evlendirme konusunda başarısız olan ailesi, daha önceden İdamannel, Sudhamani veya onun İlahi Hâlleri hakkında hiçbir bilgisi olmayan tanınmış bir astroloğun[4] görüşünü almaya karar verdi. Böylece onun inadını kırabileceklerini umuyorlardı. Sudhamani'nin yıldız haritasına bakan astrolog Sugunanandan'a dönerek, ciddi bir ses tonuyla "Bu kız bir *mahātmā*[5]! Henüz evlilik ayarlanmadı ise, lütfen bunun için daha fazla çaba harcama. Eğer evlilik gerçekleşmişse, kızını hemen geri çağır. Yoksa başına büyük bela alırsın; sana büyük acılara mal olur." Süngüsü düşen baba kalbi buruk bir şekilde eve döndü ve Sudhamani'nin evliliği için yapılan tüm planları iptal etti.

İnsanlar Sudhamani'nin Krişna Bhāva tezahürlerinin gerçek olduğunu anlayınca, onun kutsamasını almaya daha çok gelmeye başladılar. Bazıları ise bencil amaçlar güdüp, para elde etmek uğruna Sudhamani'nin bu kutsal iyiliğinden faydalanmak için geliyordu. Bir gece bazı adamlar Sudhamani'nin para ile baştan çıkıp çıkmayacağını görmek için ona yaklaştı. Sudhamani'ye bazı mucizeler göstermesi karşılığında dolgun bir meblağ teklif ettiler. Sudhamani kahkaha atarak, onlara şefkatle şunu anlattı: "Mucizeler göstererek ne

---

[4] Geleneksel olarak Hindistan'da evlilikler, çocuklarının yıldız haritasıyla bir astroloğa danıştıktan sonra ayarlanır.
[5] Kelimenin tam anlamıyla yüce ruh demek. Aziz, ermiş ve erenler için kullanılır.

kazanacağım? Benim amacım mucizeler göstererek şöhret ya da para elde etmek değil. Gönlümüz tükenmek bilmez, uçsuz bucaksız bir zenginlik ile dolu. Bunu da geçtim, insan neden bu geçici dünyaya ait önemsiz zenginliği kovalar ki? Hakk'a ve acı çeken insanlığa özverili hizmette bulunmak benim hayat amacım. Ben buraya bir şey kazanmaya değil, başkalarının mutluluğu adına her şeyden vazgeçmeye geldim."

Sudhamani'ye Krişṇa Bhāva sırasında gelenlerin muazzam deneyimleri, başkalarına da ona gelip sığınmak konusunda ilham verince, adanmışların sayısı gün geçtikçe arttı. Banyan ağacının etrafındaki sahil, ilahi şarkılarla şenlendi ve köylüler, farklılıklarını unutarak onun kutsamalarını almak için bir araya geldiler.

Bir keresinde, Krişṇa Bhāva esnasında kutsal banyan mabedinde toplanmış geniş bir kalabalık, başlarının üzerinde toplanmış fırtına bulutlarını fark etti. Hemen ardından sağanak başladı. Sığınabilecekleri bir yer olmadığından, adanmışlar az sonra bastıracak yağmuru durup öylece beklemeye başladılar. Ancak herkesi şaşkınlığa düşürerek, yağmur etraflarında şiddetle yağmasına rağmen sadıkların durduğu yere tek bir damla düşmemişti!

Yine aynı dönemde zehirli bir kobra, özellikle geceleri köyde yürüyen insanları sık sık korkutuyordu. İnsanlar kobrayı sıkça etrafta dolaşırken görüyordu ve geceleri deniz kıyısından yürümeye korkar olmuşlardı. Bazı köylüler Sudhamani'ye Krişṇa Bhāva esnasında bu duruma çözüm bulması için gelmişlerdi. Bir akşam İlahî Hâller esnasında bu korkunç yılan kendini gösterdi. Kalabalık dehşetle uzağa kaçışmıştı. Sudhamani ise korkusuzca kobrayı yakalayarak, yılanın tıslayan dilini kendi diline değdirip serbest bıraktı. O günden sonra köylüler bir daha o zehirli yılanı görmedi ve yine eskisi gibi özgürce sahilde yürüyebildiler.

'Derya Ananın Çocukları' olarak adlandırılan balıkçı halk, günlerce balık yakalayamadığı için açlık çekiyordu. Krişṇa

Bhāva sırasında Sudhamani'ye yaklaşıp sefaletlerini anlattılar. Onlara bir Tulasi yaprağı[6] sunan Sudhamani, genç bir oğlan çocuğunun bu yaprağı tarif ettiği yerde denize bırakmasını ve burada balık tutmalarını söyledi. Fakat balıkçılar Sudhamani'yi denemek için, onun nasihatini dikkate almadılar ve bir sonraki Darşan'a yeniden geldiler. Henüz ağızlarını açmadan Sudhamani hatalarını yüzlerine vurdu ve onlara yeniden bir tulasi yaprağı sundu. Şaşırmış ve yaptıklarından pişman, tulasi yaprağını alıp denize açıldılar, ancak ne var ki yaprağı söylenen yere atmayı beceremediler. Bir sonraki Darşan'da Sudhamani onlara acıdı ve onlar için deniz kıyısında mutlulukla dans ederek lütuflarını sundu. Balıkçılar ertesi gün, büyük bir balık sürüsünün kıyıya yanaştığını fark ettiler. Köy tarihinde daha önce böylesi bir balık bolluğu görülmemişti. Sudhamani, balıkçıların ettiği samimi dualarına yanıt olarak buna benzer iki mucize daha yarattı. Fakat köylülerin sırf kendi çıkarlarına yönelik istekleri Sudhamani'de pek yanıt bulmadı.

Sudhamani'nin sonsuz manevi kudretinin dıştaki tezahürü olan Krişna Bhāva'da, ailesi ve çoğu köy sakini onun sadece geçici süreliğine Tanrı Krişna tarafından ele geçirildiğini düşünüyordu. Büyük ağabeyi ve anne-babası ayrıca onun şizofreni ya da başka bir akıl hastalığı geçirdiği kanısındaydı. Sudhamani ise buna inanmalarına izin vermeye razıydı. Bhāva Darşan'ın sonucunda insanların Hakk'a sevgi ve aşk duymaları ve dünyevi dertlerine çare bulmaları, onu mutlu ediyordu.

Bhāva Darşan'ı deniz kıyısına yakın yapmanın, adanmışların orada özgürce toplanmasına olanak sağlasa da dezavantajları vardı. Bazıları oraya inanç ve saygıdan gelirken, ısrarcı bir grup da Sudhamani'yi aşağılamak ve taciz etmek

---

[6] Tulasi, Krişna'nın tercih ettiği, fesleğen ailesinden gelen kutsal bir bitkidir.

için geliyordu. Hepsi bununla da kalmıyor, çabucak artan ziyaretçi sayısı, banyan ağacının çevresinde bazı tuhaf gelişmelere de yol açıyordu. Kendiliğinden idareyi ele alan bir grup genç, kendilerine bir bağış toplama kutusu oluşturmuştu. Bu, belalı bir ittifakın oluşumunun ön uyarısıydı.

Tüm bu olaylar Sugunanandan'ı çok üzüyordu. Bir gece Krişna Bhāva esnasında Sudhamani'ye gidip bu konudaki endişesini paylaştı: "Bu yol kenarında Bhāva Darşan vermeni görmek beni çok üzüyor. Ayrıca sana inanmayanların seninle dalga geçtiğini duymaya dayanamıyorum. Bunun yanında sen benim kızımsın, böyle açık bir alanda her türlü insanın senin etrafını sarmasını kalbim kaldırmıyor." Sözlerini bitirir bitirmez, gözyaşlarına boğuldu.

"O hâlde, adanmışlarımı kabul edebileceğim başka bir yer var bana. Eğer başka bir yer yoksa, ahır yeterli olacaktır." Sugunanandan hemen kabul etti ve ahırı tamiri etmek için hazırlıklara başladı. Çimento ile ortasına yarım bir duvar örerek iki bölüme ayırdılar. Bir tarafı ahır olarak kullanılmak üzere kalırken, diğer tarafı Bhāva Darşan için hazırlandı. Ahırın dört bir tarafını da örülmüş palmiye yaprakları ile kapladılar.

Kısa süre içinde Bhāva Darşan deniz kıyısındaki banyan ağacı tapınağından, günümüzde varlığını sürdürdüğü İdamannel arazisine taşındı. Krişna Bhāva esnasında Sudhamani yeni yapılan mabetteki yarım duvara yaslanarak ayakta durur ve bazen duvarın diğer tarafındaki ineklere uzanır, onları severdi.

Bir gece Krişna Bhāva'da Sudhamani babasını çağrırak ona "Benim adanmışlarım çok uzak diyarlardan gelecek. Birçok adanmış buraya kalıcı olarak yerleşecek. Çok fazla engel ile yüzleşmek zorunda olacaksın, ama korkma. Her şeye karşı dayanıklı ol. Kimseden intikam alma. Kıskanç olma. Kimseden hiçbir şey isteme. Her şey sana, sen daha sormadan gelecek. Ne alırsan bir kısmını bağışla. Zamanla bu yer çok büyük bir manevi merkez hâline gelecek. Ufaklık dünyayı çok sefer dolaşacak. Yakın gelecekte çok acı çekmen gerekse de, Tanrı seni her zaman koruyacak ve ihtiyaçlarını karşılayacak. Akrabaların, hatta köy sakinleri dahi senden nefret edecek, sana hakaret edecek, ancak zamanla onlar da dostun olacak. Benim binlerce sadığım senin kendi çocukların gibi olacak. Bugünden itibaren ufaklık ebedî saflığa kavuştu." dedi.

Bir kere daha Sugunanandan şok geçirmişti! Kendi ellerinden sayısız dayağına maruz kalan koyu mavi kızı dünyayı mı dolaşacakmış? Nasıl olur? O bugüne kadar Kanyakumari'den[7] öteye gitmemişti. Binlerce insan İdamannel'e mi geliyor? Bu insanlar nerede kalacak? Evleri küçücüktü! Üstüne üstlük ufaklık ebedî saflığa kavuştu ne demekti?[8] Bu sözler Sugunanandan'ın kafasını epey kurcalamış olsa da, o bunları deli deli konuşmalar olarak kabul edip göz ardı etti. Ancak aradan yıllar geçince, kızının o gün ona söylediği sözlerin mutlak hakikatini kavrayabilmişti.

Kṛṣṇa Bhāva'nın yer değiştirmesi üzerine yerli halkın bir kesimi maddi zarara uğrayınca "Biz babasının isteklerini yerine getiren bir Tanrı istemiyoruz!" diyerek seslerini yükselterek protesto etti. Banyan ağacının altında şarkı söyleyen grup da ikiye ayrılmıştı. Bir grup, şarkı söylemeyerek duruma muhalefetini böylelikle belirtmiş, diğer grup ise İdamannel'e gelerek Bhāva Darşan esnasında eskisi gibi bhajanları (ilahileri) söylemeye devam etmişti. Vefalı adanmışlardan usanmış bir grup köylü İdamannel'e sadece dalaşmak ve olay çıkarmak için gelmeye başlamıştı. Bhāva Darşan esnasında, bhajan söyleyenleri herkesin gözü önünde rahatsız ediyorlardı. Kadın ve erkeklerden oluşan bu karşıt grup, bir gün Sugunanandan'ı tamamen bıktırana kadar devam etti. Sugunanandan en

---

[7] Kanyakumari, Hindistan en güney ucunda, Parayakadavu'nun 200 km güneyinde yer alıyor.

[8] Kṛṣṇa Bhāva'nın ardından, Sudhamani'nin regli kesildi.

sonunda bazı adanmışlarla birlikte, grubu İdamannel'den kovdu. Ama bu sıkıntının daha sadece başlangıcıydı.

## Rasyonalist Hareket

Saldırgan grubun bazı üyeleri köydeki toprak sahiplerinin oğullarıydı. Bir araya gelip "Rasyonel Hareket" ismi ile de bilinen, "Batıl İnançları Yok Etme Komitesi" adında bir örgüt oluşturdular. On üç sahil kasabasından yaklaşık bin genç toplayarak, Sudhamani'nin İlahi Hâl hareketine son vermek için bir karalama kampanyası başlattılar.

Köylüler, Krişna'ya ilahiler söyleyerek sabahları selamladığı çocukluğundan beri, erdemli ve yüce gönüllü Sudhamani'yi çok severdi. Ondan da öte onun İlahi Hâlleri'ne bağlılık ve inançları tamdı, fakat Sugunanandan'ın inatçı doğası, çevrenin kıskançlıklarını ve düşmanca duygularını daha da kötüleştirmişti. Krişna Bhāva'nın başlangıcında Sudhamani babasını, ona karşı gelen kimseyle dalaşmaması ya da intikam almaması konusunda uyarmıştı. Onun bu kutsal nasihatına kulak vermeyen Sugunanandan komiteye karşı birkaç adım attı. Bu, durumu daha da kötüleştirerek, sözde rasyonalistlerin düşmanca tavırlarını artırdı.

Önce Sudhamani'yi aşağılayıcı sloganlar yaratarak başladılar. Sonra onun hakkında saçma ve aslı olmayan eleştirilerin yer aldığı kağıtlar basıp dağıttılar. Bir sonraki adımları ise Sudhamani'nin insanları inanç namına kandırdığına dair sahte bir dilekçe vererek polise ihbarda bulunmak oldu! İhbarın üzerine, polis memurları İdamannel'e gelerek onu sorguya çektiler. Sudhamani ise gayet soğukkanlı bir şekilde memurlara "Eğer istiyorsanız beni tutuklayıp, hapse atın. Burada ne ailem ne de kasabalılar meditasyon yapmama izin veriyor. En azından hapiste tek başıma rahat eder, Tanrı üzerine meditasyon yaparım. Eğer bu Tanrı'nın isteğiyse, öyle olsun." diyerek ellerini uzattı. Memurlar, onun cesur, fakat masum konuşmasından ve bu durumu karşılayış biçiminden çok etkilenmişti. Bazıları onun deli olduğunu düşündü, bazıları da onun karakterinden büyülenmiş ve böyle Yüce Ruhun terbiyesizce ve acımasızca bir karalama hareketine maruz kalmasına üzülmüştü. Memurlar saygılarını arz edip İdamannel'den ayrıldılar. Sudhamani işte tam bu dönemde aşağıdaki şarkıyı besteledi:

### Bhagavane Bhagavane

*Sen ki âşıklara merhamet gösterensin...*
*Sen ki Saf Bilinçsin!*
*Tüm günahları yok edensin!*
*Bu dünyada sadece günahkârlar mı var?*

*Ah Bhagavan! Ah Bhagavan!*[9]
*Doğru yolu gösterecek kim var burada?*
*Temel İlkeler*[10] *artık sadece kitapların basılı*
*sayfalarında bulunuyor...*

*Ah Bhagavan! Ah Bhagavan!*
*Görünen sadece sahte kıyafetler ve boş laflar.*
*Ah Kanna, lütfen doğruluğu koru ve yeniden inşa et!*

Bir akşam alacakaranlıkta ilahiler söylenirken, ilk soruşturmadan memnun kalmayan başka bir polis memuru, yeni bir şikâyet üzerine İdamannel'e geldi. Ancak, İdamannel'deki mevcut atmosfer onu şaşırtan bir şekilde sakinleştirmişti ve rahatsız edici ya da yanlış bir şey bulamaması üzerine tek bir kelime dahi etmeden ayrıldı.

---

[9] Ey Tanrım! Ey Tanrım!
[10] Kadim vedik yazıtlarda yer alan Ebedi Hakikat ilkelerine atıfta bulunuluyor.

Bu vicdansız grup, Sudhamani'nin İlahi Hâl'ine son vermek için çalışmalarına devam ediyordu. Şimdi amaçlarına ulaşmak için daha doğrudan ve agresif taktiklere yönelmişlerdi. Yeni planları İdamannel'e Bhāva Darşan esnasında küçük gruplar hâlinde gidip Sudhamani'yi İlahi Hâl'de iken yakalamaktı. Böylelikle Sudhamani'yi küçük düşürmek ve İlahi Hâl'in bir göz boyama olduğunu ortaya çıkarmak istiyorlardı. Niyetleri onu yakaladıktan sonra hırpalamaktı. Cesaret ve güçleri ile böbürlenen bu holiganlar, planlarının işe yarayacağından eminlerdi. Ancak gece henüz tamamlanmadan utanç içinde İdamannel'den ayrıldılar. Açıklanamayan sebeplerden dolayı hiçbirisi Sudhamani'ye İlahi Hâl esnasındayken yaklaşmaya cesaret edememişti.

Ancak yılmadan, ölümcül büyüleri ile meşhur bir kara büyücü tuttular. İdammanel'e gelen büyücü, Sudhamani'yi kandırmak üzere kara güçleri uyandırılmış, sözde 'kutsal kül' sundu. Küller, yakılmış bir kobranın bedeninden hazırlanmıştı ve o kadar güçlüydü ki verilen kişiye ölüm getirmesi ile biliniyordu. Birisinin elinden öyle bir kül almak dahi felaket getirecek kötü bir alamet olarak görülürdü. Sonuçların farkında olan Sudhamani, kendi kendine, "Eğer bu beden bu şekilde yok olacaksa, bırak olsun. Eğer Tanrı'nın isteği bu ise, bundan kaçış olabilir mi?" diye düşünerek külleri alıp yanlış yönlendirilmiş adamın önünde tüm bedenine sürdü. Vicdansız adam, büyünün acı dolu etkisini görmek için uzun bir vakit bekledi, ancak hiçbir şey olmadı. Saatler sonra alışılmışın dışında bir şey olmayınca, yenilgisini kabul ederek gitmek zorunda kaldı.

Sudhamani ve onun İlahi Hâli'nden kurtulmak isteyen yoldan çıkmışlar, her şeyi göze alarak en hain planlarını hazırladılar. Krişṇa Bhāva esnasında tapınağa girip Sudhamani'ye içinde ölümcül zehir bulunan süt ikram ettiler. Sudhamani rolünü mükemmel şekilde oynadı. Tereddütsüz, şefkatli bir gülümseme ile bir dikişte sütün tamamını içti.

Ölüm saçan düşmanlar endişe içinde mabedin içinde Sudhamani'nin düşüp, kıvranmasını ve ölmesini beklediler. Ancak birkaç dakika sonra Sudhamani onların tarafına dönerek, zehirli sütü tam önlerine kusarak onları dehşete düşürdü ve adanmışlarını hiçbir şey olmamış gibi kucaklamaya devam etti. Rasyonalistler kaçarak bir süreliğine ona karşı olan kampanyalarından vazgeçtiler. Sudhamani'nin sürekli karşılaştığı bir diğer engel de ailesinin ona karşı olan tavrıydı. Yakınlarının uyguladığı ardı arkası kesilmeyen tacizler, Sudhamani'nin zihninin, dost, düşman, aile veya yabancıya karşı olsun, kimseyi ayırt etmeyen, acı çekene destek olan, dingin, hoşgörülü ve şefkatli tavrını asla etkilemedi.

Düşmanca örgütün oluşumu ve masum Sudhamani'ye zarar vermeye yönelik kötücül niyetleri, Sugunanandan'da büyük bir zihinsel sıkıntı yaratmıştı. Bu dönemde Sudhamani'de gecelerini dışarıda geçirme alışkanlığı vardı ve böylece yıldızlarla kaplı cennetlerin altında meditasyon yapardı. Çocukluğundan beri gecenin yalnızlığı ve sükûnetini kutsal bulurdu. Çünkü bu zamanlarda İlahî ile iletişime geçebiliyor, Tanrı sarhoşluğuyla rahatsız edilmeden meşk edebiliyordu.

Düşmanlarının gece gelip tek başına meditasyon yaparken kızını bıçaklayabilecekleri düşüncesi, Sugunanandan'ın endişesini artırıyordu. Bir gün, "Kızım, gel evin içinde uyu!" diye emretti. Sudhamani ise "Benim kendime ait evim yok. Dışarıda uyumayı tercih ederim. Hak her yerde. Niye endişeleneyim ki? Bana zarar vermek isteyen biri gelirse, Tanrı beni koruyacaktır." diyerek, babasını rahatlattı.

Damayanti'deki durum daha farklıydı. Ne zaman Krişna Bhāva başlasa, Krişna'ya tam inancı oluyordu; fakat Krişna Bhāva sonra erdiği anda kızına karşı kötü tavrı aynen devam ediyordu. Sudhamani'nin Bhāva Darşan esnasında Krişna tarafından ele geçirildiğini, diğer zamanlarda ise onun eskisi gibi değersiz hizmetçisi ve eksantrik kızı olduğunu düşünüyordu. Krişna Bhāva başladıktan sonra Damayanti'nin kızını ev işlerinden muaf tutmaktan başka bir seçeneği olmamıştı. Aksi takdirde Sudhamani, nerede olduğuna bakmadan her an samādhī hâlini alabilirdi. Eğer o anda yemek yapıyor ya da nehirde dolaşıyor olursa, onu büyük bir tehlikeye atmış olurdu.

Önceden de anlatıldığı gibi, Damayanti, konu kızının davranışlarına geldiğinde çok muhafazakâr bir yapıya sahip olurdu. Darşan sona erdiğinde Sudhamani'nin kimseyle, özellikle genç erkeklerle, konuşmasına izin vermezdi. Eğer dinlemezse, Damayanti hiç tereddüt etmeden onu azarlar ve döverdi. Hâlâ onun bu alışılmışın dışındaki hâllerinin ailenin ismini lekeleyeceğinden endişeliydi! Oysaki Sudhamani tüm bağımlılık ve nefretin ötesindeydi, ancak ailesi Bhāva Darşan dışında onun normal bir kız gibi insani duyguları, eğilimleri ve zayıflıkları olduğunu sanıyordu. –Ona en yakın insanların, onun sürekli Tanrı farkındalığı hâlinde oluşunu nasıl anlamadıklarına ancak hayret edebiliriz.

Ailenin en dik kafalı üyesi ise Subhagan, Sudhamani'nin büyük ağabeyi idi. Ne kardeşinin adanmışları karşılayışını ne de vecd hâlinde şarkı söyleyip dans edişini hazmedebiliyordu. Sudhamani ise var olan tüm dualitenin ötesinde olduğundan, kadın-erkek, çocuk-yaşlı demeden herkesi eşit şekilde ağırlıyordu. Bu, ateist olmasının yanı sıra kadınların erkeklerden daha düşük olduğuna ve susup görünmemesi gerektiğine inanan Subhagan'ı çileden çıkarıyordu. Kız kardeşini şizofren olarak kabul etmiş ve onu durdurmak için elinden gelen her türlü engeli önüne koymuştu.

Birgün Krişna Bhāva esnasında adanmışların yaktığı, tapınağın yağ lambasını bilerek kırmıştı. O gece Darşan için gelenler, kırık lambayı görünce çok üzülmüşlerdi, çünkü onun yerine kullanabilecekleri başka bir lamba yoktu. Onların bu mutsuz suratlarını gören Sudhamani, bazı adanmışlardan birkaç tane deniz kabuğu toplayıp gelmelerini istedi. Kabukları getirdiklerinde içlerine fitil koymalarını rica etti. Kabukların içinde yağ olmamasına rağmen, imkânsız gerçekleşti. Fitiller yanmakla kalmamış, Krişna Bhāva sona erene kadar da tek bir yağ damlası dahi olmadan yanmaya devam etmişti! Sudhamani'ye bunun nasıl olabileceğini sorduklarında, basitçe şunu söylemişti: "Kandiller sadece adanmışların sankalpaları[11] sayesinde tüm gece yandı." Bu olaydan bir sonraki Bhāva Darşan'a gelen bir adanmış, olanlardan bihaber, hediye olarak yağ kandilleri getirmişti. Diğerlerinin sorması üzerine, bir rüya gördüğünü ve rüyasında ona bunların getirilmesinin söylendiğini açıklamıştı.

Sudhamani ile kibirli bir şekilde alay eden bazı köylüler hayatlarında büyük felaketlerle karşı karşıya kaldılar. Sıradaki olay buna açık bir örnektir. Sudhamani bir gün komşu ziyaretinden dönüyordu, yol kenarında duran bir grup köylünün yanlarından geçerken, onunla dalga geçtiklerini duydu. Zengin bir köylü yanındakine sesli bir şekilde, "Şu kızı görüyor musun? Delinin teki. Kendini Krişna zannederek, sürekli şarkı söylüyor ve dans ediyor. Ne saçmalık! Bu duygusal histeriden başka bir şey değil. Babası onu evlendirseydi, hastalığından kurtulmuş olurdu." diye konuşuyordu. Onun bu sözlerini duyan arkadaşları kahkahayı basmışlardı. "Hatta babasının başlık parası yoksa, ben ona bu kızı evlendirmesi için iki bin rupi kredi vermeye hazırım. En iyisi bugün söyleyeyim ona!" diye kendini beğenmiş bir biçimde devam etti.

Sudhamani tek bir kelam etmedi. Eve varır varmaz da aile mabedine koşarak kendini içeriye kilitledi. Oturup kalbini Krişna'sına açtı: "Krişna, neler söylediklerini duymuyor musun? Bana deli diyorlar! Senin güzelliğinden habersiz, beni bencil dünyalarına ortak etmek istiyorlar. Sana yakaranların koruyucusu Krişna, sen de mi beni terk ettin? Eğer öyleyse benim bu acınası hâlimi görünce, kim sana ibadet edecek? Sırf seni düşünerek döktüğüm gözyaşlarımın mükâfatı bu mu? Bu

---

[11] Kesin niyet, karar.

duyduğum aşk ve adanmışlık deli bir kızın zırvalığı mı yoksa sadece? Bunca zamandır tek tesellim Sen'sin. Göklere bakınca, gülümseyen yüzünü, dalgalarda da dans edişini görüyorum. Güvercinlerin sabah şarkısı senin ilahi flütün! Ah Krişna, Krişna..." diye yakarırken ağlamaya başlayıp yere yığıldı.

Aynı esnada, Sudhamani ile dalga geçen zengin adam, balığa çıkmak üzere balıkçı teknelerini ve ağlarını hazırlıyordu. Sonra çalışanlarını toplayıp denize açıldı.O gün olağanüstü miktarda balık yakaladılar ve kıyıya doğru kürek çekerken çok keyifliydiler.

Eve dönüş yolunda, Sudhamani'yi seven ve ona hayran olan bazı çalışanlar tekne sahibine "Bugün o masum çocuğa yaptığın doğru değildi" diye serzenişte bulunmuşlar. "Ne olmuş yaptıysam? Bak onunla dalga geçtiğim için ne oldu: alışılmışın üstünde bir av yakaladık!" diye alaycı bir şekilde cevabı yapıştırmış.

Adanmışların dilleri bağlanmış ve boyunları bükülmüştü. Tekne tam kıyıya yanaşırken, teknenin sahibi bağırdı: "Hey, neden Neendakara'ya[12] gitmiyoruz? Balıklar orada daha çok para eder. Parayakadavu'da fiyatlar çok düşük." Kabul edip, tekneyi Neendakara'ya sürdüler. Tam varmak üzereyken, hava bir anda döndü. Dalgalar aniden kabarıp teknenin ahşabını kırbaçlamaya başladı. Balıklar, ağlar ve adamlarla dolu olan tekne dev dalgaların arasında savruluyordu. Tekne kontrolden çıktı ve batmaya başladı. Akabinde, büyük bir dalga tekneyi kayalara çarparak onu un ufak etti. Canlarını zor kurtardılar ve yüzerek güçlükle kıyıya çıkabildiler. Balıkçı ağları kayalıkların üzerinde paramparça bir halde duruyordu.Kendini beğenmiş tekne sahibi, hem en iyi teknelerinden birini hem de yüklü miktardaki avını kaybetmişti.

---

[12] Kerala'da balık pazarları ile bilinen bir şehir.

Kibirli tekne sahibi bu beklenmedik felaketin şokundaydı. Şimdi boynunu büküp, sahilde yürüme sırası ona gelmiş, yaşadığı büyük kaybı kaldıramayarak kumların içine yığılıp kalmıştı. Sudhamani'nin hayranları olan işçiler: "Tanrı'nın öfkesini görüyor musun? Ufaklıkla ettiği alayın ardından aldığı kısmetle böbürleniyordu. Bak şimdi ne geldi başına!" diye aralarında fısıldaştılar. Başka bir işçi ise: "Parayakadavu kıyısından uzaklaşmadan evvel, ufaklığın histeri geçirdiğini, hatta evlendirmek için iki bin rupi verebileceğini söyleyen adam şimdi o parayı bakalım kimden alacak?" diye söze karıştı. O gün, zengin balıkçı toplamda yetmiş beş bin rupi kaybetti. Hatta çalışanları evlerine otobüsle dönmek zorunda kaldılar. Haberler anında her yere yayıldı.

Sudhamani o günlerde bazen birden üç yaşındaki bir çocuk gibi oyuncu olur ve Krişna Bhāva için gelen ziyaretçilere oyuncu yaramazlıklar yapardı. Darşan bittikten sonra uyuyan adanmışların yanına gizlice giderdi. Bazen bir kadının sarīsini[13] başkasının saçına bağlardı. Başka bir zaman ağzı açık uyuyan adamların ağızlarını kum ile doldururdu. Harşan, Sudhamani'nin topal kuzeni, onu çok sever ve sayardı. Eğer oralarda uyuduğunu bilirse, Sudhamani onu arar bulur ve onu ayaklarından tutar ve kahkahalarla dışarıya çekerdi. Bu onun için de çok eğlenceli bir şakaydı ve Sudhamani'nin bu çocuksu muzipliklerini gören adanmışların hepsi kahkahalara boğulurdu. Subhagan ise kardeşinin bu tür davranışlarından hiç hoşlanmaz ve bu acayip davranışları için onu azarlardı. Maneviyattan uzak olduğu için Sudhamani'nin yükselmiş hâllerini nasıl anlayabilirdi?

Sudhamani o tuhaf davranışları şöyle açıklardı: "Zihnim her zaman Mutlak ile birleşmek için yükseliyor. Ben ise onu

---

[13] Hint kadınlarının giydiği tek parça kumaştan oluşan geleneksel giysi.

sürekli aşağıya çekmeye çalışıyorum, çünkü ancak o zaman acı çekenlere yardım edebiliyorum ve adanmışlarla ilgilenebiliyorum. İşte o yüzden bu oyunları oynuyorum, böylece zihnimi adanmışların dünyasında meşgul tutabiliyorum. Tabii bağlanmadan."

# 6. Bölüm

# Kutsal Anne'nin bir Evladı Olmak

*"Zihnimde yüce amaçlar kendilerini net bir biçimde gösterince, Kutsal Anne nurlu, yumuşak elleriyle başımı okşadı. Başımı eğdim ve Anne'ye hayatımın O'na adanmış olduğunu söyledim."*

– Mātā Amritānandamayī

śivas tvam gurus tvaṇca śaktis tvameva
tvamevāsī mātā pita ca tvameva
tvamevāsī vidyā tvamevāsī bandhur-
gatiramma matirdevī sarvam tvameva

*Ah Devī, şüphesiz Sen Śiva'sın, yalnız Sen
Öğretmenimsin, yalnız Sen Mutlak Güçsün, yalnız
Sen Annemsin, yalnız Sen Babamsın. Benim için bilgi,
akrabalar, zekâ, rızık, her şey sadece Sensin.*

– Devī Bhujangam

## Adanmışlık

B*hakti*'nin (adanmışlık) eşsiz büyüsü ve güzelliği tarif edilemez. Gerçek bir adanmışın gönül arzusu, sonsuza kadar bir adanmış olarak kalmaktır. Ne cennete varmayı ne de özgürleşmeyi ister. Onun için hayat adanmışlık aşkıdır ve onun varı yoğu Tanrı'dır. Adanmış kişi için Tanrı'nın güzelliklerini dillendirmek ve şarkılarını söylemek, en büyük mutluluktur. O yüzden *Bhakti Yazıtları*[1] der ki:

*Sadece adanmışlığın kendisi, adanmışlığın
meyvesidir.
İlahi aşkın özgün doğasında Ölümsüz Saadet yatar.*

Ulu Rişi (eren) Suka bile, Mutlak Bilinç'te köklenmiş olmasına rağmen, Tanrı'nın yüceliğini anlatan ilahiler söylerken tarif

---

[1] Nāradā Bhakti Sūtraları gibi adanmışlık üzerine dinî yazıtlar

edilemez bir vecd hâli yaşamıştır. Saf adanmışlıktan doğan mutluluğu anlatmak için kelimeler kifayetsiz kalır.

Krişna bilincinde tamamen köklenmiş olan Sudhamani'nin, ilahi aşktan yani *Parā Bhakti*'den doğan mutluluğa duyduğu durdurulamaz susuzluğu devam ediyordu. Ancak Krişna ile yekvücüd olması, O'nun üzerine meditasyon yapmasını veya sadece O'nu düşünmesini imkânsız kılıyordu. Krişna'ya yakarışları böylece kesildi ve *Krişna Sādhanā*'sı son buldu.

Bunu takiben Sudhamani, Tanrı tezahüründe ve dünyaya hizmetinde büyük değişiklikler getirecek bir vizyon gördü. Bu beklenmedik vizyon Mutlak Bilinci, kâinatın annesi olarak idrak etmek için *Devī Sādhanā*'sını[2] başlattı. Bir gün evde tek başına gözleri açık, kendi Özüne odaklanmış vaziyette otururken, birden önünde muhteşem bir ışık küresi belirdi. Batan güneş kadar kırmızımsı ve aynı zamanda ay kadar dinginleştirici idi. Işık küresi ne yerde duruyordu ne de havada asılıydı. Dönüyordu. Bu parlak ve aynı zamanda sakinleştirici ışık hüzmesinin önünde başını süsleyen büyüleyici bir taç ile Tanrıça – Kutsal Anne'nin göz kamaştırıcı formu belirdi. Gönülleri fetheden bu vizyon ile kendinden geçen Sudhamani haykırdı: "Ah Krişna, Anne geldi! Ne olur beni O'na götür, O'na sarılmak istiyorum!" Bir anda Krişna'nın onu kaldırdığını algıladı. Krişna, onu bulutların ötesine göklere çıkardı. Yüksek tepeler, yoğun ormanlar, mavi yılanlar ve ürkütücü mağaralar gibi garip manzaralara şahit oldu. Ancak ufaklık hiçbir yerde Tanrıça'yı göremedi. Küçük bir çocuk gibi "Annemi görmek istiyorum! Benim Annem nerede?" diye ağlamaya başladı.

Güzeller güzeli Tanrıça'nın hoş vizyonu görüş alanından kaybolmuştu, ancak o sahne Sudhamani'nin gönlüne bir kere işlenmişti. Uzun süre o hâlin büyüsünde kaldı. O andan itibaren Kutsal Anne'nin şefkatli yüzünü ve nazik tebessümünü

---

[2] Tanrıça'ya edilen ibadet, manevi pratikler

tekrar görmek için can attı. Śrī Krişna'nın ilahi tezahürünü defalarca görmüş olmasına rağmen, *Devī*'nin yaydığı ışığın tarif edilemez parlaklığı onu kendinden geçirmişti. Kalbinde artık sırf *Devī* vardı ve tek isteği Kutsal Anne'ye sarılmak, Anne'nin kucağında oturmak ve Anne'nin yanağını öpmekti. Bugüne kadar Krişna dışında başka bir şey üzerine meditasyon yapmayan, Krişna'dan daha yüksek bir Tanrısal Varlık'ın olmadığına şiddetle inanan Sudhamani, artık tüm varlığını İlahî'yi Kâinat'ın Annesi, *Ādī Paraşakti*[3] olarak idrak etmeye adamıştı. Krişna Bhāva dışındaki tüm zamanlarda, aklı derinlemesine Kutsal Anne'nin muhteşem görüntüsündeydi. Kalbi yeniden o vizyona sahip olmak için durmaksızın yanıp tutuşuyordu. Önceleri yaptığı ev işleri onu dünyevi hayatta işlevsel kılıyordu, ama bu zincir artık kırılmıştı ve varoluşun kaba düzleminden tamamen kopmuştu. En basit bedensel bakımı yapmak dahi onun için artık zoraki bir hâl almıştı. Aylarca sırf tulasi yaprakları ve su ile beslenmişti.

Bazen Sudhamani derin meditasyonlarından çıktığında "Amma[4]! Amma! Nereye gittin? Beni terk etmek için mi o gün geldin? Ne olur, acı bu evladına ve tekrardan o ihtişamlı güzelliğini göster bana! Anne, eğer hak ediyorsam, beni Seninle yekvücut yap. Bu ayrılık acısına dayanamıyorum! Ah Kâinatın Annesi, neden bu kalbi kırık çocuğunun çağrısına kayıtsız kalıyorsun? Hadi, lütfen sarıl bana ve beni kucağına al!" diye yüksek sesle ağlardı.

### Kannunir kondu
### (Gözyaşlarımla)

*Ayaklarını gözyaşlarımla yıkayayım.*
*Ey Katyayani, bırakma beni.*

---

[3] İlk Mutlak Enerji, Kâinatın Dişi Yaratıcısı, Eril olan Śiva veya Saf Bilincin dişil karşılığı
[4] Amma, Malayālam dilinde Anne demektir.

*Seni görebilmek için Anneciğim,*
*daha kaç gün beklemeliyim?*

*Beni bekletsen de bu isteğimi yerine getirmek için,*
*zihnim Senin Māyān (rüyan) ile mutlu.*
*Ayaklarına kırmızı çiçekler*
*sermeme izin verir misin?*

*Bu kimsesiz yolda*
*seni bulmak umuduyla dolanıyorum.*
*O sert kalbinde hiç şefkat var mı,*
*Ey Śiva'nın sevdiceği?*

Krişṇa üzerine yoğunlaştırdığı ruhani pratiğin sonunda her şeyin Krişṇa tarafından kuşatıldığını idrak eden Sudhamani, şimdi de her şeyde Tanrıça'nın ilahi varlığını hissediyordu. Esinti dahi Tanrıça'nın nefesiydi. Masum çocuk etrafta bitkiler, ağaçlar, kuşlar ve hayvanlarla konuşarak dolaşıyordu. Toprağın annesi olduğunu hissederek, kumlarda yuvarlanıp "Anne! Anne! Neredesin? Nerede değilsin?" diye sesleniyordu.

Bir gün meditasyonun ardından Sudhamani evin minik ibadet odasından çıkarken, kendisinin ufak bir çocuk ve doğanın da Kutsal Anne olduğu hissine kapıldı. Tıpkı bir bebek gibi bir Hindistan ağacının gövdesine doğru emekledi. Orada oturup ağlamaya başladı. "Anne... Annem... Neden benden saklanıyorsun? Bu ağaçta saklandığını biliyorum. Bu bitkilerdesin, bu hayvanlarda, bu kuşlarda yaşıyorsun! Bu dünya Senden başka bir şey değil. Ah Anne, okyanusun dalgalarında ve serinletici esintilerde kendini nasıl gizliyorsun! Ah Annem, ah benim tarifi güç Annem!" dedi ve onun Kutsal Anne olduğunu varsayarak Hindistan cevizinin gövdesine sarıldı.

Zaman zaman Sudhamani uzanırdı, ama dinlenmek için değil, zira duyusal zevklere hiçbir düşkünlüğü yoktu. Yerde yatarken, sonsuz gökyüzünü, gümüşi bulutları, parıldayan güneşi, ışıldayan yıldızları ve huzur veren ayı uzun uzun izlerdi. Fırtına getiren kara bulutlar gökte toplandığında, Sudhamani artık onlara bakınca Krişṇa'sını görmüyordu. Kutsal Anne'nin kat kat, uzun, kıvırcık saçlarını hayal ediyordu. Engin gökyüzünde asılı duran her bir nesne *Devī*'nin mevcudiyetinin bir işaretiydi ona. Gökyüzünün altında uzandığında asla uyumaz, Kâinatın Mutlak Annesi için niyaz dolu gözyaşları akıtırdı.

Sudhamani o günleri hatırlayarak anlatırdı: "Yürürken her bir adımda ilahi isimleri tekrarlardım. Ancak mantramı zikrettiğimde bir sonraki adımımı atardım. Eğer adım atarken mantrayı söylemeyi unutmuşsam, hemen geri gider ve mantrayı söyleyerek yeniden adımımı atardım. O şekilde yürürdüm. Eğer bir işle meşgul olacaksam, işe koyulmadan evvel işi tamamladığımda mantrayı kaç kere söylemiş olacağımı belirlerdim. Nehirde yıkanırken suya dalmadan evvel, mantrayı belirli bir sayıda söylemeye niyet eder ve sonra suya dalardım. Yüzeye çıkana kadar mantrayı belirlediğim sayı kadar söylerdim. Benim ne bir Gurum oldu ne de beni biri inisiye edip bir mantra verdi. Benim söylediğim mantra 'Amma, Amma' idi."

Yazıtlarda şöyle bir ifade yer almaktadır: "İlahi Aşk hâlindeyken, hareket doğal olarak azalır." Bu Sudhamani'nin durumunu açıkça açıklıyordu. Sabaha dişlerini fırçalayarak başlardı, ama bir sonraki an, Kutsal Anne'ye dair tek bir düşünceyle kaybolurdu. O bir düşünceye odaklanma hâli derinleşir ve saatlerce devam ederdi. Banyo yapma girişimleri de genelde başarısız olurdu. Banyoya girdiğinde havlusunu unuttuğunu fark ederdi. Havluyu getirdiğinde, sabunu da unuttuğunu anlardı. Şevki kırılmış bir hâlde "Ah Anne, banyo yapmak için harcanan zamana bir bak! Onun yerine bırak da zihnimi sana odaklayım! Seni bir an unutmak bile kalbimi dağlayan bir acı veriyor..." diye yakarırdı. Banyo yapma fikrinden tamamıyla vazgeçip banyoda *samādhī* hâlinde otururdu. Ancak saatler sonra, sonunda birileri onu derin meditasyon hâlinde bulurdu. Onu kendine getirmek için başından aşağıya dökülen bir kova dolusu su ile sonunda banyo yapmış olurdu! Eğer kendine gelmez ise onu şiddetle sarsarlar ya da eve taşırlardı. Sahil boyunca düzgün tuvalet bulunmazdı. Her bir ailenin, nehrin üstüne inşa ettiği, palmiye yapraklarından oluşan paravanlı bir iskelesi vardı. Çömelmek için zemini olmadığından, tuvaletlerini bir tahtanın üzerine tüneyerek yaparlardı. Sudhamani tuvaletini yapmak için derme çatma helada otururken, bilincini kaybettiğinden çoğu zaman nehrin sularına yuvarlanırdı.

Kutsal Anne'ye odaklandığı meditasyonlarda saatlerce kıpırdamadan otururdu. Başlamadan önce, 'Şu kadar zaman oturmalıyım.' diye niyet ederdi. Sonra bedenine komut verirdi: "Vücut, burada oturacaksın!" *Devī*'ye "Benimle oyun oynama. Oyunlarını kendine sakla. Eğer oturmama ve meditasyon yapmama izin vermezsen, Seni bırakmam!" diye seslenirdi. Eğer herhangi bir ses konsantrasyonunu bozarsa, zihninde canlandırdığı *Devī*'yi ısırır ve saçlarını çekerdi. Ta ki kendi vücudunu ısırdığını ve kendi saçlarını yolduğunu fark edene kadar.

Bir gün Sudhamani, birisinin onu ısrarla sarstığını düşünerek niyet ettiği sürede oturamayınca, "Bu O'nun bir oyunu! Neden oturmama izin vermiyor?" diye düşünerek gözlerini açtı ve mabet odasından fırlayarak bir ahşap tokmak ile geri döndü. Niyeti *Devī*'yi tehdit etmekti, ama sonra saçmaladığını fark etti: "Ne! *Devī*'yi dövmek mi? Bu doğru mu? Bu mümkün mü?" diye düşünerek elinden tokmağı düşürüp meditasyonuna devam etti.

Sudhamani, Kutsal Anne'yi hatırından bir an olsun çıkarmazdı, sürekli O'nu düşünür, boşuna vakit geçirmezdi. Eğer birisi onunla konuşursa, karşısındaki kişiyi *Devī* olarak hayal ederdi. Karşısındaki kişi, onun başka âlemlere dalmış gitmiş olduğunu fark edene kadar konuşmaya devam ederdi. Eğer bir anlığına *Devī*'yi hatırından çıkarttığını fark ederse, Sudhamani çok üzülür ve "Of Anne, bu kadar zaman boşa gitti!" diye itirafta bulunurdu. Kaybolan zamanı, o gün meditasyonun süresini artırarak telafi ederdi. Eğer bir meditasyon kaçırırsa, bütün gece mantrasını tekrarlayarak volta atar ve "Ah Anne, Senin üzerine meditasyon yapamayacaksam bu hayatı ne yapayım? Sen yoksan, beni yutmak için bekleyen yalan dünya var sadece. Anne, ne olur bana güç ver! Bana kendini göster! Senin Sonsuzluğunda eriyeyim!" diye kalpten yakarırdı.

Sudhamani en çok gecenin sessiz saatlerinde deniz kenarında meditasyon yapmayı severdi. Onun için kıyıya vuran dalgalar kutsal hece '*Aum*' ile birlikte yankılanırdı. Sayısız yıldızla ışıldayan, uçsuz bucaksız, derin mavi gökyüzü, Anne'nin sınırsız tanrısallığını yansıtıyordu. Hiç zorlanmadan, odağını aninda Özbenliğe döndürebiliyordu.

Sugunanandan kızını aramak için gece dışarı çıktığında, onu bahçede veya evde bulamazsa çok endişelenirdi. Sonunda deniz kenarına gider ve kızını ağır bir kaya gibi, derin meditasyon hâlinde bulurdu. Bazı köylüler Sudhamani'nin gece geç saatlerde yaptığı sahil ziyaretlerini kötüye yorarak hoş olmayan dedikodular çıkarmaya başlamıştı. Bunlar Sugunanandan'ın kulağına gittiğinde, kızına geceleri deniz kıyısına gitmeyi yasakladı.

Sudhamani'nin *Devī Sādhana*'sının erken dönemlerine işaret eden olaylar, ailesini onun deli olduğuna ikna etmeye hizmet etti. Bu saf adanmışlığın yüksek mertebesi, sıradan bir insanın hayal gücünün çok ötesindeydi. Sudhamani bazen küçük bir çocuk gibi, Mutlak Varlık'a seslenerek ağlardı. Bazen ellerini çırpar, yüksek sesle güler ve sonra yerlerde yuvarlanırdı. Bazen de 'Amma, Amma' diye bağırarak sudaki hareleri öpmeye çalışırdı. Ufaklığın tek başına çıktığı *Tek Olan*'a doğru yolculuğunun delilikle karıştırılmış olması şaşırtıcı değildi. *Krişṇa Bhāva* sırasında onu ziyaret eden adanmışlar bile Sudhamani'nin Kutsal Anne ile birliğe varmak için bu tutkulu arayışını hiç kavrayamadılar.

İronik bir şekilde, ailesi onu kafayı yemiş olarak kabul etse de, sebebini ya da tedavisini bulmak için hiç uğraşmadılar. Onunla alay edip çile çektirme alışkanlıklarına devam ettiler, özellikle de ağabeyi Subhagan. Sudhamani'ye karşı gösterdikleri davranışlar artık insanlık boyutundan çıkınca, Sudhamani okyanusa atlayarak yaşamına son vermeye karar verdi. Kutsal Anne'ye yalvardı: "Ben bu kadar kötü bir kız mıyım? Neden ailem bana böyle zulüm etmekte ısrar ediyor? İnsanlar sadece çekici olanları seviyorlar. Ben bu dünyada hiçbir yerde saf sevgiyi göremiyorum. Ah canım Annem, her şeyin bir yalandan ibaret olduğunu hissediyorum. Ey Anne, sen sana adanmışların, sadıkların koruyucusu değil misin? Ben senin çocuğun değil miyim? Sen de mi beni terk ettin? Eğer öyleyse bu bedeni niye taşıyayım ki? Hem bana hem de başkalarına yük olmaktan başka işi yok. Ey Deryaların Annesi, beni, evladını kabul et!" Sudhamani kararlı bir şekilde denize doğru koştu ve tam atlamak üzereyken, engin denizin *Devī*'nin kendisi olduğunu gördü. Zihnini fiziksel âlemde tutamayınca, *samādhī*ye girdi ve bilincini kaybedip kumlara yığıldı.

Sudhamani'nin ayrılık duaları eşliğinde İdamannel'den koşarak çıktığını gören kuzeni ve adanmışı Harşan, niyetini anlayarak aceleyle peşinden gitti. Onu bilinçsiz bir şekilde suyun kenarında buldu. Tanrı'ya onu hâlâ hayatta bulduğu için teşekkürler ederek, sevgi ve saygıyla onu İdamannel'e geri taşıdı.

Birçok köylü Sudhamani'nin hâlini anlıyordu, ama kimisi de ona deli diyordu. Birbirlerine, "Zavallı kız, baksana acınası durumda! Kimse ona bakmıyor, anne-babası bile onu gözden çıkarmış. Sağlıklı ve normalken onlar için gece gündüz çalışırdı, şimdi kızlarıyla ilgilenmiyorlar bile. Sanki öz kızları değil!"

Yakınlarında oturan bazı kadınlar Sudhamani'ye acımış ve ona sevgiyle hizmet etmeye başlamıştı. Bu kadınlar, çocukluğundan beri ona derin bir hayranlık besliyordu. *Krişṇa Bhāva*'nın sadıkları olmuş ve Sudhamani'nin manevi ihtişamı ve her şeyi kucaklayan sevgisini fark etmişlerdi. Bir şekilde onun bu yüksek ruhani vecd hâllerini anlıyorlardı ve ona ne zaman olursa yardım ediyorlar ya da tehlikeden kurtarıp koruyorlardı.

Çellamma (Çell Ana) ve kızı Vatsala, İdamannel'in önündeki arsada yaşıyordu. Vatsala, Sudhamani'yi yakın arkadaşı olarak görüyor ve onu pek seviyordu. İdamannel'e çok yakın oturduklarından, o ve annesi ufaklığın birçok kez bilincini kaybederek nehre düştüğünü görmüşlerdi. Hemen onu sudan çıkartır, kurutur ve ona kuru temiz kıyafetler giydirirlerdi.

Puşpavathi ve kocası Bhaskaran da bağlı adanmışlardı. Sudhamani'yi öz kızı gibi sever ve ailesi ona kötü davrandığında üzülürdü. Rema ve Rati adlarında iki kız kardeş de İdamannel'e yakın oturuyordu ve onlar da ufaklığı yüreklerine basmışlardı. Bir başka vefalı dost ise Sudhamani'nin anne tarafından kuzeni Aisha idi. Sudhamani'ye bayılıyor ve ona çok değer veriyordu. Bu kadınlar Sudhamani'nin yoğun *tapas*[5] dönemi esnasında ona hizmet ettikleri için çok şanslılar. Sudhamani etrafta görülmeyince, kadınlar hemen aramaya çıkar ve onu çamurlu sularda veya pis yerlerde baygın hâlde bulurlardı. Eğer onu kendine getirmeyi başaramazlarsa, onu kollarında kendi evlerine taşırlardı. Kendi ufak çocuklarıymış gibi dişlerini fırçalar, sıcak bir banyo yaptırır ve temiz kıyafetler giydirerek onu elleri ile beslerlerdi. Subhagan, Sudhamani'ye ve onun İlahi Hâlleri'ne karşı düşmanca tavır sergilemeye devam ediyordu. Ailesinin ismini kirlettiğini ve onları utandırdığını düşündüğü için, *Krişṇa Bhāva*'yı

---

5  Çile uygulaması, sıkı disiplin ile yürütülen ruhsal çalışmalar, fedakârlıklar

bırakmasına yönelik baskı uyguluyordu. Ancak talepleri dikkate alınmayınca daha sert adımlarla ilerleme kararı aldı.

Bir gün *Bhāva Darşan*'ın ardından Sudhamani eve girmek üzereyken, Subhagan kapıda tehditkâr bir şekilde yolunu kesti: "Bu eve girme! O utanç verici şarkı söyleme ve dans etme olaylarını bırakırsan ancak eve girmene izin verilecek!" diye bağırdı. Sözlerini ilahi emir olarak alan Sudhamani tek bir söz bir söylemeden gidip ön bahçeye oturdu. Subhagan bağırarak onun orada oturmasını da yasakladı. Bunun üzerine Sudhamani eline bir avuç kum aldı ve "Eğer bu seninse, o zaman bu kum tanelerini say!" diyerek Subhagan'a verdi.

O olaydan sonra mutlu bir şekilde açık havada yaşamaya başladı; gökyüzü çatısı, toprak yatağı, ay lambası ve deniz esintisi yelpazesi olmuştu. Bu çileli koşullar, Kutsal Anne'yle bir olmak için feragat ve kararlılığını artırmaya hizmet ediyordu. Ellerini başının üstüne kaldırmış, yanaklarından gözyaşları süzülürken annesine seslenen küçük bir çocuk gibi Sudhamani, "Amma, Amma... Yüzüne hasret, beni ölmeye mi terk ettin? Günler geçiyor birbiri ardından. Ama ben Senin o büyüleyici varlığını görmeden huzura eremiyorum. Bütün umudum Sensin. Sen de mi beni bırakacaksın? Çaresizliğimi görmüyor musun?" diye yüksek sesle ağlıyordu.

Sudhamani bu dönemde aşağıdaki şarkıları yazdı:

### Bhaktavalsale Devī
### (Adanmışların İlahesi)

*Ey Devī, Ey Ambika, Güzelliğin Kendisi,*
*Sana adanmışları seven Anne*
*Sadıkların acısını dindirmek için gel burada yaşa.*
*Sen her şeysin,*
*Acıma son verecek kudrettesin,*
*Sen her şeyin köküsün...*

*Sen tüm canlıların sahibesisin,*
*Sen bu âlemsin ve de onun koruyucusu...*

*Buna inancım tam ve o yüzden Sana aşkla övgülerimi*
*sunuyorum.*
*Ey Kâinatın İlahesi, Seni görmeyi arzuluyorum.*

*Seni görmek aşkıyla kaç gündür bekliyorum.*
*Hiç vakit kaybetmeden*
*Her anımı Seni överek geçiriyorum.*

*Ne hata işledim ki*
*Kederime son vermeyi dilemiyorsun?*

*Belki de beni içten içe yakıp küle çevirmeyi*
*diliyorsun.*
*Kafam karışıyor, Anne, benim bir şey bildiğim yok.*

*Kalbimde taşıdığım, tüm çocukların Annelerinin*
*gözünde aynı olduğu hakikati yoksa yanlış mı?*

*Şu ızdırabımı dindirmek için*
*İnayet nektarından azıcık kutsal gözlerinin bir*
*bakışıyla bana akıtır mısın?*

*Ayaklarına kapanacağım*
*O merhametli yüzünü görebilmek için*
*Sana yalvaracağım*
*Yaşamin amacına varmak için.*

**Oru Tuli Sneham**
**(Bir damla aşk)**

*Ah Anne, hayatımın anlam kazanması için*
*bu solmuş, yanan gönlüme sevginden bir damla bahşet*

*Neden ah neden bu kavrulmuş sarmaşığa*
*gübre diye kor alevler veriyorsun?*

*Sel olan gözyaşlarımdan,*
*Kaç acı dolu damla sundum Sana?*
*Kalbimin sızısını duymuyor musun?*
*Bastırılmış iç çekişlerimden acımı hissetmiyor*
*musun?*

*Bu ateşin sandal ağacı ormanlarında*
*raks etmesine izin verme.*
*Bu kederin ateşinin gücünü göstermesine ve*
*Tüm gücüyle patlamasına izin verme.*

*Ah Devī, her gün ismini söylüyorum: 'Durga, Durga'*
*Aklım tüm diğer yolları unuttu.*
*Ey Durga'm, ne cenneti ne de aydınlanmayı diliyorum*
*Tek isteğim saf bir aşkla Sana adanmak.*

Çektiği *tapas* o kadar yoğun hâle geldi ki Sudhamani'nin bedeni kor kömürlerin üzerinde duruyormuşçasına yanmaya başladı. Sıcaklık çekilmez bir hâl aldı. Öyle ki kıyafet giymesi bile oldukça zorlaşmıştı. Yanma hissini azaltmak için arkasular kanallarının çamurlu kumlarında yuvarlanıyordu. Bazen nehre yarı girmiş hâlde saatlerce derin meditasyonda kalırdı.

Sudhamani'nin samimi ve sıkı adanmışları, onu özel ritüel vakitlerinde evlerine davet ederlerdi. Onun varlığının katılanlara ayrı bir manevi ihtişam ve güç katacağına inanıyorlardı. Bu aileler onu evlerine götürmek için İdamannel'e geliyor ve otobüsle geri dönüyorlardı. Sudhamani bazen otobüs beklerken vecd hâline girerek dış dünyayı unuturdu. Yerlerde yuvarlanır, mutluluk içinde kahkahalara kapılırdı. Çevresindeki insanlar bu durumu pek kavrayamıyordu, bazısı dalga geçiyor, bazısı deli kız diye söyleniyordu. Çocuklar gelip onun hâliyle eğleniyordu, ama bu yapılanların hiçbiri

Sudhamani'ye dokunmuyordu. Onun mutluluk içinde var olduğu âleme hangi alaycı söz dokunabilirdi ki? Hangi taciz, bu masum kızın ilahi mutluluk hâlinedokunabilirdi? Sudhamani, Kutsal Anne ile yaşadığı ayrılık acısını haykırarak ve ağlayarak dışa vururdu. O zaman küçük çocuklar çevresini sarar, ona yalvarırdı: "Çeçi [6] ne olur ağlama! Başın mı ağrıyor?" Sonrasında onlar da Tanrıça'yı görmek için ağladığını anlarlardı. Bu kontrol dışı hâllerde, küçük kız kardeşlerinden biri sarī giyer ve Devī gibi saçlarını açarsa, Sudhamani büyük bir sevinçle koşar ve onun boynuna atlardı. Bu ruh hâlindeyken, gördüğü her güzel kızın yanına koşar, onu kucaklayıp öperken sadece Tanrıça'yı gördü.

Sugunanandan, kızının bedensel ihtiyaçlarını ihmal ettiğini gördükçe hâline onun acıdığından Sudhamani'yi güneş ve yağmurdan koruması için birkaç kere sazlardan gölgelik çatı yapmayı denemişti. Ebeveynleri onun meditasyonda yatar ya da oturur zamanlarını avantaj bilip, başının üstüne bir gölgelik yapardı. Sudhamani ise normal bilincine döndüğünde ebeveynlerinin yaptıklarını görünce, söylenerek oradan kalkıp giderdi: "Bu yaptığınızda da üzüntüye bir sebep olacaktır. Kaç gün boyunca burada kalmasını sağlayabilirsiniz? Siz bir yere gittiğinizde kim bunun burada kalmasını sağlayacak? İzin verin de sıcağa, soğuğa ve yağmura etkilenmeden göğüs gereyim ve hepsinin ötesine geçeyim."

Kutsal Anne'ye yoğun hasretinden, Sudhamani o günlerde iki yaşındaki bir çocuğun tavrını aldı. Kutsl Anne'nin bebeği olmuştu. Bu özdeşleşme o kadar mükemmeldi ki yaptıklarının birçoğu ancak o anlayışın ışığında idrak edilebilirdi. Bir gün Sudhamani meditasyondan çıktığında, kendini inanılmaz aç ve susuz hissetti. O sırada komşusu Puşpavathi'yi bebeğini emzirirken gördü. Sudhamani doğrudan ona giderek, emen bebeğin yerine kendisi kadının kucağına yattı ve süt emmeye

---

[6] Malayālam dilinde abla demek.

başladı. Puşpavathi bu durumdan rahatsız olmadan Sudhamani'yi annesiymiş gibi kucağına aldı ve sevgiyle başını okşadı. Aynı olay birkaç kez daha yaşanınca, Puşpavathi bebeğini Sudhamani'nin görüş alanın dışında emzirmenin daha güvenli olabileceğini hissetti.

Sudhamani bir gün yine bilincini yitirmiş vaziyette nehrin kenarında kum ve çamurda yatıyordu. Onu bulan bazı sadıklar, burun deliklerinin, gözlerinin, kulaklarının ve saçlarının kum ve pislik içinde olduğunu görünce çok üzüldüler. Yanaklarında kesintisiz akan gözyaşlarının bıraktığı tuzlu beyaz izler göze çarpıyordu. Adanmışlar, babası Sugunanandan'a kızının acınası durumunu haber ettiler, ama o kulak vermedi. Onun bu vurdumduymaz tavrı karşısında dehşete düşen adanmışlar, onu eve taşıyıp uyandırmaya çalıştılar, ama başaramadılar. Üstünün başının kirini temizleyerek onu farkında olmadan büyük ağabeyi Subhagan'ın karyolasına yatırdılar ve rahatça dinlenmesi için orada bıraktılar.

Subhagan eve döndüğünde Sudhamani'nin yatağında yattığını görünce çılgına döndü. Karyolayı hunharca sallamaya başladı. Delirmiş gibi bağırıyordu: "Kim bu sefili yatağıma koydu? Kim bu sefili yatağıma koydu?" Sonunda yatak birkaç parçaya bölündü, ancak Sudhamani dünyadan bihaber, ahşap kalıntılarının ortasında yatıyordu. Kendine geldiğinde ne yaşandığını ve tehlikenin nasıl teğet geçtiğini duyunca: "Olan her şey Tanrı'nın iradesidir." demişti. Bir sonraki *Darşan* gününde, marangoz olan adanmışlardan biri olaydan tamamen habersiz, Sudhamani'ye hediye karyola, masa ve sandalyeler getirmişti. Herkes bu duruma çok şaşırmıştı. Neden bunları getirdiği sorulunca da, rüyasında Krişna'yı gördüğünü ve tüm bunları ufaklığa getirmesini söylediğini, anlattı.

# 7. Bölüm

# İnsandan Çok Daha İyi

*"Konuşma yeteneği sırf insanlara özgü değildir. Hayvanlar, kuşlar ve bitkilerde de bu güç vardır, ancak biz insanların onları anlama kapasitesi yoktur. Öz'ünü idrak eden kişi bunların hepsini bilir."*

– Mātā Amritānandamayī

**ahiṃsā-pratiṣṭhāyaṃ tat-sannidhau vaira-tyāghaḥ**

*'Şiddetsizlik hâlinde köklenmiş olana yaklaşan tüm canlılar düşman olmayı bırakır.'*

– Patañjali Yoga Sütraları, Sādhanā Pādam, 35. Dize

Sudhamani dışarıda yaşarken, köpekler, kediler, inekler, keçiler, yılanlar, sincaplar, güvercinler, papağanlar ve kartallar onun yakınına gelmiş ve onun yakın dostları olmuşlardı. *Sādhanā*sının bu aşaması sevginin gücü ile herhangi bir çekilme ve nefret etme etkisi olmadan, birbirine düşman olan hayvanların uyum içinde yaşayabileceğini gösteriyordu. Tüm yakınlarının ona sırt çevirmiş ve maneviyata yönelmesine şiddetle karşı çıkmış oldukları bu dönemde, hayvanlar onun yanında durmuş ve ona sadık bir şekilde hizmet etmişlerdi. Hayvanların davranışlarından, Sudhamani'yi insanlardan çok daha iyi anladıkları belli oluyordu. Sudhamani o günlerde, dünyevi insanların hazırlamış olduğu yemeklere karşı aşırı hassasiyeti olduğundan, kendi evinden bir şey yiyemiyordu. Yiyebildiği yegâne yemek mantralar eşliğinde hazırlanmış olandı. Bir gün meditasyondan çıktığında kendini çok aç ve susuz hissetti. Mabedin önünde duran aile ineğinin Tanrı tarafından gönderildiğini kabul edip yanına vardı. Ufaklık, bir buzağı edasıyla doğrudan ineğin memesinden emerek süt içti ve açlığını ve susuzluğunu giderdi. İnek durumdan rahatsız olmamıştı, hatta bacaklarını uygun pozisyonda tutuyordu. O günden itibaren inek Sudhamani'nin meditasyondan çıkacağı saate kadar her gün mabedin önünde yatmaya başladı. İnek onu beslemeden otlamayı ve kendi yavrusunu beslemeyi reddediyordu! Sugunanandan, defalarca ineği Sudhamani'yi beklediği yerden zorla kaldırmaya çalışmıştı. İneğin kuyruğunu çekmiş, hatta üzerine kova kova su dökmüştü, ama ineği tapınağın önünden kıpırdatmak mümkün olmamıştı. Bir gün komşulardan biri ufaklığa içmesi için süt getirdi. Ancak süte su ile karıştırılmış olduğundan saf süt değildi. Sudhamani bunu içince kustu. Katışık sütü gönderen kişi bu yaptığı ayıptan ötürüacı çekmeye mahkûmdu. Bu yüzden Sudhamani sadece Tanrı'nın ona sunduklarını yiyip içmeye karar verdi.

Aynı dönemlerde esrarengiz başka bir olay daha olmuştu. Sudhamani'nin büyükannesinin yaşadığı, güney yönünde altı kilometre uzaklıktaki Bhandaraturuttu köyündeki dayısı Ratnadasan her zamanki gibi ön avluya çıkarmak üzere ineklerin iplerini çözmüştü. İneklerden biri aniden keskin bir dönüş yaparak önce sahile, oradan da kuzeye doğru koşmaya başladı. Ratnadasan ineği yakalamak için arkasından sahil boyunca koştu. Sonunda inek Sudhamani'nin köyüne gelince, daha önceden hiç gitmediği İdamannel'e doğru ilerledi. Doğruca Sudhamani'nin meditasyon için oturduğu yere varan inek, eski bir dostuna sevgisini ifade ediyormuşçasına başıyla ona doğru sokuldu ve Sudhamani'nin suratını nazikçe yalamaya başladı. Derin meditasyonda olan Sudhamani hareket etmeyince, inek yanına uzanarak meditasyonunun bitmesini bekler gibi onu izlemeye başladı. Sudhamani bir süre sonra gözlerini açtı ve hayal meyal bir yerlerden hatırladığı ineği görünce ona doğru yürüdü. O anda inek de arka bacağını kaldırarak ona sütünü ikram etti. Amcası, Sudhamani'nin ineğin memesinden süt içtiğine hayretler içerisinde şahit olmuştu.

İneğin Sudhamani'nin yanına gelmesini sağlayan bu gizemli güç neydi? Yıllar öncesinde büyükannesinin evinde kalırken o ineğe bakmış olması, hayvanın bu beklenmedik davranışını açıklayabilir mi?

Bazen Sudhamani dışarıda meditasyon yaptığında yılanlar gelir ve bilincini dış dünyaya geri getirmek istercesine kendilerini onun bedenine dolarlardı. Bir gün ailesi yine ona kötü davrandığında, Sudhamani İdamannel topraklarını terk etti. Komşu kadınlardan biri onu yürürken görünce teselli ederek evine davet etti. Sudhamani, evin mabet odasına girdi ve kalbini Kutsal Anne'ye dökmeye başladı. İşte o sırada bu beste ortaya çıktı:

### Manasa vacha
### (Fikrimde, sözümde)

*Fikrimde, sözümde, eylemimde sürekli Seni anarım.*
*O zaman neden bana merhamet göstermekte*
*gecikirsin, sevgili Annem?*

*Yıllar geçmiş olmasına rağmen gönlüm huzur*
*bulmadı.*

*Ah canım Annem, ne olur bana biraz teselli ver.*

*Fırtınaya tutulmuş bir sandal gibi sürüklenir zihnim*
*Ah Anne, biraz iç huzur ver bana, yoksa delireceğim...*

*Yoruldum Anne, artık kaldıramıyorum.*
*Böyle bir yaşam istemiyorum. Sınavlarına*
*katlanamıyorum.*

*Ah Anne, artık dayanamıyorum!*

*Kimsesiz bir sefilim. Senden başka kimsem yok, Anne.*
*Ne olur durdur bu sınavlarını,*
*Elimden tut ve çek beni yukarı.*

Birdenbire hâli değişti ve ilahi bir nöbet içine girdi. Ağlayarak yerlerde yuvarlanıp, kıyafetlerini yırtmaya başladı. Hemen sonrasında kahkahalar atıp, kontrolsüz bir şekilde kendini yerden yere attı. Misafir olduğu aile, onu sakinleştirmek için ne yapacaklarını bilmeden endişe ve şaşkınlıkla izliyordu. O sırada kapı girişinde büyük bir yılan gördüler. Yılan doğrudan Sudhamani'ye doğru yöneldi. Aile korku içinde, yılanın, bilincini kaybetmiş kızın yüzünü tıslayan diliyle yalamasına bakakaldı. Bu, birkaç dakika sürdükten sonra Sudhamani'de sakinleştirici bir etki yaratmıştı. Yavaş yavaş bilinci yerine gelirken, yılan da kızın bedeninden ayrılıp ortadan kayboldu. Aileye göre, yılan bir uzman gibi Sudhamani'yi kendine getirecek müdahalede bulunmuştu.

İdamannel'i ziyaret eden herkes, çeşit çeşit kuşun burayı yuva bellediğini kısa zamanda fark ederdi. Sudhamani, Tanrıça'nın da favorisi olan, papağanları çok severdi. Sudhamani bazen duasında: "Anne, neden yanıma gelmiyorsun?" diye seslendiğinde bir anda bir papağan sürüsü ona doğru uçup yakınına konardı. Bir gün ona papağan hediye edildi. Sudhamani onu kafese koymamış olmasına rağmen kuş her zaman onun yakınlarında olur, onunla oynardı

Sudhamani bir keresinde, "Ne korkunç, acımasız bir dünya bu! Hakikat ve doğruluğun zerresi kalmamış. İnsanlar kalleş olmuş ve dünya günahkârlarla dolmuş. Sanki insanlığa doğru yolu gösterecek kimse kalmamış." diye kara kara düşünürken gözyaşları yanaklarından süzülüyordu. Bir anda karşısında duran papağanının da ağladığını fark etti. Sanki o da acı çekiyor gibiydi. Belli ki Sudhamani'nin hissettiği şiddetli acı, kuşu da etkilemişti.

Papağanın yanı sıra iki de güvercin ona eşlik ediyordu. Kutsal Anne'ye ne zaman şarkılar söylese, bu üç kuş önünde kanatlarını açarak keyifle dans etmeye, zıplamaya başlardı.

Bir gün İdamannel arazisindeki büyük bir ağaçtan bir kartal yuvası düşmüş ve içinden iki yavru yuvarlanmıştı. Şaşkın ve savunmasız hâldelerdi. Oradaki yaramaz çocuklar minicik kuşlara taş atarak onları öldürmeye çalışıyorlardı. Sudhamani zamanında yetişerek yavruları kurtardı. Uçmaya başlayınca dek birkaç hafta bakımlarını üstlendi. İyileşince, onları serbest bıraktı. Bu iki *Garuda*[1] *Krişna Bhāvalar* başlamadan önce gelir, mabedin tepesinde uzun süre otururdu. Garuda kuşu, Tanrı Vişnu'nun taşıtı olduğundan, *Krişna Bhāva*'ya gelen ziyaretçilerin ilgi odağı olmuşlardı. Sudhamani'nin kuşlarla olan bu gizemli bağı, sadece Darşan'a gösteriş katmakla kalmayıp gelen sadıkların onun tanrısal doğasına inancını da artırmıştı.

*Devī sādhanā* sürecinde Sudhamani, Kutsal Anne için ağlarken bilincini her kaybettiğinde iki kuş, onu korumak istercesine, gökte belirir ve onun yanına yere konardı. Olaya şahit olan bazı komşu kadınlar, kuşların gözlerinde beliren yaşları fark ediyorlardı.

Sudhamani bir gün feci bir açlık hissi ile meditasyondan çıktı. Kartallardan biri hemen denize doğru uçup birkaç dakika içerisinde gagasında bir balık ile geri geldi. Kartal, balığı Sudhamani'nin kucağına bırakınca, Sudhamani onu minnetle alıp olduğu gibi yedi. Damayanti bunu keşfettiğinde, *Garuda*'nın Sudhamani'ye getirdiği günlük adağını bekler oldu. Kartal, balığı bırakır bırakmaz Damayanti hemen kapar ve kızı için balığı pişirip getirirdi.

Krişna bilincine varmak isterken uyguladığı *sādhanā* esnasında, Sudhamani'nin balığın kokusundan dahi midesi bulanırdı ve o süre zarfında balık yemeyi bırakmıştı. Ama Garuda'nın getirmiş olduğu bu balığı, Tanrı'nın gönderdiği bir nimet olarak gördüğü için afiyetle yiyordu. Garuda'nın ziyaretleri ve adakları bir süre daha devam etti.

Sudhamani'ye eşlik eden bir başka hayvan da bir kediydi. *Bhāva Darşan* esnasında bu kedi tapınağa girer ve Sudhamani'nin çevresinde, *pradakşiṇā*[2] yapar gibi dönerdi. Son-

---

[1] Hindistan'da kartallara 'Garuda' denir. Garuda aynı zamanda Tanrı Vişnu'nun taşıtıdır. Krişna, Tanrı Vişnu'nun bir enkarnasyonudur.
[2] Kutsal bir nesneyi sağına alarak çevresinde dönmek, tavaf etmek.

rasında yanına yanaşır ve orada gözleri kapalı bir şekilde meditasyondaymışçasına otururdu. Kediden kurtulmak için biri onu nehrin öteki tarafına atmış olmasına rağmen, kedi ertesi gün geri dönüp Sudhamani'nin yanındaki yerini almıştı. Siyah beyaz renklerde bir köpek de Sudhamani'ye olan inanç ve bağlılığını ilginç bir şekilde gösteriyordu. Sudhamani, Devī'ye gözyaşları içinde yakarırken bazen bilincini kaybederdi. O zaman bu köpek de gelir, ona sürtünür ve suratını ve kollarını yalayarak bilincini geri getirmeye çalışırdı. Sudhamani İdamannel arazisini terk etmek istediğinde, köpek eteğinden onu yakalar ve gitmemesi için protesto havlamaları yapardı. Birçok kez ağzında bir paket ile gelip Sudhamani'nin yemesi için önüne koymuştu. Köpek ona sunmak için getirdiklerinin tek bir parçasına dahi dokunmazdı. Geceleri onun yanında uyuduğundan, Sudhamani onu yastık yaparak gökyüzü izlerdi. Bir gece ufaklık nehir kıyısında meditasyon yaparken *samādhī*'ye girince, sivrisinekler kalın bir battaniye gibi üstünü kapladı. Babası ona seslenmesine rağmen cevap alamayınca, kendine getirmek için onu sertçe salladı. Fakat Sudhamani'nin ince bir dal gibi hafiflemiş olduğunu fark etmişti. Sugunanandan sonrasında şöyle dedi: "Bedeninde yaşam yok gibiydi. Onu hep o hâlde bulduğum için pek endişelenmedim." Kızının yanında beklerken, siyah beyaz köpek belirdi ve şiddetle havlamaya başladı. Birkaç dakika içerisinde Sudhamani gözlerini aralayarak normal bilincine geri döndü. Belli ki Sudhamani'yi diğer âlemlerden geri getirmek için hayvanların insanlardan daha büyük bir yeteneği vardı. Köpeğin duyduğu yoğun sevgi, Sudhamani'ye bazen onun Kutsal Anne olduğunu düşündürürdü. Her şeyi unutarak köpeğe sarılır, onu öper ve "Annem, canım Annem!" diye yüksek sesle bağırırdı.

Sudhamani bir gün meditasyonu esnasında aşırı tedirgin hissedip, hemen kalkıp köye doğru koşar adımlarla gitmeye başladı. Siyah beyaz köpek bir köpek avcısının ellerine düşmüştü, zavallı bir hâlde ağlıyor ve uluyordu. Yakalandığı ipten kurtulamadığı için patilerini yerlerde sürüyor ve avcının onu çekmesini zorlaştırıyordu. Sudhamani'yi seven arkadaşları köpeğin onun sadık dostu olduğunu fark edince, köpek yakalayıcısına onu serbest bırakması için yalvardılar. Ona bunun için rüşvet bile teklif ettiler. O sırada Sudhamani belirdi. Zavallı köpek onu görünce ağlamaya başlayınca, köpek yakalayıcısı dayanamayıp köpeği serbest bıraktı. Yine civarlardan bir köpek daha Sudhamani'ye yoğun bir sevgi besliyordu. Köpek hamileyken bir gün tapınağın yan tarafına doğum yapacakmış gibi beklemeye başladı. Sudhamani meditasyonundan kalkıp dışarı çıktığında, köpeği tapınak verandasında beklerken buldu. İçeri girmemiş, ancak ön ayaklarını tapınağın giriş zeminine tuhaf bir şekilde uzatmıştı. Sanki acı içindeydi. Sudhamani köpeğe sarılıp öptü. "Kızım ne oldu? Söyle ne oldu?" Bunun üzerine köpek, tapınağın verandasından aşağıya indi ve kumun üzerine uzanıp son nefesini verdi.

Ne zaman birisi Sudhamani'nin önünde eğilse, siyah-beyaz köpek de onun önünde ön ayaklarını uzatıp başını öne eğiyordu. Her ne zaman vecd hâlinde dans etse, köpek de onun ilahi dansına katılır gibi etrafında atlayıp zıplıyordu. Alacakaranlık olduğunda ibadet için kutsal deniz kabuğuna üflendiğinde, köpek de enteresan bir şekilde uluyor, çıkan sesi gayet iyi taklit ediyordu.

Sudhamani bir gün siyah-beyaz renkli köpek dostunun kuduzdan öleceğine dair yoğun bir his yaşadı. Ve kısa bir süre sonra, Sudhamani'nin öngördüğü gibi hayvan kuduz oldu ve fazla acı çekmeden öldü. Sudhamani'ye sadık bir dostunu kaybettiği için üzgün olup olmadığını sorduklarında: "Onun ölümü beni üzmedi. Ölmüş olsa bile bana geri gelecek. O yüzden niye üzgün olayım ki?" diye yanıtladı. Sonrasında, çok detay vermeden köpeğin İdamannel yakınlarında yeniden doğduğunu söyledi.

Sudhamani, onu çok seven bir keçi hakkında da bir gün şöyle bir yorumda bulundu: "Memelerindeki bir hastalıktan ötürü keçi can çekişiyordu. Onun acıdan kıvrandığını görünce yanına oturdum ve meditasyon ile dualara daldım. Gözlerimi açtığımda zavallı hayvanın dizlerinin üzerinde sürünerek bana doğru yaklaştığını gördüm. Başını kucağıma koydu ve yüzüme bakarak sessizce öldü. Sevgisi gerçekten saftı."

Yıllar sonra bu olayları yeniden anımsarken Amma düşüncelerini paylaştı. "Ne mutlu günlerdi! Tuhaf bir şekilde o hayvanlar benim duygularımı anlayabiliyor ve ona göre davranabiliyorlardı. Ağladığımda onlar da benimle birlikte ağlardı. Şarkı söylerken onlar da karşımda dans ederdi. Dünya bilincimi kaybettiğimde üzerimde dolanırlardı. Hayvanlarda bulunan tüm özellikler insanlarda da görülebilir. İnsan bağımlılık ve nefret gibi olgulardan özgürleşip tarafsız bir bakış açısına sahip olduğunda, saldırgan hayvanlar dahi o kişinin huzurunda dostane bir tavra sahip olur."

# 8. Bölüm

# Bir Milyon Güneş Kadar Göz Kamaştırıcı

*"Tanrıça, tebessüm ederek kutsal bir ışık hüzmesine dönüştü ve benimle bütünleşti. Zihnim açıldı ve İlahî'nin o çok renkli ışığında yıkandı. Milyonlarca yılın gelmiş geçmiş tüm olayları bir anda içime doğdu. O andan itibaren hiçbir şeyi kendi Benliğimden ayrı görmedim, orada sadece Teklik vardı ve Kâinatın Annesinde birlenerek tüm keyif ve zevk duygusunu terk ettim."*

– Mātā Amritānandamayī

Dṛśā drāghīyasyā daradalitanīlotpalarucā
davīyāṁsaṁ dīnaṁ snapaya kṛpayā māmapi śive |

Anenāyaṁ dhanyo bhavati na ca te hāniriyatā
vane vā harmye vā samakaranipāto himakaraḥ ||

*Ey Şiva'nın Eşi! Senden ırak olan bu âcizi,*
*Taze açılan mavi nilüfer güzelliğindeki*
*Sonsuz uzaklara erişen bakışının rahmetiyle yıka.*
*Nasıl ki ay ışığı hem ormana hem eve eşit düşüyorsa,*
*Bir kaybın olmaz bundan Senin.*
*Daha yüce bir nimet düşünemez bu zavallı fânin.*

– Saundarya Laharī, 57. Dize

Böylece Sudhamayi, Kutsal Anne'ye duyduğu mutlak inançla, Ebedî Aşkın Deryasında yüzmeye başladı. Artık onun için yer, gök, deniz, atmosferin her bir yönü Kutsal Anne'nin varlığı ile yüklüydü. Yüzünü sevgiyle okşayan esinti Anne'den başkası değildi. Ağaçlar, sarmaşıklar ve çiçeklerin hepsi Sudhamani'nin gözünde Devī olduğundan, hepsi ibadete ve tapınmaya uygundu. Gökyüzüne bakıp bizim bilmediğimiz şeyleri gördüğünde, bir anda gözyaşlarına boğulur ya da kontrol edilemeyen kahkahalar atar, sonunda bilincini kaybederek yere düşerdi ve sakinleşirdi. İdamannel toprakları, annesinden ayrı kalan bu yetim çocuğun duaları ile doluydu. Tanrı Hakikati mertebesinde, tüm yaratılışta yalnızca Kutsal Anne'yi görerek, aşağıdaki şarkıyı yazdı:

## Śrīştiyum niye
## (Yaratılış sensin)

*Yaradandır O, Yaratılandır O,*
*İlahi güçtür O, Hakikat O,*
*Ey Tanrıçam, Tanrıçam, Tanrıçam!*

*Kâinatın Yaratıcısıdır O;*
*Her şeyin başı, her şeyin sonu,*
*Her canın içindeki can veren Özdür O,*
*Elementlerin beşi de O.*

Sudhamani ne uyuyor ne de yemek yiyordu ve artık çoğu zaman tanıdık hayvan grubuyla birlikteydi. İnsanlar ona gelmediği sürece kimse ile görüşmüyordu. Zihni sürekli yüksek âlemlerde olduğundan, diş fırçalamak gibi günlük hayatın en basit alışkanlıklarını bile yerine getirmiyordu. Ne yediğinin farkında bile değildi. Bazen yedikleri atılmış çay yaprakları, inek gübresi, cam parçaları, hatta insan dışkısı bile olabiliyordu. Ama onun için neyin lezzetli, neyin kötü olduğu bir önem taşımıyordu. Onun bu hâlini açıklamak için kelimeler yetersiz kalırdı.

Acısını artık kendine saklayamıyordu, duaları Kutsal Anne'ye doğru kesintisiz çağlıyordu: "Ah Anne, kalbim ayrılık acısı ile parçalanıyor! Sonu olmayan gözyaşlarım içini hiç mi sızlatmıyor? Ey Anne, bir sürü eren senin için aşkla yanarak sonunda tezahürüne nail oldu; seninle bir oldu. Ah canım Annem! Ne olur şefkatli kalbinin kapılarını bu mütevazı hizmetkârın için arala! Acımda boğuluyorum. Eğer Sen gelmeye razı değilsen, o zaman bu yaşamıma bir son ver. Canilerin ve ahlâksızların başlarını kestiğin kılıcını benim boynuma da vur. En azından kılıcının dokunuşu ile kutsanayım! Bana yük olmaktan başka işe yaramayan bu lüzumsuz bedeni niye taşıyayım?"

Sudhamani yakarmaktan harap olmuş ve acısı dayanılmaz bir hâl almıştı. "Bedenimin her bir gözeneği hasretten açılmış, her bir atomu kutsal mantra ile titreşiyordu, tüm benliğim Kutsal Anne'ye doğru şiddetli bir yoğunlukla akıyordu..." diye sonradan anlatırdı. "Ey Anne... Acının dipsiz kuyusunda boğulan evladın ölmek üzere... Kalbim kırık... Bacaklarım titriyor... Kıyıya vurmuş bir balık gibi acı çekerek ölüyorum... Anne, bana acımıyorsun bile... Sana son nefesimden başka adayabileceğim bir şeyim kalmadı..." diye Kutsal Anne'ye acıyla sürekli haykırırdı.

Bir anda boğazı düğümlendi ve nefesi tamamen kesildi. Sudhamani bilincini kaybederek yere düştü. İlahi Anne'nin onun için seçmiş olduğu an gelmişti. Sonunda, her şeyi bilen, her yerde var olan, her şeye kadir, ezelî, her şeyin kaynağı Kâinatın Sihirli Yaratıcısı, İlahi Anne, Sudhamani'nin huzurunda binlerce güneş parlaklığında ışıldayarak canlı duruyordu. Gözleri kamaşan Sudhamani'nin kalbi bir sele kapılmış gibi tarifsiz bir sevgi ve mutluluk ile taşıyordu. İlahi Anne şefkatle ona gülümsedi ve saf ışık hâlini alarak Sudhamani ile yekvücut oldu.

Sudhamani bu kutsal anı tarif ettiği Ananda Vīthi – Mutluluğun Yolu adlı bestesinde, sözlerin yetersiz kaldığı o gizemli birleşmeyi anlaşılabilir kılmaya çalışıyor:

### Ananda Vīthi
### (Mutluluğun Yolu)

*Bir zamanlar sonsuz mutluluğun yolunda*
*Raks ederdi bu can.*
*O vakitte nefse dair tüm düşmanlar*
*Beni çeken ve iten ne varsa*
*Kafamın kuytu köşelerinde saklanıyordu.*

*Kendimi unutarak, içime doğan altın bir rüyaya*
*daldım.*

*Gönlümü erdemli niyetler doldururken,*
*Kutsal Anne, parlak yumuşak elleriyle başımı okşadı.*
*Başımı eğdim ve Anne'ye 'Hayatım Sana adanmıştır.'*
*dedim.*

*Gülümseyerek ilahi bir parlaklığa dönüştü ve içimde*
*benimle birlendi.*
*Zihnimin bahçesi yeşerdi ve İlahî'nin rengârenk*
*nurunda yıkandı.*

*Ve milyonlarca yılın hatıraları içimde tezahür etti.*
*O günden sonra, kimseyi kendi Özümden ayrı*
*görmedim. Tek ve Birdim.*
*Kutsal Anne ile Bir olarak, nefse dair her şeyi terk*
*ettim.*

*Anne bana, insanlardan doğum amaçlarını yerine*
*getirmelerini istememi söyledi.*
*O yüzden, O'nun söylediği*
*"Ey insan, Özbenliğinle Birleş!"*
*Mutlak Hakikatini tüm dünyaya haykırıyorum.*

*Binlerce yogi Hindistan'da doğdu ve*
*Bilinmeyen geçmişin büyük erenlerinin*
*Tahayyüllerinde vuku bulan ilkelerini yaşadı.*
*İnsanlığın acısını dindirmek için ne kadar çok çıplak*
*gerçek var!*

*Bugün Anne'nin sözlerini anımsadığımda,*
*mutluluktan titriyorum:*
*"Canım, her şeyi bırak ve bana gel, sen daima*
*Benimsin."*

*Ey Saf Bilinç,*
*Ey Hakikatin Bedenlenmiş Hâli,*
*Sözlerini yerine getireceğim.*

*Ah Annem, neden gelmekte gecikiyorsun?*
*Neden bu yaşamı verdin?*
*Anne, ben bir şey bilmiyorum,*
*Hatalarımı ne olur bağışla.*

Bu noktada Sudhamani dış dünyaya karşı büyük bir tiksinti duymaya başladı. Yere derin çukurlar kazar, dünyadan ve duyu odaklı insanlardan kaçmak için onun içine saklanırdı. O günlerini ve gecelerini, insanlardan uzakta, Tanrı Hakikatine ermenin sonsuz mutluluğunun tadını çıkararak geçiriyordu. Onun daha önceden deli olduğunu düşünenler, bundan şimdi fazlasıyla emindiler. Sudhamani'nin bulunduğu bilinç düzeyini algılayacak hiç kimse yoktu. Sudhamani içsel anlamda Mutlaklık sınırını aşmış olsa da dışarıdan hâlen aynı deli Sudhamani'ydi; ailesi ve köylüler için haftanın üç gecesi Krişṇa tarafından ele geçirilen Sudhamani'ydi. Fark ettikleri tek değişiklik ise, şimdi kumlarda yuvarlanmak yerine büyük çukurlar açmasıydı.

## Devī Bhāva Arifesi

Bir gün Sudhamani içinde bir sesin yükseldiğini duyar: "Evladım, ben belirli bir yerde ikâmet etmem, tüm varlıkların kalbinde yer alırım. Senin dünyaya geliş amacın, sadece Özbenliğine kavuşmuş olmanın mutluluğunu sürmek değil, acı çeken insanlığı avutmaktır. Bundan böyle tüm varlıkların kalbinde Bana ibadet et ve onları dünyevi varoluşun getirdiği ızdıraplardan kurtar."

Sudhamani'nin *Krişṇa Bhāva*'nın yanı sıra Kutsal Anne'nin hâlini aldığı *Devī Bhāva*'ya başlaması, bu çağrıdan sonra olur. İnsanlar, onun şimdi Krişṇa'nın yanı sıra Tanrıça tarafından da bir kanal olarak kullanıldığını düşünürken, aslında o sadece Kutsal Anne ile birlik hâlini dışa vuruyordu. *Devī Bhāva*'nın arifesine işaret eden olay ise şu şekilde gelişmişti. Artık 1975 yılının sonlarıydı. *Krişṇa Bhāva* darşanı başlayalı henüz altı ay olmuştu. Bir gece *Krişṇa Bhāva* esnasında adanmışlar tapınağa birer birer girerken, beklenmedik bir olay içerideki tüm atmosferi değiştirdi.

Her zaman olduğu gibi, tapınağın dışında yer alan basamakta bazı sadıklar ilahiler söylüyordu. Sudhamani, içsel olarak Mutlak Olan'ın Śrī Krişṇa yönüyle olan özdeşleşmesini tezahür ettiriyor ve insanları neşe ile karşılıyordu. Büyüleyici bir tebessüm tüm yüzünü aydınlatıyordu ve gelenler kutsallığın huzuru ile neşeliydiler. O anda ufak tapınağa tamamen perişan bir hâlde bir sadık girdi. Anlaşılan muhalif köylülerden biri tarafından ciddi şekilde taciz edilmişti[1]. Ağır sözleri kaldıramayan sadık gözyaşlarına boğularak duruma bir çare bulması için Krişṇa'ya ricada bulundu.

Bir anda Sudhamani'nin gülümsemesi gitti ve tüm ifadesi değişerek korkutucu bir hâl aldı. Sanki kıyamet gelmişti. Gözleri birer ateş topuna dönmüş ve öfkeyle ateş saçıyordu. Parmakları *Devī Mudra*'daydı[2]. Tapınağın hem içinde hem de dışında oturanlar onun vücudundan çıkan ürkütücü kahkaha karşısında şok olmuşlardı. Hayatlarında böyle bir kahkahaya şahit olmamışlardı. Tapınağın içinde ayakta duranlar, Sudhamani'deki bu ani değişimi görünce korkudan titremeye başladılar. Orada olan bilginler, yüksek sesle Kutsal Anne'yi öven, barış ve huzur mantraları ve ilahiler söylemeye başladılar. Bir kısmı da Ārati[3] töreni yaptı. Ancak duaların ve çeşitli

---

[1] Anne'ye karşı olanlar, hâlâ iş başındaydı ve yolun karşısında durup geçen sadıkları durdurup lafla taciz ediyorlardı. Buna köylülerin yanı sıra Sudhamani'nin öz babası ve ağabeyi de dahil oluyordu. Sadıkların darşan sonuna kadar kalmalarını bile engellemeye çalışıyorlardı.

[2] Kutsal Anne ile ilişkilendirilen kutsal el işareti

[3] Bir ibadet şekli olarak, İlahi bir Varlığın önünde yakılan kafur alevinin dalgalandırılması.

mantraların sayesinde, sakinlemiş ve yumuşamıştı. Lakin Bhāva, Krişna'dan Devī'ye (Kutsal Anne'ye) dönüşmüştü. Daha sonradan Sudhamani "O zavallı adanmışın üzüntüsünü gördüğümde, adanmışları aşağılayan, haksızlık yapan tüm adaletsiz insanları yok etmek istedim. Mazlumların O'na sığınması için, bilmeden, korkunç tabiatlı[4] Devī zuhur etmişti." diye açıklamıştı. O günden sonra *Krişna Bhāva*'ya ek olarak, Kutsal Anne –ki ona bundan böyle hitap edeceğiz– düzenli şekilde adanmışlarına Devī olarak darşan verdi.

Kutsal Anne, Evrensel Sevgi'nin bedenlenmiş hâliydi. Çocukluğundan beri taşıdığı, insanları sevme, yardım ve hizmet etme gibi erdemler şimdi tam olarak açığa çıkmıştı. Anne, dünyevi ile münzeviyi, okumamış ile okumuşu, zengin ile fakiri, hasta ile sağlıklıyı ayırt etmeden herkesi eşit sevecenlik ve şefkatle kabul ediyordu. Sabırla, derdini anlatmaya gelenlerin acılarını dinleyip, herkesin yapısına ve olgunluğuna göre öğütler veriyordu. Her birinin ihtiyacına yönelik rehberlik ve rahatlama sağlıyordu.

*Devī Bhāva Darşanı*'nın başlamasıyla, Anne'de birtakım değişiklikler baş göstermeye başladı. *Devī sādhanā*[5] esnasında genellikle uzak ve iletişime kapalı olurdu. Tüm vaktini Kutsal Anne üzerine dua ve meditasyon yaparak geçiriyordu. Anne-babası veya ağabeyi ona sözel ya da fiziksel tacizde bulunsa dahi sesini çıkarmıyordu. Artık daha cesurdu. Yüz ifadesi bile değişmişti. *Devī Bhāva* hakkında ve ona gelen insanlarla olan yakınlığı hakkında ağabeyi ve ebeveynleri ile uğraşırken artık daha korkusuz ve boyun eğmez bir tavrı vardı. Artık ona gelenlerle daha çok vakit geçiriyor ve onlara spiritüel öğütlerde bulunuyordu. Bu, Anne'nin ruhani misyonunun başlangıcına işaret ediyordu.

---

[4] Kālī Anne
[5] Tanrıça İbadeti

## Şekli Olmayan Kendi Özbenliğim

*"O günden itibaren[6] hiçbir şeyi, şekli olmayan kendi Özbenliğimden farklı göremedim. Tüm kâinatın varlığı minicik bir balon hâlinde Özbenliğimdeydi.*

– Amma

Kutsal Anne'nin bu özlü ifadesinde, bir içgörü zenginliği saklıdır. Tanrı Hakikatine ermiş olmasına rağmen, Anne her tanrı ve tanrıçanın aslında ikilik barındırmayan tek bir Hakikatin tezahürleri olduğunu göstermek için fazladan sādhanā yapmaya devam ediyordu. Zihin üzerinde mutlak kontrole ulaştıktan sonra, arzu ettiği herhangi bir İlahi'nin herhangi bir tezahürü ile özdeşleşebileceğini keşfetti. Anne bu sādhanāyı sürdürürken, yaşadığı çeşitli deneyimleri aktarıyordu:

"Bir gün pratiğimi bitirdiğimde, ağzımdan büyük bir köpek dişinin çıktığını hissettim. Aynı anda müthiş uğultulu bir ses işittim. Büyük köpek dişleri, dışarıya sarkan uzun dili, gür siyah kıvırcık saçları, kırmızı patlak gözleri ve lacivert rengi ile Devī'nin varlığını algıladım[7]. 'Eyvah!' dedim, 'Çabuk kaç, Devī beni öldürmeye geliyor!' Tam kaçmak üzereydim ki birden, kendimin Devī olduğunu idrak ettim. Uğultu sesini de ben çıkartıyordum. Bir sonraki anda kendimin Devī'nin Vīna'sını[8] tuttuğumu fark ettim. Başımda tacını ve burnumda Anne'nin hızmasını taşıyordum. Birkaç dakika sonra 'Bu ne? Ben nasıl Devī oldum? Belki bu Kutsal Anne'nin sādhanāmı engellemek için yaptığı bir oyundur.' diye düşündüm. 'O zaman Şiva'nın üzerine meditasyon yapayım, bakalım ne olacak.'

---

[6] İlahi Anne deneyimine atıfta bulunuyor.
[7] Kālī Anne'nin tasviri
[8] İlmin Tanrıçası Sarasvati'nin elinde tuttuğu telli bir enstrüman

Gözlerimi kapadığım an, keçeleşmiş saçım, boynumda ve kollarıma dolanmış yılanlarla kendimi Şiva olarak buldum. Belki Şiva da beni sınıyordur diye düşünerek kalbimi ve ruhumu engelleri kaldıran Tanrı Ganeşa'ya odakladım. Akabinde Ganeşa'nın şeklini almaya başladım; fil suratım, uzun bir gövdem ve bir kırık fildişim olmuştu. Hangi tanrı veya tanrıçanın şekline odaklanırsam, o oluyordum. Sonra içimden bir sesin yükseldiğini duydum: "Sen onlardan farklı değilsin. Çok uzun zaman önce hepsi seninle bir oldu. Niye hâlâ bu tanrı ve tanrıçaları çağırıyorsun?"

Bu gelişmeden sonra Amma'nın Tanrı'nın şekilsel yönü üzerine sürdürdüğü meditasyon kendiliğinden sona erdi. Her şeyi kapsayan kutsal hece 'OM' gönlünden dışarı taşmış ve tüm benliği Onunla sonsuza kadar bir olmuştu. O hâlde bile, başkalarına örnek olması için oturup meditasyon yapardı. Sorulduğunda Anne bunu şöyle açıklıyordu: "Meditasyon esnasında Anne tüm çocuklarına yaklaşır, özellikle Anne'yi yoğun olarak düşünenlere ve acı çekenlere."

Benzer bir olay Śrīmad Bhāgavatam destanında yer alır: Bir gün, ulu rişi[9] Nāradā, Krişṇa'nın meskeni Dwāraka'yı ziyaret etmiş ve Krişṇa'yı derin meditasyon hâlinde bulmuş. Nāradā, Krişṇa'nın önünde saygıyla eğilmiş ve "Ey Efendim, kimin üzerine meditasyon yaparsınız?" diye sormuş. Krişṇa gülümseyerek cevaplar: "Adanmışlarımın üzerine meditasyon yapıyorum."

Ufaklık birçoğunun gözünde 'Amma' olmasına rağmen ailesi için o hâlâ Sudhamani'ydi. Mutlak Özbenlik'te köklenmiş hâlini anne-babasının ve büyük ağabeyinin idrak etmesi oldukça güçtü. Tavırlarından şüphelendikleri için onu şizofreni hastası olarak görmeye devam ediyorlardı. Sadıklarla olan ilişkisinin ahlâk yolundan sapmasına yol açacağından ve ailenin namusunu kirleteceğinden korkuyorlardı. Ağabeyi

---

[9] Eren, bilge

Subhagan'ın, Amma'ya karşı olan saldırganlığı fanatiklik derecesindeydi ve artık şiddet göstermeye başlamıştı. Bir gün, Subhagan ve birkaç kuzeni bir bahane uydurup Anne'yi bir yakınlarının evine çağırmışlardı. Geldiğinde onu odaya kilitlediler. Kuzenlerinden biri, kıyafetinin içinde sakladığı büyük bir bıçağı çıkarıp onu tehdit etmeye başladı. Subhagan "Sergilediğin davranışlar artık haddini aştı! Ailemizin ismini kirleteceksin. Türlü türlü insanla özgürce vakit geçirmeni, şarkı söylemeni ve dans etmeni bırakamadığına göre ölsen daha iyi olur." diye Anne'yi tehdit etti. Anne'nin kahkahasını ve verdiği cesur cevabı duyunca daha da öfkelendi. "Benim ölümden zerre korkum yok. Er ya da geç bu beden ölümü tadacaktır. Ancak özbenliği öldürmek imkânsızdır. Madem fiziksel varlığıma bir son vermek istiyorsun, o zaman yerine getirmek zorunda olduğun son bir dileğim var: Biraz meditasyon yapmama izin ver. Meditasyon sırasında beni öldürebilirsin."

Anne'nin yürekli cevabını duyunca daha da çileden çıktılar. Aralarından biri: "Sen kimsin ki bize emrediyorsun? Buraya, senin keyfine göre mi seni öldürmeye geldik?" diye bağırdı. Anne gülümsedi ve cesurca cevap verdi: "Görünüşe göre yalnızca Tanrı benim canımı alabilir!" Başka bir kuzen bağırdı: "Tanrı! Kimmiş senin Tanrın?" Hepsi Kutsal Anne'ye sözlü saldırıda bulunmasına rağmen, verdiği cüretkâr cevapları duyunca ve serinkanlılığını görünce, hiçbiri ona bir şey yapmaya cesaret edemedi. Aniden bıçağı taşıyan kuzen ileriye doğru atılarak, Anne'nin göğsüne bıçağı tehditkâr bir biçimde dayadı. Ne var ki başka hamle yapamadan donup kaldı. Bıçağını Kutsal Anne'nin göğsüne bastırdığı nokta ile aynı yerde kendi göğsünde dayanılmaz bir acı hissetmişti. Acı içinde yere kapaklandı. Odadakiler dehşete kapıldı. O sırada, Sudhamani'nin Subhagan ve kuzenleriyle gittiğini görmüş olan Damayanti geldi. İçerideki kargaşayı duyunca, deli gibi kapıya vurmaya ve bağırmaya başladı. Kapı açılınca, Anne'yi hemen elinden tutup sahil patikasından eve götürdü.

Yolda giderken Amma Damayanti'ye: "Senin çevrenin benim yüzümden haysiyeti beş paralık mı oldu? Bu okyanus da benim annem. O kollarını açarak seve seve beni yanına kabul eder. Ben onun kucağına gideceğim." demiş. Bunu duyan Damayanti birden delirmiş: "Öyle deme kızım! Sakın öyle söyleme kızım! *Krişna Bhāva* esnasında, Bhagavān[10] bana eğer sen intihar edersen, tüm çocuklarımın aklını kaçıracağını söyledi..." diye bağırmaya başlamış. Kutsal Anne'yi ikna ederek İdamannel'e geri getirmiş.

Konu henüz kapanmamıştı. Anne'ye bıçak çeken kuzeni acı içinde hastaneye kaldırılmıştı. En iyi tıbbi müdahaleler yapılmasında rağmen, sürekli kan kusuyordu ve sonunda can verdi. Hastalığın akut aşamalarında Kutsal Anne hastanede onu ziyarete gitti. Onu sevgiyle teselli etti ve kendi elleriyle besledi. İşlediği suçtan dolayı çok pişmandı ve Anne'nin ona sunduğu şefkati ve bağışlayıcılığı karşısında gözyaşlarına boğuldu.

Kutsal Anne'nin onu öldürmeye çalışan kuzenine karşı bir düşmanlığı yoktu, onun yaptığı kötülüğe karşı bir intikam alma peşinde de değildi. O, ilahi takdir sonucu, yaptıklarının karşılığı olarak acı çekmişti. Anne bunu şöyle açıkladı:

"Nasıl ki insanlar Anne'ye karşı yoğun bir sevgi duyuyorsa, gözle görülmeyen birçok canlı da Anne'yi seviyor. Anne, ona zarar vermeye yeltenenlere bir şey yapmaz. Anne böyle insanlarla soğukkanlılıkla yüzleşir. Cahilliklerinden dolayı sergiledikleri davranışlar yüzünden, onlarla ilgili zarar verecek düşünceler de beslemez. Fakat gözle görülmeyen varlıklar öfkelenir ve intikam almak isterler. Bunun nasıl olduğunu anlayabiliyor musun? Diyelim ki birisinin annesi saldırıya uğradı. Çocukları hiçbir şey yapmadan durabilir mi? Anneleri onları durdurmak istese bile, çocuklar adamı bulur ve intikamlarını alırlar."

---

[10] Tanrı

Dünyevi yaşamın sınırlamalarını aşan Kutsal Anne, ona gelenleri kast, ırk, sınıf ve cinsiyet ayırt etmeden karşılıyordu. Cahil ve inanmayan kesimin gözlerinde Anne'nin eşit görüşü ve açık fikirliliği ancak bir akıl hastalığının açık bir belirtisi olabilirdi. İnanmayanlar, *Bhāva Darşan* esnasında tapınağa girip Anne'yi düşmanca bir tavırla sorgulamaya devam ettiler. Anne sakindi ve durumdan etkilenmiyordu, ancak sarf edilen küstahça sözler Sugunanandan'ı depresyona sokmuştu. Ayrıca kızını evlendirme girişimlerinin hepsi başarısız olmuş olsa da o fikrinden hâlâ tamamen vazgeçmemişti. *Bhāva Darşan*'ın, isteğinin önünde engel teşkil ettiğini hissetmeye başlamış ve Subhagan'ın darşanın utanç verici bir şey olduğu fikrine o da katılmıştı. Onu endişelendiren diğer şey ise, kızının *Bhāva* sonrasında vücudunun bir taş gibi kaskatı kesilmesiydi. Anne, saatlerce yapılan masajın ardından ancak normale dönüyordu.

Sonunda Sugunanandan, Subhagan ile ortak fikirle *Bhāva Darşan*'a son vermek için eyleme geçti. *Devī Bhāva* esnasında tapınağı girdi ve Kutsal Anne'ye: "Devī, artık ufaklığın bedenini zapt etmeyi bırakmalı. Artık bu *Bhāva Darşan*'a ihtiyacımız yok. Kızımızı evlendirmek istiyoruz. Bana kızımı geri ver!"[11] diye seslendi.

Kutsal Anne ona üvey baba[12] diye hitap ederek sordu: "Bu senin kızın mı?" Hitap şeklini duyan ve zaten gergin olan babası daha da öfkelenerek bağırdı, "Evet! O benim kızım. Tanrıların ve Tanrıçaların hiç üvey babaları olur mu? Ben kızımı geri istiyorum!"

Kutsal Anne sakince cevap verdi: "Eğer kızını geri verirsem onun bir cesetten farkı olmayacak ve bedeni yakında

---

[11] İlahi Anne ailesi tarafından, haftanın üç akşamı Krişna ve Devī tarafından kontrol edilen, diğer günlerde ise sadece kaçık olan bir kız olarak algılanıyordu.

[12] O çok erken yaşlardan itibaren sadece Tanrı'yı gerçek Annesi ve Babası görüyordu. Diğerleri onun için üvey anne ve üvey babaydı.

çürüyecek. Onu evliliğe değil, toprağa vermek zorunda kalacaksın." Dinlemeye niyeti olmayan Sugunanandan: "Bırak Tanrıça ait olduğu yere gitsin! Ben çocuğumu geri istiyorum!" dedi. Anne o zaman "Öyle mi? Al o zaman kızını, işte burada!" dedi. Aynı anda Anne yere yığıldı ve bedeni kaskatı kesildi. Kalp atışı durdu. Gözleri açık olsa da, yaşama dair hiç belirti göstermiyordu. Ölmüştü. Tapınakta bir haykırış koptu. Darşan'a gelenlerin hepsi derin bir kedere boğuldu. Damayanti ve diğer kızları bayılıp yere düştüler. Sugunanandan'ın işlediği hata yüzünden Devī'nin Sudhamani'nin canını aldığı bilgisi hızla yayıldı. Herkes onu, Anne'nin zamansız ölümünden sorumlu tutuyordu.

Bedenin çevresine yağ kandilleri yerleştirildi. Doğa bile o anda sessizleşmişti. Sadıkların bir kısmı gözyaşlarına boğulurken, diğerleri kontrol edemedikleri duygularının etkisi ile ahmakça gevezelik ediyordu. Bazıları ise bedenin yakınına gelmiş, ellerini burun deliklerine götürerek, Anne'nin nefes alıp almadığını kontrol ediyordu. Hiç yaşam belirtisi yoktu. Doktor nabzını ölçmüştü. Ölmüştü. Korkunç bir andı.

Ölçüp biçmeden yaptıklarının sebep olduğu durumun dehşetini idrak eden Sugunanandan da ciğerini yakan bu acıya dayanamayıp bayıldı. Tapınak, matem havasının getirdiği sessizlik ile doldu. İmkânsız olanın cidden gerçekleştiği düşüncesiyle onu hayata döndürme umudundan vazgeçilmişti. Sekiz sonsuz saat geçmişti. Bilinci yerine gelen Sugunanandan, durumu ile yeniden yüzleşip, ağlayarak Kutsal Anne'ye yakardı: "Ey Devī! Sana yalvarıyorum, bağışla beni. Cehaletimden ötürü sarf ettiğim sözlerim için beni affet! Ne olur kızımı yeniden yaşama döndür! Hatamı bağışla! Bir daha asla böyle aşağılık bir şey yapmayacağım!" Yalvararak önce yere düştü, sonra da dizginlenemeyen bir ağlama ile tapınağın önünde secdeye kapandı.

Aniden, bir adanmış Kutsal Anne'nin bedeninde belli belirsiz bir kıpırdanma fark etti. Umut dolu bakışlarla Anne'yi izliyorlardı. Üzüntü gözyaşları sevinç gözyaşlarına dönüşmüştü. Anne hayata dönmüştü, ama *Krişna Bhāva* olarak! Bir Krişna aşığı olan Sugunanandan'a seslenerek "Şakti[13] olmadan Krişna da olamaz!" dedi.

Bu olay, babasının Tanrı'ya ve kızına yaklaşımını tamamıyla değiştirdi. Bir daha asla kızını evlendirmeye çalışmadı ve yapmak istediklerine karışmadı. Anne daha sonradan bu olaya şöyle atıfta bulundu:

"Kızını Devī'den geri almak konusunda kararlıydı. Ancak, gerçekten onların kızı olsaydı, onu yeniden hayata döndürme gücüne de sahip olurlardı. Ama bunu yapamadılar. Sahip olabilecekleri en fazla bu bedendi. O yüzden çocuğunu geri istediğinde, ona bedeni geri verildi."

---

[13] Kutsal Anne'de beden bulmuş, Kozmik Enerjinin dişil yönü

# 9. Bölüm

# Hakikatin Kılıcı

*"Çocuklar, bir insan ağacı kökünden kesse bile, ağaç ona gölge vermeye devam eder. Hakikat arayıcısı da böyle olmalıdır. Kendisine eziyet edenler için dahi dua eden kişi, gerçekten spiritüel biri olur. Manevi arayıcının en güçlü silahı, Hakikatin kılıcıdır."*

– Mātā Amritānandamayī

durvṛttavṛttaśamanaṃ tava devi śīlaṃ
rūpaṃ tathaitadavicintyamatulyamanyaiḥ

vīryaṃ ca hantṛ hṛtadevaparākramāṇāṃ
vairiṣvapi prakaṭitaiva dayā tvayettham

*Ey Devī, tabiatın gereği kötülere haddini bildirirsin;
Senin o eşsiz güzelliğin insan idrakının çok
ötesindedir; Gücün, tanrıların yiğitliklerini ellerinden
alanları yok eder; Böylece düşmanlarına bile
şefkatini gösterirsin.*

– Devī Māhātmyam, 4. Bölüm, 21. Dize

Görünüşe göre, Yüce Ruhların hepsi, sığ zihniyetlerin eziyetlerine epey dayanmak zorunda kalıyorlar. Ne var ki onlar tüm bunların üstesinden geliyorlar. Zira, yollarına atılan her bir taş ihtişamlarına ihtişam katmaktadır. Śrī Krişṇa, Śrī Rāma, Hz. İsa ve Śrī Buda'nın hayatları bu gerçeği birçok yaşanmışlıkla kanıtlıyor. Kutsal Anne'nin hayatı da muhteşem bir örnek. Artık üç sene geçmişti ve 1978 yılı itibariyle adananların sayısı hızla artıyordu. İnsanlar İdamannel'e Hindistan'ın her bir köşesinden, Kutsal Anne'nin mübarek darşanını almak için akın ediyordu. Sevenleri arttıkça, Kutsal Anne'yi karalama kampanyaları da artıyordu. Ancak hiçbir dünyevi güç Anne'nin ruhani görevini engelleyemezdi.

Bu dönemde İdamannel'e yaklaşan felaketi öngören bazı kötü alâmetler belirmişti. Subhagan, önceki denemesinin kötü sonuçlarına rağmen, kız kardeşini soğukkanlılıkla öldürme girişiminden caymamıştı. Kutsal Anne'ye karşı davranışları artık daha da kibirli ve düşmancaydı. Kendi bencilce fikirlerini tüm aileye empoze etmeye çalışıyordu. Dengesiz ve fevri tabiatından dolayı ailesi dahi ona karşı çıkmaya çekiniyordu. Adanmışların artan sayısı ve rasyonalistlerin dinmeyen ayaklanmaları onu sürekli geriyordu. *Bhāva Darşan*'a gelenlere yanaşıp onları darşan almamaları için sert bir biçimde taciz etmeye başlamıştı.

Ancak Subhagan, artık kaderin bir oyunu mu yoksa yaptıklarının meyvesi mi bilinmez, korkunç fil hastalığına yakalandı. Hastalığın ilk semptomları ellerinde ve bacaklarında baş göstermeye başladı. Çeşitli tedaviler görmüş olsa da hiçbiri onu iyileştirmemişti. Ölümcül bir hastalığa yakalandığı düşüncesi onu rahat bırakmıyordu. Ağır bir depresyona girmişti ve intihar eğilimleri gösteriyordu. Arkadaşlarına birkaç kez gerginliğini dile getirmişti. En sonunda insomnia (uykusuzluk hastalığı) oluştu ve uyku ilaçları almaya başladı. Fiziksel ve zihinsel rahatsızlıkların birikmesi sonucu Subhagan yavaş yavaş akıl sağlığını kaybetti.

Bir gün Kutsal Anne Damayanti'yi çağırdı ve: "Görünüşe göre Subhagan ömrünün sonuna yaklaşıyor. Çözüm olarak sessizlik yemini edebilirsin, ama yeminini bozman için çeşitli olaylar yaşayacaksın. O yüzden, ettiğin yemini uygulamak konusunda dikkatli ol." dedi. Damayanti, Anne'nin sözünü dinledi ve bir günlüğüne sessizlik yemini etti. Ne var ki daha günün yarısı ancak geçmişti ki ineklerden biri ipini kopardı ve ahırdan kaçmaya başladı. Damayanti yeminini unutarak bağırmaya başladı: "İnek kaçtı! Yakalayın!" Anne'nin Damayanti'yi yemini konusunda dikkatli olması için evvelinden uyarmış olmasından dolayı bunu kötü bir alâmet olarak algıladılar ve ailede endişe ile korku peydah oldu.

Bir gün, *Bhāva Darşan* için İdamannel'e gelmiş olan Müslüman bir kadın, öfkeli Subhagan'ın ağır sözlü tacizine uğradı. Subhagan'nın ahlâksız laflarını hazmedemeyen kadıncağız, koşarak kendini tapınağa attı ve gözyaşları içinde kafasını giriş kapısının eşiğine vurmaya başladı. "Anne... Ah Anne... Sana gelenlerin kaderi bu mudur?"

Müslüman kadının perişan hâlini ve gözyaşlarını gören Anne'nin yüzündeki o aydınlık gülümsemesi ani bir dönüşüme uğrayarak korkutucu bir hâl aldı. Bir elinde üç dişli mızrağı, diğerinde kılıcıyla, kutsal koltuğundan kalktı. Ciddi ve kalın bir sesle Anne, "Her kim bu haksız acıyı adanmışıma çektirdiyse, yedi gün sonra ölecek." dedi.

Sugunanandan, Anne'nin kehanetini duyunca hemen tapınağa koştu ve oğlunun terbiyesiz davranışı için özür diledi. Anne'ye, oğlunun canını sakınması ve onun yerine kendi canını alması için yalvardı. Ancak Anne sakince ona: "Ben kimseyi cezalandırmam. Bana hakaret edilmiş veya şiddet uygulanmış, umurumda bile değil. Ama eğer bir adanmış böyle bir tacizden dolayı acı çekiyorsa, bunu Tanrı bile affetmez. Herkes yaptıklarının bedelini ödemesini bilmeli. Bunun başka bir yolu yok." diye anlattı.

Yedi gün geçmişti. Subhagan, 2 Temmuz 1978 tarihinde, saat neredeyse gece yarısını göstermek üzereyken, kendini asarak intihar etti. Anne'nin kehanetinin farkındaydı ve geriye bıraktığı notta, intihar sebebini, çaresi olmayan hastalığının yaratmış olduğu dayanılmaz stres diye açıklıyordu. Subhagan'ın ölümü İdamannel hanesinde büyük bir kaosa neden oldu.

İnanmayan kesim, Kutsal Anne'ye karşı yaptıkları antipropaganda kampanyalarını güçlendirmek için bu fırsatı hemen kullandı. Subhagan'ın ölümü hakkında çeşitli uydurma hikâyeler yayıyor ve Sugunanandan'ın canından çok sevdiği en büyük oğlunu öldürdüğüne dair suçlamalarda bulunuyorlardı. Ancak ne kadar çabalasalar da yalan yanlış suçlamalarını doğrulayamadılar, çünkü ölümün intihar kaynaklı olduğuna dair yeterince kanıt mevcuttu. İntihar mektubu zaten Subhagan tarafından kendi el yazısı ile yazılmıştı ve kendisi bizzat bazı arkadaş ve akrabalarına niyetini anlatan mektuplar yazmıştı. Otopsi raporu intihar olduğunu ispatlayınca, yasal işlem başlatılmasına dair talep bile olmadı. Subhagan'ın intiharı, akrabaları birbirine kattı. İdamannel'e karşı duydukları nefreti ve uzlaşmazlığı, aile sanki hiç yokmuş gibi davranarak, ifade ediyorlardı. Aileye tüm destek kesilmişti ve hiçbir sosyal etkinliğe, bayrama, düğüne, ritüele ve törene davet edilmiyorlardı. Tüm akrabalar onlarla ilişkisini koparmıştı. Akrabalar komşu eve geliyor, ancak İdamannel tarafına başlarını dahi çevirmiyorlardı. Ataları için tören yapmak üzere, İdamannel'e yakın sahil kenarına geldiklerinde, adağı yaptıktan sonra orayı hemen terk ediyorlardı. Akrabaların bu muamelesi, zaten ağır yük dolu gönüllerine bir taş daha koyuyordu.

Subhagan'ın ölümü üzerinden on altı gün geçince *Bhāva Darşan* yeniden başladı. Sugunanandan Kutsal Anne'ye kalbi kırık bir edayla geldi ve oğlunu bu korkunç ölümden kurtarmadığına dair şikâyet ederken gözyaşlarına boğuldu. Anne: "Üzülme. Oğlun, üç sene sonra yine bu evde bir adanmış olarak yeniden dünyaya gelecek." diyerek onu teselli etti. Birkaç sene sonra Kasturi, evin en büyük kızı evlendi. İlk çocuğunu doğurmadan henüz çocuk karnındayken Kutsal Anne onun ismini 'Şiva' koydu. Anne, çocuğa erkek ismi verdiği için, bebeğin erkek olacağından emindiler. Ve öyle de oldu. Anne, bebeğin doğumundan sonra dedi ki: "Subhagan öldüğünden beri üç senedir ruhu hep bu aşram atmosferinde geziniyordu. Söylenen ilahileri ve Vedik mantra okumalarını duyduğu için ona 'Şiva' ismiyle aynı evde yeniden can verildi." Şiva çok zeki bir çocuktu ve çocukluğundan itibaren hep kutsal hece 'OM' mantrasını söyleyip, kendiliğinden meditasyona otururdu.

## Rasyonalistlerin Dönüşü

*Devī Bhāva'*nın başlamasıyla rasyonalistler daha kibirli ve düşmanca bir hâl aldılar. Şimdi de medyayı kullanarak insanları Kutsal Anne'nin bir akıl hastası olduğuna ve *Bhāva Darşan'*ın düzmece olduğuna inandırmaya çalışıyorlardı. Ne var ki Anne'yi ne kadar çok aşağılamak isteseler, o kadar çok başarısızlığa uğruyorlardı. Azimleri gerçekten hayret vericiydi! Bir gece yine Anne'yi darşan esnasında yakalayıp, tanrısal gücü ile alay edip, aşağılama planları yaptılar. Grubun iki bıçkın üyesi, bela yaratmak üzere epey sarhoş hâlde tapınak odasından içeri girdi. İçeri girmek için adanmışlarla birlikte onlar da darşan sırasına girmişti.

Anne o sırada *Devī Bhāva* için oturmuş ve yakınındaki adanmışlara: "Şimdi Anne'yi izleyin, size eğleneceğiniz güzel bir şaka gösterecek." diyerek sarhoşlara büyüleyici gülümsemesi ile bir bakış attı. O sırada, sarhoşlar, odanın giriş eşiğine gelmişlerdi ki önden ilerleyen felç olmuş gibi donup kalmıştı. Birkaç dakika o hâlde kaldı, yerinden kıpırdayamıyordu. İlerlemediği için sinirlenen hemen arkasındaki takım arkadaşı, neden tapınaktan içeri girmiyor diye ona sert bir tonla çıkıştı. Donmuş adam ise: "Görmüyor musun, önümde kaç kişi var? Tapınağın içi insan dolu!" diye öfkeyle cevap verdi. Öteki adam devam etti: "Aynı odun gibi olduğun yere saplanıp kaldın! Bu kız tarafından sen de mi hipnotize oldun?" Sarhoşların ağız dalaşı sonunda büyük bir kavgaya dönüştü ve İdamannel'i terk edip gittiler. Tıpkı Kutsal Anne'nin çoktan öngördüğü gibi.

Daha önce de bahsedildiği gibi, o dönemlerde evleri olan adanmışlar ibadet etmesi ve ilahiler söylemesi için Kutsal Anne'yi evlerine davet ediyorlardı. Anne'nin ziyaret edeceği evi öğrenen serseri takımı da hemen soluğu orada alıyordu. Bir akşam Anne, Parayakadavu'ya yirmi kilometre uzaklıktaki Panmana köyündeki bir evi ziyaret ediyordu. Aile üyeleri epey zamandır fiziksel ve zihinsel rahatsızlıklar yaşıyormuş ve bir türlü çözüm bulunamıyormuş. Çeşitli Tanrı ve Tanrıçalar için *pūjalar*[1] yapmış, ama bir sonuç alamamışlardı. Kutsal Anne'yi duyan aile *Bhāva Darşan*'a katılıp ondan yardım istemişlerdi. Şefkatli Anne evlerine gelip hastalıkları azaltacak özel bir *pūja* yapmaya ikna oldu. Ancak aile üyelerinden bazıları bu törene karşı çıkmış ve serseri takımına uyarak ibadeti bölmek için hazırlıklar yapmaya başlamışlardı. Amma'nın ziyareti esnasında aile üyelerinden biri kibir dolu bir edayla Anne'ye: "Ben de göreyim bakayım şu töreni. Dikkatlice hepsini izleyeceğim. Sonrasında da soracak birkaç sorum olacak." dedi. Anne de ona: "Bu 'Ben' dediğin şey sadece bedeninle mi sınırlı? Senin kontrolünde olan birşey mi?" diye sordu.

Saat gece ikiyi gösterirken, Anne *pūja* için tüm malzeme ve gereçlerin hazırlıklarını yapıyordu. Kibir dolu yorumu getiren kişi ise bilincini kaybetmişçesine derin bir uykuya dalmıştı. Adanmış olan diğer hane halkı ise durumdan çok memnundu. Tam *pūjanın* son adımı tamamlanmak üzereyken uyandı ve hemen ayaklandı: "Ay, ritüel bitti mi? Kaçırdım mı?"

"Evet, bitti." dedi Anne, "Çok dikkatli izleyeceğini söylemiştin. İzledin mi? Şimdi bu 'BEN' dediğimiz şeyin, aslında bizim kontrolümüzde olmadığını anladın mı? Uyuduğunda o senin 'BEN' dediğin nereye gitti?" Adam bembeyaz kesilerek başını öne doğru eğdi ve tek bir kelime dahi etmedi.

Ancak orada toplanmış olan inanmayanlar pek kolay vazgeçecek gibi değildi. Kutsal Anne'yi çok kaba ve mantıksız tavırlarla sorgulamaya başladılar. Anne her zamanki gibi keyifli tavrını koruyarak durumdan rahatsız olmazken, onunla birlikte gelen *brahmaçariye*[2] terbiyesizlikleri yetmişti. Anne'ye ricada bulundu: "Lütfen şunların ağzını kapatacak

---

[1] Çiçeklerle yapılan bir dua ritüeli
[2] Brahmaçari: bekârlık yemini etmiş, cinsel ilişkiden uzak duran Hakikat arayıcısı

bir şeyler göster. Yoksa bunların verdiği rahatsızlıklar bitmeyecek."

Birkaç dakika geçmemişti ki yakındaki mezarlıktan inanılmaz bir ateş topu yükseldi. Bir ateş küresinin çevresinde dans eden ateşten ışınlar belirmişti. Şaşkına dönen bu fitnecilere soru sorma sırası Anne'deydi: "Aranızdaki yiğitler, neden mezarlığı kadar bir gidip gelmiyorsunuz?" Anne'nin meydan okumasını kimse kabul etmedi. Birkaç dakika sonra, hepsi erkek adamdan çıkıp oğlan çocuğuna dönüşerek, korkudan tabanları yağlayıp kaçtılar.

Buna benzer bir başka olay da 1980 yılında Karunagapally'den Śrīmati İndira'nın evinde gerçekleşti. Karunagapally, Vallickavu'ya[3] on kilometre uzaklıktaki bir kasabaydı. İndira, Kutsal Anne'ye çok düşkün bir adanmıştı ve Anne'yi evine kutsallık bahşetmesi için davet etmişti. Her zamanki gibi rasyonalistler de buluşma saatinde oradaydılar. Aile üyeleri, kötü şöhretleri gayet iyi bilindiğinden, onları evin çevresinde görünce korktular ve serseri takımını dağıtması için Anne'ye dua ettiler.

Anne meditasyonda vecd hâlindeydi. Birkaç saniye içinde minik lambalar gibi duran birçok parlak ışıkla sarılmış, mükemmel parlaklıkta bir ışık küresi belirdi. Evin kuzey kısmında ortaya çıkan bu ışık küresi, ön kapıdan geçip güneye doğru süzülerek ilerlemeye başladı. Adanmışlar, şaşkınlık içerisinde Kutsal Anne'nin isimlerini söylemeye başladılar. Işık küresi, önce evin güney bahçesinde yer alan kutsal bilva ağacını[4] tavaf ettikten sonra, yavaş yavaş yükselerek sonunda gözden kayboldu. Hayretler içerisinde kalan ve bir o kadar da korkan inanmayanlar evi terk ettiler ve Anne'yi ilahiler

---

[3] Vallickavu, İdamannel evlerinin karşısında bulunan ana karadaki köydür. İlahi Anne'ye bazen Vallickavu Amma diye hitap ederler.
[4] Bilva Ağacı, literatürde Aegle marmelos olarak geçer. Hindistan'da kutsal bir ağaçtır.

söylerken bir daha asla rahatsız etmediler. Hatta bu olaydan sonra aralarından birçoğu Amma'nın adanmışı oldu.

## İşe Yaramayan Kara Büyü

O evin yakınlarında çok bencil bir büyücü yaşıyordu. Haftanın üç gecesi Kṛṣṇa ve Devī'nin ele geçirdiği, Parayakadavu'da yaşayan bir genç kız olduğu adamın kulağına gitmişti. Bunu duyan kara büyücü, bu hakimiyeti çabucak sonlandıracağı iddiasında bulunarak, kullanacağı efsunlu sözleri bile açıklamıştı: "Çok tesirli olan belli bir mantrayı, Hindistan cevizi ağacının yaprağını ortadan ikiye bölerek söylediğimde, kızın bedenini ziyaret eden Tanrı ve Tanrıçalarla bağını kopartacağım."

Böylece bir gün İdamannel'i ziyaret etti. Tüm hileleri sonuçsuz kalıp kibirlendiği amaca ulaşamayınca, egosunun acı tadı ağzında, geri dönmek zorunda kaldı. Ama vazgeçmedi. Anne'ye büyü yapmaya devam etti. Birkaç kere ona kem mantralar söylediği küller göndermiş, ama denemeleri yine başarısız olmuştu. Kısa bir süre sonra kendisi delirdi ve sokaklarda sürekli "Bana on paysa ver, on paysa[5] ver..." diyerek dilenmeye başladı.

Kutsal Anne'nin yaşadığı adada bulunan Arickal köyünde bir rahip vardı. Bir tapınak rahibi olmasının yanı sıra özellikle insanların içine giren kötü ruhları ve görünmeyen varlıkları kovmak konusunda çok iyi tanınan, usta bir büyücüydü. Görünen o ki Kutsal Anne'den hiç hoşlanmayan yaşlıca bir kadın, gizlice bu rahibe gitmişti ve onu Anne'nin güçlerini yerle bir etmesi ve İlahi Bhāva'ları sonlandırması için ikna etmişti. Büyüyü yapması için, Anne'nin ismini ve doğum yıldızını bir kâğıda yazarak rahibe vermişti.

---

[5] Hindistan'da en ufak para birimi. Yüz paysa bir rupi ediyor.

Aynı gün Anne'nin kadın sadıklarından biri rüyasında Kutsal Anne'yi görmüş ve Anne ona, bahsi geçen tapınağa gidip dua etmesini söylemişti. Ertesi gün Kutsal Anne'yi görmeye gelen sadık rüyasını ona anlatmıştı. Anne, "Oraya git ve sonra geri gel. Rüyanın önemini kavrayacaksın." demişti. Kutsal Anne'nin de iznini alarak, rüyasında gördüğü tapınağa doğru yol aldı. Bilmediği şey ise, tapınaktaki pederin Anne'ye kara büyü yapmak isteyen kişi olduğu idi. Dua ettikten sonra bir şeyler sormak için pederi bulmaya gitti. Adanmışı gören peder, yerinden kalkarak onu hemen yanına davet etti. "Buyrun, gelin. Lütfen oturun..." diyerek bir yandan yere bir mat seriyordu. Matın içinden tam sadığın önüne bir kâğıt parçası düştü. Kâğıdı yerden alırken üzerinde Kutsal Anne'nin isminin ve yıldızının yazılı olduğunu gördü. Kadın, kâğıdın ne anlama geldiğini ve büyücü-rahip ile rüya arasındaki ilişkiyi hemen anladı. "Ne yaptın sen? Anne'ye bir şey mi yaptın yoksa? Eğer ona bir şey olursa biz artık yaşayamayız!" diye göğsünü dövmeye ve ağlamaya başladı. Rahip, "Yok, yok, ben bir şey yapmadım. Dün buraya yaşlı bir kadın geldi ve o yeri yok etmem gerektiğine dair sürekli konuştu. Beni daha fazla rahatsız etmesin diye ondan bu kâğıdı aldım ve buraya koydum." diye durumu izah etti.

Rahibin samimiyetini gözlemleyen kadın sakinleşti ve ondan bir ricada bulundu: "Lütfen siz de gelin ve orada neler olduğunu kendi gözlerinizle görün. O zaman konunun aslının ne olduğunu siz de anlayacaksınız." Rahip ricasını kabul etti ve yakında gelip durumu doğrudan kendisinin göreceğini söyledi.

Söz verdiği üzere rahip bir akşam *Bhāva Darşan*'a geldi. Sevilmeyen rahibin geldiğini duyan kalabalık, tedirgin bir şekilde Anne ile buluşmayı bekliyordu. Kalabalığın arasında hem inanan hem de inanmayanlar vardı ve büyücünün Anne ile karşılaşması aralarında endişe yaratıyordu. Kimi "Bu rahip güçlü bir büyücü. Burada olup biten her şeye bir son verecektir.", kimi sadık ise "Hiçbir şey yapmayacak." diyerek aralarında konuşuyorlardı.

Rahip, yaşlıca bir kadınla gelmişti ve ona tapınağa girmeden tutması için bir paket dövülmüş pirinç[6] verdi. Rahip, eğer Anne ona gerçekten ilahi bir varlık olduğunu kanıtlayabilirse, onun adanmışı olacağına çoktan karar vermişti. Anne *Krişna Bhāva*'daydı. Ona bir avuç dolusu kutsal kül verdi ve sordu: "Bu mantrayı söylemek için gelmedin mi?" Ve sadece rahibin bildiği gizli bir mantrayı söyledi. Rahip şok olmuştu. Anne devam etti: "Sen Hanuman'a ibadet etmiyor musun? Onun ismini zikrettiğin aynı dilinle kötü mantralar söyleme." Rahibin dili tutulmuştu. Bu dünyada, onun *Upāsana Mūrti*'sinin (ibadet ettiği ilah) Hanuman olduğunu kimse bilmiyordu. Anne onun hayatındaki en büyük sırrını açığa çıkarmıştı. Ama Anne'nin henüz onunla işi bitmemişti. "Bir kadına dışarıda durup bir paket dövülmüş pirinci tutmasını söylemedin mi? Kuçela[7] da Śrī Krişna'ya hediye olarak dövülmüş pirinç getirmişti. Sen de aynı hediye ile gelmedin mi? Ama onunki farklıydı. Kuçela, Krişna'ya feragat ve hakikatin pirincini sunmuştu. Getirdiği pirinç taş ve kumla dolu olsa da Krişna için önemli değildi. O bakti ve pirinçte sadece Kuçela'nın saf aşkını ve kocaman kalbini gördü. Onun için pirinçte ne taşlar ne de kum vardı, o 'Ölümsüzlük Yemeği' idi. O yüzden Tanrı hepsini yedi. Sen pirinci komşundan niye ödünç aldın? Çeltik kabuğunu soyduktan sonra, neden taş ve kumla karıştırıp buraya getirdin?"

Rahip duyduklarına inanamadı. Yaptıklarının her bir ince detayının Kutsal Anne'nin ağzından döküldüğünü duyunca gözyaşlarına boğuldu. Derin pişmanlık içinde yaptığı kötülükler için özür diledi. O günden itibaren, Kutsal Anne'nin gerçek bir adanmışı hâline geldi.

---

[6] Yulafı andıran, dövülmüş pirinç taneleri
[7] Bhāgavatam yazıtında yer alan, Krişna'nın çok sevdiği adanmışı.

## Kör İnançları Durdurma Komitesi'nin Devam Eden İstismarları

Kör İnançları Durdurma Komitesi, Kutsal Anne'ye karşı daha da beter bir komplo planı hazırlamıştı. Tepedeki polis memurlarını ve hükümet otoritelerini etkileri altına alarak *Bhāva Darşan*'ı durdurmaya çalışıyorlardı. Bu kapsamda hem kamu hem de gizli soruşturmalar başlatılmıştı, ancak alınan tek sonuç çoğu soruşturmacının sonunda Anne'nin adanmışı olmasıydı!

Bir *Devī Bhāva* akşamında ilahiler esnasında yine sorun yaratmaya gelen fitneciler, bu sefer de şarkı söyleyen kızdan müziği kesmesini talep ettiler. Kız: "Ben şarkıma devam ederim. Benim Kutsal Anne'ye inancım tam." diye karşılık verdi. Sadıklar ve fitneciler arasında başlayan söz dalaşı, Sugunanandan'ın oraya varıp fitnecileri kovması ile son buldu.

Hemen akabinde Kutsal Anne babasını çağırıp ona önemli bir uyarıda bulundu: "Bize karşı dilekçe vermeye gittiler. Ben ilk, sen ise ikinci sanık olacaksın. Onlardan önce gidip yetkililere gerçek durum hakkında bilgi vermelisin." Anne'nin sözlerine aldırış etmeden: "Bize karşı dava açmazlar." dedi Sugunanandan, "Polis buraya gelmeyecektir." Anne'nin yoğun ısrarı sayesinde Sugunanandan sonunda polis merkezine gitti. Gidince Kutsal Anne'nin öngörüsünde ne kadar haklı olduğunu gördü ve kendi durumunu samimi ve berrak bir şekilde merkezde açıkladı. "Biz kimseyi kandırmıyoruz. Kızımın İlahi Hâller sergilediği doğrudur. Ancak kendiniz gelerek, durumun gerçek olup olmadığını anlayabilirsiniz. Adanmışlar gelip ilahiler söylüyorlar. Uydurma ve sahte hiçbir şey yok orada. *Prasādam*[8] olarak dağıtılan su çeşmeden, küller ise Oachira'dan alınıyor. Gökten düşen çiçekler yaratmıyoruz. Ağaçlardan ve çalılardan toplanmış çiçekleri sunuyoruz.

---

[8] Nimet; okunmuş gıda, su veya kül.

İlahi Hâller için ne reklam ne de tanıtım yapıyoruz. İnsanlar, *Bhāva Darşan*'ı deneyimleyen kişilerin anlattıklarını duyunca kendiliğinden geliyorlar. Her şeyden önce, tüm bunlar benim kendi evimde gerçekleşiyor. Orası sadece bana ait bir mülk ve bu imansızlar benim evime gelip olay çıkarıyor. Bu mudur adalet? Sizden, bizi bunlardan korumanızı rica ediyorum!" Sugunanandan'ın içten sözlerini ve dürüst tavırlarını gören memurlar tek söz söyleyemediler. Sahte dilekçe iptal edildi. Fitneciler ise daha da öfkelenerek misilleme olarak Anne'ye zarar vermek için yeni bir plan yaptılar. O günlerde Kutsal Anne, Devī ile birlik hâlini gösterdiği *Devī Bhāva*'nın sonunda tapınaktan çıkar ve vecd hâlinde dans ederdi. Bir gece, serseri takımı gelirken yanlarında bir sepet dolusu zehirli diken getirmişti. Dikenler hem çok keskin hem de çok zehirliydi. Bir tanesinin bile üzerine basılınca bayıltıyordu. Dikenleri mahallenin çocuklarına verip, Anne'nin her zaman dans ettiği yerlere dağıtmalarını söylediler. Özellikle *Dīparadhana*[9] esnasında yapmalarını tembihlemişlerdi, çünkü o esnada tüm dikkatler Kutsal Anne'de olacak, dikenleri dağıtan çocuklar böylece göze batmayacaktı. Çocuklar söyleneni aynen yerine getirdiler. Anne, tapınaktan çıktığında, sadıklara ne olduğuna dair bir sinyal vermiş ve oldukları yerde durmalarını işaret etmişti. Anne kılıcını ve trişul (üç çatallı) mızrağını kaldırmış, trans hâlinde dans ediyordu. Anne'nin dansı huşu uyandıran bir manzaraydı. Karşılarında kötülükleri yok eden Kālī Anne'nin dans ettiğini düşünüyorlardı. Tapınağın önündeki verandada dönerek dans ediyordu ki aniden kılıcıyla duvarda asılı duran resimlerin iplerini kesti. Çerçeveler yere düşmüş ve camları tüm verandaya yayılmıştı. Anne olanlara aldırış etmeden, yere saçılan cam

---

[9] Kutsal Anne, Devī hâlini aldığında, tapınağın önünde yakılan kâfurun önünde dalgalandırılması.

parçalarının üzerinde dans etmeye devam ediyordu. Sanki yerdekiler çiçek yapraklarıydı.

Kutsal Anne'ye zarar vermek isteyenler şok geçirmişlerdi, ama hâlâ ayaklarının dikenlerden kanamasını ve Anne'nin acıya dayanamayıp bayılmasını umut ederek izlemeye devam ediyorlardı. Verandadan inen Anne, doğrudan dikenlerin olduğu yere gelmişti. Kılıcının ucuyla yere bir çizgi çizdi ve kimsenin bu çizgiye geçmemesini söyledi. Kendisi çizginin üzerinden atlayarak, zehirli dikenlerin üstünde tepinerek dans etti. Serseriler gözlerine inanamadılar ve endişeyle mekânı derhâl terk ettiler.

Sugunanandan ne olduğunu anladığında ne yapacağını şaşırmış hâlde, kızının ayakları için ilaç arıyordu. Sonunda geri geldiğinde gördü ki kızının ayaklarında değil diken, hiçbir yaranın izi ya da bir çizik yoktu.

Bunca mucizeye şahit olan sözde rasyonalistler, Anne'ye karşı besledikleri haset ve düşmanlıklarından bir türlü kurtulamıyorlardı. Köylülerin ve sadıkların bakış açısı ile gerçekleşen olağanüstü olaylar birer mucizeydi. Ancak, Mutlak Hakikat'te kök salan Anne için hepsi birer çocuk oyunuydu. Ona karşı yapılan bu haksızlıklardan dolayı üzüntüyle Anne'ye sığınan sadıklara: "Çocuklar, ikilik olmayan dünya yoktur. Bu tür şeyler bizi etkilememeli. Anne'nin sadıkları tüm dünyada. Onlar bu gibi eylemlerden etkilenmeyecekler."

Kutsal Anne, sadıklarına ve aile üyelerine sakin ve sabırlı olmaları gerektiğini söyledi. Anne'nin nasihatinden ödün vermeden, rasyonalistlerin yaptığı kötülüklere sessizce şahit oldular.

Bir keresinde de rasyonalist hareketin bazı genç üyeleri İdamannel'e geldi. Kutsal Anne'nin Bhāva esnasındaki dansını taklit ederek, Anne'yi rezil edip adanmışlara bir ders vermek niyetindeydiler.

Onlar geldiğinde darşan çoktan başlamıştı. Anne ona gelenleri büyük bir aşkla karşılıyordu. Aynı zamanda, birkaç adanmışı çağırmış ve gelecek bir gencin onu taklit ederek dans etme niyetinden bahsetmişti. Sadıklara, onlara zarar vermelerini yasaklamış ve gerekli şeyleri söyledikten sonra onları dışarı göndermişti. Adanmışlar dikkatle bekliyorlardı. Bir süre sonra gençlerden biri şova başladı. Kutsal Anne'nin vecd hâlini taklit etmeye çalıştı. Bekleyen adanmışlar ise etrafını sarıp ona sorular sormaya başladı. Soruları cevaplayamayınca korktu ve yaptığı şeyin ciddiyetini kavradı. Tüm arkadaşları, oğlanı geride bırakarak kaçtılar. Kafası karışan genç en sonunda nehre atladı! Adanmışlar onu sudan çekip çıkardılar ve iyi bir fırça kaydıktan sonra gitmesine izin verdiler.

Rasyonalistler, tavan yapan hırslarına yenik düşerek sonunda bir katil tuttular. Katil, tapınağa girip *Bhāva Darşan* sırasında Anne'yi bıçaklayacaktı. Kıyafetinin altına sakladığı bıçağı ile tapınağa girince Anne ona kocaman bir gülümsemeyle baktı ve darşan vermeye devam etti.

Anne'nin tebessümü, garip bir şekilde onda sakinleştirici bir etki yapmıştı. Kendine gelip hatasını kavrayan adam, Anne'nin ayaklarına kapandı ve ona bağışlaması için yalvardı. Tapınaktan ayrılırken artık farklı bir adamdı. Ondaki değişimi fark eden köydeki arkadaşları, onun da Anne'nin büyüsüne kapılıp kapılmadığını sorduklarında, o onlara sadece gülümsemişti. Bu deneyim sayesinde, Kutsal Anne'nin çok yakın bir adanmışı olmuştu.

O dönemlerde Kusal Anne'nin yolda yürümesi iyice güç hâle gelmişti. Her bir adımda, sözlü tacizlerde bulunuyorlardı. Yolun iki tarafında durup onunla çok kaba bir şekilde dalga geçerlerdi. Köyün çocuklarına bile aynı şekilde davranmayı öğretmişlerdi. Eğer sabahın erken saatleri ise ağaçların ve çalıların arkasında saklanır, ona taş bile atarlardı. Bu ahlâksız tavırlar sadece Kutsal Anne'ye yönelik değildi, tüm aile bu acınası alayların hedefiydi. Bir aile üyesini gördüklerinde "Bak, bak, Krişna geliyor! Krişna geliyor!" diye bağırırlardı.

Eğer rasyonalistlerin akşam için bir planı yoksa tapınağı gelir, Anne hakkında yalan yanlış iddialarda bulunur ve suçüstü yakalamayı umarlardı. Bir keresinde bir adam Anne'ye gelip kör olduğunu söyledi. Anne işaret parmağıyla adamın gözünü çıkarıyormuş gibi hamle yapınca, adam geriye atladı ve "Ah" diye haykırdı. Böylece Anne sahtekârın foyasını meydana çıkarmış oldu.

Bir başka olayda da genç bir adam Anne'ye gelerek kolunda şiddetli ağrısı olduğunu söyledi. Anne'nin sözlerine kanıp koluna masaj yapacağını beklerken, Amma yanında duran *brahmaçari*den adamın kolunu ovmasını istedi. *Brahmaçari* koluna dokunduğu anda adamın Anne'ye bahsettiği yer müthiş acımaya başlamıştı. Acıdan kıvranan adam sergilediği çocukluk yüzünden Anne'den özür diledi. Anne'ye çamur atmak üzere gelenlerin hepsinin üzerinde kendi çamurları kalırdı.

## "Bugün Düşman Bildiğin Yarın Dostun Olur"

Sugunanandan, sürekli rasyonalistlerin bu anlamsız ve şeytanca tavırlarını duymaktan ve görmekten bıkmıştı. Bir *Devī Bhāva* gecesinde usanmış hâlde Anne'ye gitti: "Tanrı'nın verdiği mükâfat bu mu? İnsanlar, oğlumun katili olduğumu söylüyor! Köyde ayıplanmadan rahatça yürüyemez oldum. Acınacak hâldeyiz. Devī kötülük edenleri cezalandırmalı!"

Anne dedi ki: "Bekle ve gör. Bugünün düşmanı yarının dostu olur. O hâlde, kimi cezalandırmalıyım? Bugün sana karşı çıkanlar, yarın gelip senin kızınla evlenecekler. Her şeyin Tanrı'nın iradesi ile gerçekleştiğini bilerek kendini teselli et. Bir oğlun gitmişse, yarın binlerce oğlun gelecek." Damayanti de oğlunun ölümü sebebiyle derin kederdeydi. Kutsal Anne ona da: "Üzülme, ileride dünyanın her bir köşesinden bir sürü çocuk buraya gelecek. Onları, kendi çocukların gibi sev." dedi.

Kutsal Anne'nin geceleri ve gündüzleri ona gelen adanmışlara teselli vermeye ve yardımlarına koşmaya adanmış olsa da, kritik bir dönemden geçen ailesine hizmet ve yardım etmeye de zaman buluyordu. Dünyevi bakış açısıyla o henüz genç bir kızdı, lâkin binlerce sadığına ve kendi ebeveynlerine Hakikat ve doğruluk yolundan hiç sapmadan en adil şekilde davranmayı sürdürüyordu. Ailesine karşı tavırları ve onlarla ilgilenme şekli, aile sahibi sadıkları için ilham kaynağı oluşturuyordu. Anne, bir insanın hem spiritüel olup hem de hâlâ ailesine karşı görevlerini nasıl tarafsız ve saf olarak yerine getirebileceğinin eksiksiz bir örneği idi.

Sugunanandan'a sahip olduğu balıkçılık işi çok kâr getirmiyordu. *Bhāva Darşan* ülkenin her bir yanından kalabalık grupları evine getirmeye başlayınca işi tamamen bıraktı. Köylülerin saldırıları ve peydah olan diğer sorunlarla yüzleşirken işine odaklanması zaten mümkün olmuyordu. Tüm zamanını İdamannel'de geçirmek zorunda kalıyordu. Pek dert etmiyor gibi gözükse de henüz evlendirmediği üç kızı vardı. Oğulları okuldaydı. Zaman zaman aileden birinin yaşadığı bir hastalık yüzünden ilaca ihtiyaç duyuyorlardı.

Bu noktada, Sugunanandan muhtemelen yaşadığı endişe ve stres yüzünden 1979 yılının başlarında hastaneye kaldırıldı ve akabinde hemen ameliyat oldu. Kollam şehrinde yer alan hastane, yaşadıkları Vallickavu köyünün 35 kilometre güneyindeydi. Evin işleriyle ilgilenecek ya da Sugunanandan'a hastanede bakacak kimse yoktu. Tüm akrabaları onlar için ölü sayılırdı. Kasturi uzakta çalışıyordu. Damayanti ise romatizma yüzünden yataklık olmuştu. Ailenin erkek çocukları ise ya çok gençlerdi ya da okulla meşgullerdi. Tüm sorumluluk Kutsal Anne'nin omzuna binmişti.

Darşan günlerinde adanmışlar öğlen bir gibi gelmeye başlardı. Saat dört gibi Anne, ilahiler söyleyerek başlar ve sonra *Bhāva Darşan*'a geçerdi. Darşan bazen ertesi gün, sabah sekize, dokuza kadar sürerdi. Gelen herkesi karşılayana kadar

Anne yerinden kalkmazdı. Aynı zamanda, ona gelen ruhsal arayıcılara da rehberlik ederdi. Darşan bittikten sonra Anne, daha önce uzun yıllar yaptığı gibi evin tüm işlerini yapmaya girişirdi. Okula gidecekleri hazırlar, onları okula gönderirdi. Sonra evin bütün işlerini tamamlar ve Kollam'daki hastanede bulunan Sugunanandan'a yemek ve diğer ihtiyaçlarını götürürdü.

Tabii ahlâksızlar hiçbir şansı kaçırmıyordu. Anne Kollam'a gitmek üzere köyde yürürken ona sataşıp taş atıyorlardı. Peşinden "Krişna, Krişna..." diye bağırıyorlardı. Sessizce tüm bu terbiyesizce hareketlere katlanırken "En azından bu şekilde Tanrı'nın ismini zikrediyorlar." diye düşünürdü. Bir keresinde aralarından biri üzerine atlamaya çalışmıştı. Ne var ki, tam hamle yaptığı anda ayağa kayıp yol kenarındaki bir hendeğe düştü.

Sugunanandan yavaş yavaş iyileşirken, bu sefer de Damayanti ve onun ardında da Suresh hastaneye yatırılmıştı. Anne hem evin işlerine yetişiyor hem de hastanedeki aile bireylerine bakıyordu.

Aile içinde kaos ve kafa karışıklığı hakimdi. Ancak durum ne olursa olsun Anne, şefkat ve sükûnet dolu dayanıklılığı ile ailenin temel direğini oluşturuyordu. Durumu hayal edin. Olay yaratan Subhagan'ın intiharı, onlara sırt çeviren akrabalar, rasyonalistlerin düşmanca tavırları, *Bhāva Darşan*'a akın eden binlerce adanmış ve evdeki bekâr üç genç kız. Bu durumda kimsenin evlilik teklifi getirmemesi de aslında çok garip değildi. Onlara uzaklardan kız istemeye gelenler, İdamannel'e ulaşana kadar köy halkı tarafından tekliflerinden vazgeçiriliyordu. Bu sebepten, birkaç müstakbel damat adayı geri vites yapmıştı.

Bir gün Sugunanandan Kutsal Anne'ye konuyu tekrar açtı: "Bhāva Darşan, onuruma leke sürdü. İdamannel dışına çıkamıyorum. Tüm köy ve akrabalarım benden nefret ediyor. Kızlarımı evlendiremiyorum. Ben ne yapacağım?"

"Başına gelenlerin sorumlusu *Bhāva Darşan* değil." diye yanıt verdi Anne, "Her şey ilahi iradeye göre hareket ediyor. Her şey doğru zamanda gerçekleşecek. Endişelenmene gerek yok." Ama Sugunanandan bu sefer teselli olmadı. Öfkeyle "Zehir içip öleceğim." diye bağırdı. Bunu duyan Anne, Tanrı-ça'nın resmine dönüp gözyaşlarıyla "Ey Şefkatli Anne, ben bu insanlara sadece keder mi getiriyorum?" diye sordu.

Anne İdamannel'den ayrılmaya karar verip bunun için hazırlık yapmaya başladığı her seferinde gizemli bir şekilde planlarının önüne bir engel çıkıyordu. Sugunanandan bir kez daha Anne'ye endişe ile açıldı. Anne bir kez daha: "Üzülme, kızlarının düğünü en kısa zamanda gerçekleşecek." diyerek garanti verdi.

Bir ay geçmemişti ki Anne'nin öngörüsü gerçekleşti. Hiç beklemedikleri bir aileden Sugunamma için bir evlilik teklifi geldi. Kutsal Anne'ye ölümüne düşman olan bu ailenin oğulları, üstelik rasyonalistlerin elebaşlarından biriydi. İşin garip yanı, söz kesildikten sonra Sugunanandan geri çekilmişti ve düğünün tüm hazırlıkları Kutsal Anne'ye kalmıştı! Her zaman mükemmel bir dengede olan Kutsal Anne, giriştiği her işte verimliydi ve hiçbir şey bunu sarsamaz gibi görünüyordu. Evlilik töreni sorunsuz bir şekilde akarken, Sugunanandan'da kenarda durarak her şeyi sadece izleyebilmişti.

Kutsal Anne'nin, "Bugün düşman bildiğin yarın dostun olur." sözü gerçek olmuştu ve bu söz kendini diğer kızlarının evliliklerinde de ispatlamıştı.

Malayālam dilinde bir deyim vardır: "Evin önünde yetişen yaseminin kokusu olmaz." Yani, kişi büyük ve ünlü biri olsa bile, geldiği yerde kimse bunun farkına varmaz. Pek çok asil ruh bu atasözünün gerçeğini acıyla yaşamıştır. Kutsal Anne buna istinaden şöyle der:

"Diyelim ki biri radyoda çok güzel bir şarkı dinliyor. Şarkı-nın tatlı melodisi ona keyif verirken odaya yakın bir arkadaşı giriyor ve 'Şarkıyı kim söylüyor, biliyor musun? Bizim komşu,

Shankar.' diyor. Şarkıdan az önce keyif alan adam hemen radyoyu kapatıp, 'Ne biçim bir şarkıcı bu böyle? Berbat söylüyor!' der. Çocuklar, işte insanların tavrı böyledir. Tanıdıkları ve her zaman birlikte oldukları birini kabul etmekte zorlanırlar." Aynı durum Kutsal Anne için de geçerliydi. Anne'nin içinde olup karşılaştığı koşullar nezaketten çok uzaktı. Balıkçı ahalisinden gelen kız, kimse tarafından desteklenmiyordu. Ülkenin diğer bölgelerinden gelen adanmışlar, bu cahil ve kültürsüz köylülere karşı hiçbir şey yapamıyordu. Bunun yanında çoğu adanmış, Kutsal Anne'nin sadece *Bhāva Darşan* esnasında Krişņa ve Devī tarafından ele geçirildiğini düşünüyordu. Anne'nin Tanrı Hakikati'ne varmış hâlinin derinliğini ya da birliğini idrak edemiyorlardı. Ayrıca ilk zamanlarda gelen adanmışların çoğu, manevi arayışlarından ziyade, dünyevi arzularına ulaşmak için geliyordu. Eğer Anne'ye başvurdukları dilekleri gerçekleşmezse, bir daha gelmiyor ve adanmışlıkları orada sona eriyordu. Anne'nin kendine ait ne bir kuruşu ne de bir yeri vardı. Kendi aile üyeleri dahi onun isteğinin ve iradesinin karşısında duruyordu. Herhangi bir şekilde ne yardım ediyorlardı ne de yüreklendiriyorlardı.

Bir keresinde, Anne'nin *sādhanā* günlerinde ve sonrasında yüzleşmek zorunda kaldığı zorlayıcı sınavlar ve yaşadığı sıkıntılar sorulmuştu. Hakikate ermek için bu kadar acıya nasıl dayanacaklarını düşünüp oraya varıp varamayacaklarından şüphe ediyorlardı. Anne, Tanrı'yı idrak etmenin en zor koşullarda bile mümkün kılınabileceğini kendi hayatıyla örneklemiştir.

Kutsal Anne'nin tüm bu öfke fırtınalarının ve düşmanlıkların ortasında bir aşram ortaya çıkarması, mucize kabilinden.

# 10. Bölüm

# Ebedî Mutluluğun Annesi

*"Anne'nin her daim her yeri kuşattığını bil. Anne'nin Özü ile senin Özünün bir olduğuna inancın tam olsun. Çocuklar, sizi doğuran anneniz bu yaşama dair meselelerinizle ilgilenir; gerçi günümüzde bu bile azdır. Anne ise, senin elinden tutup, gelecek tüm yaşamlarında sonsuz mutluluğun tadını çıkarmanı amaçlıyor."*

– Mātā Amritānandamayī

**Trailokya sphuṭa vaktārodevādyasura pannagāḥ
guruvaktra sthitā vidyā gurubhaktyā tu labhyatye**

*Guru'nun Bilgeliği öğrenilemez
Üst âlemlerin Tanrılarından bile;
Guru'nun bilgisi içinde uyanır
Gurusuna en saf aşkla hizmet sunanın.*

– Guru Gītā, 22. Dize

## Bir Grup Genç

*"Çocuklar, meltemin serinliği, ayın ışınları, uzayın
sonsuzluğu ve kâinattaki her bir şey; bunların hepsi
Mutlak Bilinç ile kuşatılır. İnsanın hayata geliş amacı,
bu Hakikate ermek ve onu deneyimlemektir. Mevcut
karanlık çağda, her şeyi terk eden bir grup genç
manevi ışığı tüm dünyaya yaymak için yola çıkacak."*

– Mātā Amritānandamayī

1976 yılının başlarında, Unni Krişṇan adında yirmi yaşlarında
bir genç Alappad köyünden kalkıp Kutsal Anne'yi görmeye
geldi. Bir dilenciye benziyordu. Evi ve ailesi olmasına rağmen,
onları çok az ziyaret ediyordu. Kutsal Anne ile tanıştıktan
sonra ruhani bir yaşam sürmeye karşı büyük bir açlık çek-
meye başlamıştı. Kutsal Anne bunu fark etmişti ve bir sene
sonra onu tapınaktaki günlük ibadetler ile görevlendirip,
İdamannel'de yanında kalmasına izin verdi. Genç, Anne'nin

ona öğrettiği gibi, günlerini ufak mabedin içinde günlük ibadetlerini yaparak ve Śrī Lalita Sahasranāma [1]'yı okuyarak geçirirdi. Kutsal metinleri okumak ve ilahi aşk şiirleri yazmak gibi başka manevi pratikler de uygulardı. Geceleri ise tapınağın verandasına yalnızca ince bir peştamal serer ve onun üzerinde uyurdu. O kadar sessiz ve sakindi ki ziyaretçilerin hiçbiri onun burada kaldığını bilmezdi. Unni Krişṇan gelecekteki aşramın ilk daimî sakini oldu.

1978 senesinin sonunda, çekirdek aşram grubu kalabalıklaşmaya başladı. İyi eğitimli, evlerini ve dünyevi hayatı terk edip, tek amaçları Tanrı Hakikati'ne ermek ve insanlığa hizmet etmek olan başka gençler de Kutsal Anne'nin ayaklarına sığınıyordu.

Kutsal Anne'nin etkili kişiliği ve her şeyi kucaklayan sevgisine çekilen bu gençler, büyük zorluklara rağmen ruhani bir yaşam sürmek için ondan ilham aldılar. Çoğu Haripad [2] köyündendi ve üst sınıf ailelerden geliyordu. Kutsal Anne ile tanıştıktan sonra, yaşamlarında asıl arzuladıkları nihai amacın Anne'nin onlara gösterdiği yol olduğunu güçlü bir inançla biliyorlardı.

Bir ay içinde Śrīkumar, Rameş Rao, Venugopal, RamaKrişṇan and Balagopalan (Balu) [3] Kutsal Anne ile görüşüp ondan alçak gönüllülükle seçtikleri bu nihai amaca doğru onlara rehberlik etmesini istemişlerdi. Ancak Sugunanandan onları Kutsal Anne'nin yanında sürekli kalmaktan caydırdı. Henüz kızlarını evlendirmediği için buna gönüllü değildi. Tüm genç arayıcılar ya hâlâ üniversiteye gidiyor ya da çalışıyordu. Bir tek Balu'nun dışında; o üniversite eğitimini yeni tamamlamıştı. Hayatlarındaki sorumluluklarını yerine

---

[1] Kutsal Anne'nin bin isminden oluşan ilahi mantralar.
[2] Vallickavu'nun 20 kilometre kuzeyindeki bir kasaba.
[3] Kutsal Anne tarafından geleneksel sannyāsa inisiyasyonu aldıktan sonra ismi Swami Amritasvarupananda Puri olarak değişti.

getirirken, neredeyse her gün ya da gün aşırı Anne'yi görmeye geliyorlardı.

Ekseriyetle, gençlerin dünyevi hâlden Tanrı arayıcılarına ani dönüşümü, kendi aileleri ve arkadaş çevrelerinde bir karışıklığa yol açtı. Onların gözünde Kutsal Anne, ustaca büyü yapan ve oğullarını hipnotize eden bir cadıydı. Her bir açığı değerlendiren rasyonalistler şimdi de buna tutunmuştu. Kutsal Anne'ye karşı halkı kışkırtan sansasyonel hikâyeler yaymaya başlamışlardı.

Gazetelere çıkan bu uydurma haberler, adanmışları ve gençleri endişelendiriyordu. Anne onların bu endişesini öğrenince bir kahkaha patlattı: "Bizler, bir parça kâğıda basılan o harfler ve sözler değiliz. Böyle gereksiz şeylere zaman harcamayın ve spiritüel pratiklerinize devam edin. Bugün karşı çıkanlar, yarın adanmışlardan olacaktır." Anne'nin öngörüsü günler geçtikçe bir bir gerçekleşiyordu.

Aynı yılın Kasım ayında üniversite öğrencisi bir genç Amma'yla tanışmak üzere İdamannel'e geldi. Anne'yi ilk görüşü bile onda büyük bir dönüşüm sağlamıştı. Ne zaman fırsat bulsa, Anne'yi ziyaret etmeye geliyordu. İçinde dünya hayatını terk ateşi yanmaya başlamış ve spiritüel pratiklerine devam edebilmek için nerede kalabileceğine konusunda Kutsal Anne'ye danışmıştı. Çünkü Sugunanandan'ın Anne'nin yanında kalmak isteyenleri kovaladığını biliyordu. Bir akşam Sugunanandan tarafından da iyi bir fırça yemiş ve İdamannel'i terk etmesi istenmişti. Kalbinde büyük bir sızı ile Kutsal Anne'den pratiklerine devam edebilmesi için uygun bir yer önermesini istedi. Anne ona, büyük ermiş Ramana Maharşi'nin mekânı, Tiruvannamalai'ya gitmesini önerdi ve 41 günlük bir sessizlik yemini etmesi talimatını verdi.

Gitmeden evvel Anne'ye şunları sormuştu: "Anne, eğer Sugunanandan adanmışlara bu şekilde davranmaya devam ederse, burası nasıl bir aşrama dönüşebilir? Ne sana ne de senin yanında kalmak isteyenlere hiç nazik davranmıyor.

Anne, bugünlerde ne çok zorluğa katlanıyorsun! Senin acı çektiğini görmeye dayanamıyorum. Sana bakacak, ihtiyaçlarını giderecek kimse yok mu?" Anne, "Üzülme, sen Tiruvannamalai'dan döndükten sonra her şey yoluna girecek. Orada hem Anne'ye hem de gelecekteki aşrama bakacak olan insanlar var. Başka ülkelerden gelen çocuklarım beni görmek için sabırsızlıkla bekliyor. Sugunanandan'ın sizleri tüm sevgi ve şefkatiyle karşılayacağı günler yakın." diyerek onu teselli etti.

Sonra genç adam Anne'den günlük rutin pratiklerini takip edebileceği bir saat ve mantra zikri için Rudrakşa tohumlarından bir tesbih istedi. "Anne'den böyle şeyler isteme. Hatta böyle şeyler düşünme bile. İyi bir arayıcı asla yerinden kıpırdamaz. İhtiyacı olan her şey ona gelir. Örümcekle yılana bak. Av arayışına çıkmazlar. Örümcek sessizce ağında otururken, küçük sinekler kendiliğinden gelir ve onun ağlarına takılırlar. Kullarına göz kulak olmak Tanrı'nın görevidir. Her şeyini O'na teslim et ve O'na ada. Arunaçala'ya git ve ihtiyacın olan her şey sana gelecek." diyerek Anne onu yolcu etti.

Anne'nin görüntüsünü gönlüne ve sınırsız sevgisini zihnine mühürleyen genç adam Tiruvannamalai'ya doğru yola çıktı. Cebinde sadece arkadaşının verdiği yol parası vardı. Tanrı Şiva'nın uğurlu mekânına varınca, önce birkaç gün kutsal Arunaçala dağında bir mağarada kaldı. İlk iki gün sadece yaprak yiyerek ve su içerek yaşadı. Üçüncü günün akşamı, 'Amma' diye feryat ederek açlıktan bayılmıştı. Anne'ye yazdığı bir mektupta olayı aktarıyordu. "Akşamüstü saat beş sularında açlıktan bayılmışım. Yarı baygın bir hâlde dağda yatıyordum. O anda net bir biçimde Anne'nin sesini duydum: 'Oğlum!' Birinin nazikçe alnımı okşadığını hissettim. Gözlerimi açtığımda, Anne'yi beyaz giysileri içinde karşımda buldum. Gördüklerim karşısında çok heyecanlanmıştım!"

Kutsal Anne bu mektubu aldığında, adanmışlar anladılar ki Kutsal Anne'nin Vallickavu'da bir anda "Ah benim oğlum!"

diye bağırışı ve yanındaki adanmışa dönüp, "Oğlum Tiruvan-namalai'da üç gündür açlık çekiyor ve şu anda beni görmek için ağlıyor!" demesi tam o anda gerçekleşmişti. Bu olaydan sonra genç arayıcı bir daha yemek bulmakta hiç zorlanmadı. Ruhsal pratiklerini yapmak için uygun bir yeri olmayan genç, gündüzlerini dağda, gecelerini de tepenin eteğinde uyuyarak geçiriyordu. Dağdan aşağıya inerken tanıştığı ilk kişi Gayatri isminde Avustralyalı bir kadındı. Birkaç gün sonra ise Reunion Adası'nın yerlisi olan Hint asıllı Madhusudhana[4] ile tanıştı. Üçü de onları birbirine kenetleyen bir sevgi akışı hissetti. Amma'nın sözlerini hatırlayarak, bu ikisinin de Anne'nin çocukları olduğuna dair güçlü bir duyguya kapıldı. Onlara Kutsal Anne'den bahsetmeye başladı ve onun ufak bir fotoğrafını gösterdi. Gayatri, Anne'nin mutluluk saçan ve parıldayan gözlerine vurulmuştu.

Gayatri düzenli şekilde meditasyon yapmaya çalışsa da ruhsal olarak ilerlemesinden memnun değildi. Kutsal Anne'nin fotoğrafını gördükten ve koşulsuz sevgi ve şefkatini duyduktan sonra Gayatri ilk ruhani deneyimini yaşadı. Kendi ifadesiyle şöyleydi: "İçimde bir ışık parlaması gördüm ve o ışıkta Anne'nin canlı suretini fark ettim. Bir anda içimden 'Amma! Amma! Amma!' yakarışı yükseldi. Sonra tüm düşünceler yok oldu ve zihnimde derin bir sessizlik hâkim oldu. Gözlerimi açtığımda saate baktım, yirmi dakika geçmişti. Bense o sürede hiçbir şeyin farkında olmamıştım."

Kutsal Anne'nin varlığını duyunca yaşadığı mutluluğu paylaşmaya can atan Madhu, bu mutluluğu Nealu adından Amerikalı bir adanmış ile paylaştı. Nealu, tabiatı gereği çok tefekkür ederdi. Ruhani üstadı, Śrī Ramana Maharşi'nin doğrudan öğrencisiydi, ama o dört sene evvel vefat etmişti. Hocasına hizmet eden Nealu son on bir senedir Tiruvannamalai'da yaşıyordu. Bu dönemde midesinde ve omurgasındaki akut

---

4 Br Prematma Chaitanya.

ağrılar sebebiyle genelde yatağa bağlı bir hayat yaşıyordu. Ne oturabiliyor ne yürüyebiliyordu. Doktorlar hastalığının sebebini veya çaresini bulamıyordu.

Nealu, gencin meditasyon için uygun yer bulamadığını öğrenince, kullanması için ona hocasının kulübesini sundu. Genç ona Kutsal Anne'den bahsedince Nealu'nun ilgisini başta pek çekmemişti. Şimdiye dek birçok büyük erenle karşılaşmıştı ve onun tek derdi hastalığını iyileştirip *sādhanās*ına geri dönmekti. Aklında bu düşüncelerle sessizlik yeminini tamamladıktan sonra gençten onu Kutsal Anne'ye götürmesini istedi. Nealu, genç *sādhak*'a (Hakikat arayıcısı) ruhsal pratiklerinde yardımcı olabileceğini düşündüğü bir saat ve rudrakşa mālā hediye etti. Kutsal Anne'nin her şeyin istemeden geleceğine dair sözlerini hatırlayan genç çok duygulandı ve büyük bir hevesle sessizlik yeminini başlattı.

Bir gün, Arunaçala Dağı'nı tavaf ederken, Tamil mantralar söyleyip bir grupla birlikte ilerleyen uzun boylu, beyaz bir adam gördü. Śrī Ramana'nın doğum günü kutlamasıydı. Bakışlarını adama doğru yönlendirdiğinde, adamın da ona hafif kibirli bir edayla baktığını gördü. Genç *sādhak*, "Kibirli de olsa o da Kutsal Anne'nin oğlu gibi duruyor." diye düşündü. Adam, daha sonradan Kutsal Anne'nin yanında kalmak için gelecek olan, Ganga isimli Fransa'dan bir adanmış idi.

Kırk bir gün süren sessizlik yemininin ardından, genç sadık ve Nealu, Vallickavu'ya doğru yolculuğa çıktı. Nealu'nun Kutsal Anne ile ilk karşılaşması çok anlamlıydı[5]: "Orada geçirdiğim ilk dört gün bana cennetteymişim hissini verdi. Anne'nin huzurunda deneyimlenen mutluluk ancak böyle tanımlanabilir! Bir *Devī Bhāva* akşamının sonunda, Anne tapınağın kapısında duruyordu. Ben de ellerim göğsümde kavuşmuş, neşe ve saadet ile doluydum. O anda Anne'nin

---

[5] Ayrıntılı anlatım, Swami Paramatmananda, "Özgürlüğe Giden Yolda" kitabında bulunabilir.

fiziksel görüntüsü kayboldu ve her şeyi kuşatan bir ışık parlaması gördüm. Işığı her yere yayılan, gözleri kamaştıran parlaklık aniden bir ışık küresine dönüştü ve beni de içine aldı. Üç gün boyunca, bu ruhani sarhoşluk deneyiminden dolayı uyuyamadım. Ondan sonra, gecem gündüzüm Kutsal Anne oldu. Başka hiçbir şey düşünemiyordum. Ömrümün sonuna kadar onun yanında kalıp hizmet etmeye ve rehberliğini almaya karar verdim."

Gençle birlikte Tiruvannamalai'a dönen Nealu, işlerini yoluna koyunca, Kutsal Anne'ye hizmet etme aşkı ile dolu olan Gayatri ile birlikte Vallickavu'ya geri döndü. Tuhaf olan ise, Sugunanandan'ın onları kendi çocuklarıymış gibi karşılamış olmasıydı. Nealu'nun üç senedir hastalığından dolayı çektiği acılar bir nebze azalmış ve ufak tefek işler yapmaya başlamıştı.

Tiruvannamalai'dan dönünce isteğini Kutsal Anne'ye açtı: "Buradan gitmek istemiyorum. Sonsuza kadar, mütevazı hizmetkârın olarak kalmak istiyorum." Anne ona, "Oğlum, benim kendime ait bir santim bile toprağım yok. Git babaya sor. Zaten bir yere ihtiyacımız var." dedi.

Sugunanandan onlara, içinde hasırdan gösterişsiz bir kulübe bulunan, ufak bir toprak parçası bağışladı. Herkes bu duruma çok şaşırmıştı. Alanın ölçüsü yaklaşık 3 metreye 5,5 metre idi. Alanın bir köşesi, Kutsal Anne'ye içecek hazırlamak için mutfak olarak kullanılıyordu. Günlük yemekler ise hâlâ evde hazırlanıyordu. Kulübe, Kutsal Anne ile birlikte Nealu, Balu ve Gayatri'ye barınak olmuştu. Bu, aşramın gayriresmî açılışı kabul edilebilirdi.

Kutsal Anne ile ilk buluşmasının ardından, Balu evini terk etmişti ve artık tüm zamanını Anne ile geçiriyordu. Sugunanandan'ın ona da İdamannel'e yerleşme izni vermesi büyük şanstı. Nealu da Tiruvannamalai'dan dönünce, birlikte İdamannel'e yerleştiler.

Nealu ve Gayatri'nin gelişinden sonra, Ganga ve Madhu da Kutsal Anne'nin dizinin dibine yerleşti. Sahip oldukları tüm mal varlıklarını Kutsal Anne'ye aşkla bağışlamak istemiş olsalar da, Anne: "Benim servetim, sizin saf bir kişilik ve ruhsal mükemmellik elde etmenizdir. Kişi kendindeki Özü idrak ederse, O'nu her şeyde görür. Tüm dünya onun olur." diyerek bunu reddetti.

Bir gece yakın komşuları, Ganga'yı uyandırıp fenerini ödünç istemişti. Adamın kızı astım krizine girmişti ve hemen hastaneye yetiştirilmesi gerekiyordu. Birkaç saat sonra adam geri geldi ve feneri teslim etti. Ertesi sabah Ganga olayı Anne'ye anlattı ve uykusu bölündüğü için o anda adamın kafasını kırmak istediğini ekledi. Böyle söylediği için Anne ona kızdı:

"Sen ne biçim ruhsal arayıcısın? Buraya gelene kadar yıllarca spiritüel bir hayat sürerek ne elde ettin? Meyvesi bu mudur? Bilgi Yolu'nda (Jñāna Yoga) ilerlediğini düşünen biri olarak, her şeyde kendi Benliğini görmelisin. Şayet durum buysa, o adama nasıl sinirlenebilirsin ki? Ayağına sivri bir diken battığında, canın acımıyor mu? Dikeni çıkartmak istemez misin? Adamın kızını kurtarma telaşını bir düşünsene. Tüm canlıların çektiği acı ve ızdırabı kendininmiş gibi hissetmelisin. Ancak o zaman zihnin, genişleyip gökyüzü gibi olabilir ve her şeyi eşit şekilde barındırabilir. Bunun için ise zihnin bir çocuğun masumiyetine erişmeli. Bu da yalnızca Tanrı'ya saf bir adanış ile mümkün olur."

Ganga alaycı bir sesle, "Adanmışlık zihinsel olarak hiç de tatmin edici değil. Adanmışlık Yolunu (Bhakti Yoga) izlemek belirli bir zayıflık göstergesidir. Şarkı söylemek ve ağlamak gibi bu duygusal zırvalar nedir? Ben bunu yapamam. Śrī Ramana, Adanmışlık Yolu'nu hiç tavsiye etmiyor. O sadıklarına sadece Bilgi Yolu'nu önerirdi. Ben, akla hitap ettiği için Bilgi Yolu'nu yeğlerim. O bana daha inandırıcı geliyor." diye yanıtladı. Ganga'nın Anne'ye vardığındaki adanmışlık yolu bilgisi bundan ibaretti.

Anne gülümseyerek karşılık verdi: "Bilgi Yolu'ndaki pratiğinin meyvesine az evvel şahit oldum. Eğer elde ettiğin buysa, fedakârlık ve feragat dolu bir hayat sürmene hiç gerek yok. Duyularından elde edeceğin tüm zevklerin tadını çıkarabilirsin! Sen Śrī Ramana'nın yazdıklarının ve onun hakkında yazılanların hepsini okudun mu? Eğer okumadıysan, lütfen oku. Onun adanmışlıkla dolu birçok eseri var. Hatta kendisi Tanrı Arunaçala'ya[6] adanmışlığın bir tecessümüdür. Arunaçala ismin anılması dahi, gözlerinden ilahi aşk yaşlarının dökülmesine sebep olurdu. Adanmışlık, senin düşündüğün gibi, zihinsel bir zayıflığın göstergesi değildir. Bir insanın elde edebileceği en büyük muvaffakiyettir. Tüm varlıklarda eşit bir şekilde Tanrı'yı görebilmektir; koşulsuz, bencillikten uzak varoluşun saf aşkıdır. Oğlum, gönlünde aşkı yeşertmelisin."

Kutsal Anne'nin sözleriyle ikna olmayan Ganga, Tiruvannamalai'ya geri döndü. Şaşırtıcı bir şekilde, Śrī Ramana'ın adanmışlık eseri karşısına çıktı. Anne'nin sözlerini hatırlayarak, her hücresi sevgi ile doldu ve ağlamaya başladı. Anne'nin onu yeniden kutsal huzuruna çağırması için dua etti. Tam bu sırada, durumun farkında olan Anne, onu geri çağıran bir mektup yazdı. Anne'nin yüceliğini idrak eden Ganga, ayaklarına kapandı ve tevazu ile ona tamamen teslim oldu.

Madhu, Kutsal Anne'ye gelmeden evvel birçok ermişle karşılaşmıştı. Ama Anne'yi gördükten sonra ilk defa yolculuğunun sonuna geldiğini hissetti. Gönlünü ve ruhunu Anne'ye adayarak, Śrīmad Bhagavad Gītā'nın kaybolmamış tüm yorumlarını toplamaya ve Fransız sadıkların hayrına onları Fransızca'ya çevirmeye başladı. Kutsal Anne'den ilham alarak, onun ruhani misyonunu kendi memleketi Reunion'da

---

[6] Arunaçala Dağı, Tanrı Şiva'nın tezahürü olarak kabul edilir ve bu nedenle kutsal görülür.

yaymaya başladı ve orada ona adadığı çok güzel bir aşram kurdu. Kutsal Anne'nin himmetiyle, insanları ruhani yola getirmek için bir araç oldu.

Kutsal Anne o günlerde çoğu gecelerini dışarıda geçirirdi. O yüzden herkes Hindistan cevizi palmiyelerinin altında kumda uyumayı tercih ederdi. Anne kulübede dinleniyor olsa bile, gecenin yarısında uyanır ve dışarı çıkıp açık havada yatardı. Kutsal Anne'nin çok az uyuduğu, çok az yediği ve hiç esirgemeden kendinden verdiği bir gerçekti. Hatta haftada üç kez tapınakta oturup tüm gece boyunca adanmışlarını karşıladıktan sonra bile gündüzleri sadıkları için mutlaka vakit yaratırdı ve onun rehberliğine ihtiyaç duyan manevi arayıcılara yol gösterirdi.

Başlangıç dönemlerinde Nealu ve Gayatri'nin dil sorunları oluyordu. Kutsal Anne ile konuşabilmek için her zaman Balu'dan yardım istiyorlardı. Ama çok geçmeden Anne'nin dili olan Malayālam dilini kapmaya başladılar. Bu süreçte Balu, Kutsal Anne'ye tek başına hizmet edecek kadar şanslıydı, çünkü ihtiyaçlarını karşılayacak başka kimse yoktu.

Bir gün Sugunanandan, kaba bir tavırla 'saippuları' (yabancıları) beslemek istemediğini söyledi. O günden sonra Gayatri, Kutsal Anne, Nealu, Balu ve kendisi için kulübede yemek yapmaya başladı. Anne neredeyse hiçbir şey yemiyordu. Bazen Nealu veya Balu'nun ısrarlarıyla azıcık yerdi. O da sırf yemek yemiş olmak içindi.

Bir keresinde Nealu, Anne'nin biraz yemek yemesi gerektiği konusunda ısrara devam etti. Sonunda Anne, "Tamam, yiyeceğim. Bir şeyler getirin." dedi. Nealu, vakit kaybetmeden hemen bir tabak dolusu yemek getirdi. Tuhaf bir şekilde, Anne göz açıp kapayıncaya kadar hepsini bitirmişti. Nealu tabağını yeniden doldurdu. Ama o da anında bitmişti. Anne yerinden kıpırdamadan, beklenti dolu gözlerle Nealu'ya bakıyordu. Biraz daha yemek ikram edildi. O da yendi. Anne yedikçe yiyor, yedikçe yiyor, ama görünen o ki getirilen hiçbir yemek onu doyurmuyordu! Nealu ve diğerleri şaşkınlıkla birbirlerine bakıyorlardı. Yakındaki çay ocağından biraz daha yemek getirildi. Ama o da Anne tarafından anında tüketildi. Nealu bitap düşmüştü! Suratı kireç gibi bembeyaz kesildi. O günden sonra, bir daha asla Anne'ye yemek yemesi için ısrar etmedi! O günlerde aile problemleri yeniden yüzünü göstermeye başladı. Sugunamma'nın düğününün üstünden sadece iki ay geçmişti ki Sugunanandan alelacele diğer iki kızının evliliğini de ayarladı. Kimseye danışmadan en büyük kızı Kasturi'yi vermişti. Kutsal Anne bile Sugunanandan'ın damat tarafına verdiği rızadan sonra konudan haberdar edilmişti.

Ancak düğün hangi parayla yapılacaktı? Ne Sugunanandan'ın geliri vardı ne de tapınakta para. Her zamanki gibi, Sugunanandan tam bu noktada konuya hiçbir şekilde dahil olmuyordu. Anne istifini bozmadı, ama Balu duruma tanıklık ettiğinden üzülmüştü ve "Anne, plan nedir? Bu düğün nasıl olacak?" diye sordu. Nealu, "Anne, elimde ne varsa hepsini vereceğim. Guru'ya bakmak ve sorumluluklarını yerine getirmek öğrencinin görevidir. Benimdir diye gördüğüm hiçbir şeyim yok; sahip olduğum her şey Anne'nindir. O yüzden Kasturi'nin düğününü lütfen benim birikimim ile gerçekleştir." dedi.

Anne şöyle yanıtladı: "Kızlar evlendikten sonra dünyevi bir hayat sürecekler. Senin sahip olduğun para ise maneviyat içindir. O yalnızca doğru amaçlar için kullanılmalı. O para dünyevi insanlara verilirse, günah işlerler. Bu hem bizi hem de yolumuzu etkiler. Eğer Tanrı, babamın bu düğünü ayarlamasını istediyse, bırak düğünü de Tanrı gerçekleştirsin. Bununla bizim ilgilenmemiz gerekmiyor. Sugunanandan durumdan pek rahatsız değilken, biz niye endişe edelim ki? Çocuklar, kafamızı bu konuyla meşgul etmeye gerek yok."

Sugunanandan düğünü ayarlamak için vakit kaybetmezken, konu para gibi elzem detaylara gelince, anca kıyıda köşede dikilirken bulunurdu. Anne hiçbir söz söylemeden gereken tüm hazırlıkları yapmaya başladı. Bunu gören Balu, "Anne, eve gidip bana kalan mirası getireceğim." dedi yüreği acıyarak. Kutsal Anne buna karşı çıktı. Balu bunun üzerine bazı yakın adanmışlara yazdı ve parasal destek istedi. Bunu öğrenen Anne onu "Oğlum, durumu sakince karşılayalım. Heyecanlanacak bir durum yok." diyerek onu azarladı. Nihayetinde tek bir şey hariç her şey hazırdı: Beş bin rupi. Bu tutar düğünün giderlerini karşılamak için mutlaka gerekliydi. Ancak birkaç gün sonra, Kutsal Anne'yi yeni duymuş ve etkilenmiş, Madras'lı meçhul bir bağışçıdan tam beş bin rupilik bir çek geldi. Ve böylece 1980 yılının Eylül ortalarında Kasturi evlenmiş oldu.

Henüz üç ay geçmemişti ki Sugunanandan bu sefer Sajani'nin evliliğini ayarladı. Ve aynı şekilde, ortadan kaybolarak zor kısmı Kutsal Anne'ye bıraktı. Başlık parasının toplanması[7], düğün töreninin masraflarının karşılanması ve gelinin altın takılarının alınması gibi tüm detayların sorumluluğu Kutsal Anne'nin omuzlarına binmişti.

Balu artık üzülmüyordu, daha ziyade kızgındı! Anne, Sugunanandan'ın kayıtsızlığından hiç hoşnut değildi. Rahatsız olmasına rağmen, Anne sakinliğini koruyarak görevi başarıyla yerine getirdi. Damat tarafı daha fazla altın istemişti. Her zamanki gibi para kocaman bir soru işaretiydi. Kutsal Anne, doğru amaçlar için ayrılmış olan paradan tek bir kuruş bile harcanmaması konusunda çok titizdi. Aynı şekilde herhangi bir borç alınmasını da istemiyordu. Peki nasıl olacaktı?

Bu kritik noktadayken, Kasturi kocasının evinden fikir ayrılığı yüzünden İdamannel'e geri dönmüştü. Daha fazla altına ihtiyaç olduğunu duyunca, "Bakın, şimdilik benim takılarımı Sajani'nin düğününü yapmak için kullanabilirsiniz. Sonradan geri vermeniz benim için yeterli." dedi. Tek

---

[7] Hindistan geleneğinde kız tarafı erkek tarafına başlık parası vermektedir.

eksik bir kolye ve bir yüzüktü, gerisi tamamdı. Düğüne iki gün kala hâlâ ellerinde ne yüzük ne de kolye vardı. Anne her zamanki gibi çok sakindi ve istifini bozmuyordu. Ertesi sabah Gayatri *Bhāva Darşan* bitiminde tapınağı temizlerken, sunulmuş adakların arasında ufak bir paket buldu. Paketi açtığında, içinde düğün için tam aradıkları gibi bir kolye ve yüzük bulduklarına çok şaşırmıştı. Takıların tarzı bile bir ay önce seçtikleri ile aynıydı! İlahi iradenin her şeyi ayarladığına dair başka nasıl bir kanıt gerekiyordu ki?

Ne var ki bu son düğünün zorlukları bununla bitmemişti. Oralı olan adanmışlardan bazıları Sugunanandan'a karşı çıkıyordu. Kızının evliliğini neden eskiden düşman olduğu bir aile ile ayarlamıştı? Onun yanında olanların ve adanmışların oğulları yeterince iyi değil miydi? Subhagan'ın yakın arkadaşları da Sugunanandan'ın kızları ile evlenmek istemişti. Şimdi onlar da ona sırtını dönmüştü. Düşmanlar akraba olunca, dost olanlar düşman kesilmişti. Sugunanandan'la kavga etmeye gelip Sajani'nin düğününü engellemeye çalıştılar. Düğünün iptal olmasını ümit ederek kötü dedikodular yaydılar ve bunları damat tarafına da ulaştırdılar. Düğünden bir gün önce bile düğünün gerçekleşip gerçekleşmeyeceği bir muamma idi.

Düğünün olacağı gün, Kutsal Anne brahmaçarileri[8] komşunun evine götürdü. Aynısını diğer iki düğün için de yapmıştı. Bu brahmaçarilerin iyiliği içindi, böyle seremonilere katılmaları uygun değildi.

Anne durumu böyle izah etti: "Bir arayıcı ne düğünlere ne de cenazelere katılmalıdır. Düğünlerde herkes evlilik düşünür ki bu ancak esaretten başka bir şey değildir. Cenaze ise ölümlü varlığın kaybına tutulan yastır. Her iki durumda da katılımcılar ebedî olmayanın üzerine yoğunlaşırlar. Bu düşünce dalgaları arayıcı için zararlıdır. Dünyevi titreşimler

---

[8] Bekârlık yemini etmiş dervişler

şuuraltına ulaşır ve arayıcı gerçek olmayan şeyler için huzursuzlanmaya başlar."

Sugunanandan'ın üç kızı da artık evlenmişti. Böylece brahmaçarilerin Kutsal Anne'nin huzurunda kalıcı olarak ikâmet etmesinin önündeki ana engel de ortadan kalkmıştı. Ayrıca, rasyonalistlerin ve olay çıkaranların hepsi, mutlak yenilgiyi kabul ederek bir bir geri çekildi. Bazıları mantık dışı davranışlarının anlamsızlığını kabul ederek üyesi oldukları gruplardan ayrıldılar. Kalanlar da kendi aralarında kavga ettiğinden 'Kör İnançları Durdurma Komitesi' sonunda tamamen dağıldı. Hakikate ve Doğruluğa karşı savaş açanlar, kendi sonlarının sebebi oldular. Bu gelişmeler, Kutsal Anne'nin insanlığı rahatlatmak ve yüceltmek için verdiği ruhsal hizmetinde yeni bir dönemin başladığına işaret ediyordu.

Anne'nin, yakınlarının ve kötü kimselerin yıllarca yarattığı tüm bu sınav ve çilelere karşı sergilediği tavır eşsizdir. Bir gün şöyle dedi:

"Bilinçsiz bakış açıları yüzünde o şekilde konuşuyor ve davranıyorlardı, çünkü manevi hayatın anlam ve amacının idrakında değillerdi. Hâl böyleyken, nasıl onlara kızgın olalım ya da onları sevmeyelim? Böyle davranmak cahilce olur ve sonunda kirlenen sadece kendi zihnimizdir. Şu tazecik güllere bir bakın. Nasıl güzeller! Ne kadar hoş bir koku yayıyorlar! Peki onlara büyümeleri için biz ne veriyoruz? Azıcık çay yaprağı artığı ve inek gübresi! Çiçeğin güzelliği ile ona verdiğimiz gübre arasındaki farka bakın! Güzellikleri ve yaydıkları koku ile karşılaştırdığımızda, bu gübre onlara yaraşır mı? Aynı şekilde, engeller bizi ruhsal olarak olgunlaştıran ve güçlendiren gübre gibidir. Bu engellerin hepsi, kalplerimizin tamamen açılmasına yardımcı olur. Geceleri ötmek cırcır böceğinin doğasıdır, lakin bu kimseyi rahatsız etmez. Keza cahilin doğası da sorun yaratmaktır. O yüzden Tanrı'ya onları affetmesi ve doğru yola sokması için dua etmeliyiz. Her şeyinizi Tanrı'ya adayın. O size göz kulak olacaktır."

# Ebedî Mutluluğun Annesi

İlk grup brahmaçarilerin Kutsal Anne'nin dizinin dibine yerleşmesi artık mümkündü. Çünkü Sugunanandan kızlarını evlendirdiği için artık büyük ölçüde rahatlamıştı. Brahmaçariler, Kutsal Anne'nin yakınında olmaya duydukları yoğun isteklerinden dolayı kalacak yerin olmaması, çok az yemek olması, yeterli kıyafet olmaması gibi gerçeklere hiç aldırış etmediler. Çoğu zaman açık havada yaşamak ve serecek bir mat bile olmadan yerde uyumak zorundaydılar. Bir şekilde, onlar talep etmeden ihtiyaçları karşılanıyordu ve gelen her şeyi aralarında paylaşıyorlardı. Paraları olmadığından, bir yere gitmeleri gerektiğinde yürüyorlardı. Her birinin yalnızca bir takım kıyafeti olmasına rağmen iyi kötü idare etmeyi öğrendiler.

Brahmaçarilerden bir tanesi bir gün sahip olduğu o tek takımın da kirli ve yıpranmış olmasına hayıflanarak Anne'ye ihtiyaçlarının karşılanmamasından yakındı. Anne:

"Oğlum, Tanrı'dan böyle küçük şeyler isteme. Kendini O'nun ayaklarına teslim et. O gerçekten ihtiyacın olan her şeyi sana verecektir." diye cevap verdi. Kutsal Anne böyle yaşıyor ve bunu kendi tecrübesinden aktarıyordu. Bu olayın üstünden henüz bir gün geçmişti ki, yaşananlardan bihaber bir adanmış tüm brahmaçarilere yeni kıyafetler getirmişti!

Aşramın ilk dönemlerinde bu gençler, içinde yaşadıkları zorlu koşullardan dolayı, çok yönlü bir feragat eğitimi alıyordu. Anne onlara cesaretlendirmek için, "Bu koşullara dayanırsanız, nereye giderseniz gidin kendinizi evinizde hissedersiniz. Şimdi yaşadığınız zorlayıcı durumların üstesinden gelmeniz, hayattaki her türlü kriz veya zorlukla kolayca baş etmenizi sağlayacaktır." diyordu.

Gelen adanmışların ve ikâmet eden brahmaçarilerin sayısı gittikçe artmaya devam ederken, koşullar değişmiyordu. Bu da resmî olarak bir aşram oluşturma fikrini doğurmuştu.

Ne var ki durum pek iç açıcı görünmüyordu. Kutsal Anne'nin ne kendine ait bir arsası ne de parası vardı. Nealu'nun kulübeyi inşa ettiği yer bile Sugunanandan'a aitti. Nealu, Balu ve Gayatri'ye İdamannel'de sürekli kalma iznini vermiş olsa da evini bir aşrama dönüştürme fikrine hiç sıcak yaklaşmamıştı. Gün geçtikçe artan sayıda konaklamalı misafiri ağırlamak da onun hayali değildi. Bir keresinde Kutsal Anne aşram fikrini tartışırken, Sugunanandan öfkelenerek duruşunu açıkça beyan etti: "Bu da nedir böyle! Zengin miyiz biz? Öyle bir paramız mı var bizim? Aşramı nasıl yürüteceğiz? Burası aşram olursa biz (aile) nereye gideceğiz? Yok! Burayı resmî aşram yapma fikrine karşıyım!"

Kutsal Anne de başta burayı resmî bir aşrama dönüştürme fikrine sıcak bakmıyordu. Ona bu fikirle yaklaşan olduğunda, hemen cevap veriyordu: "Anne 'aşram' hakkında çok şey duydu. Anne'nin aşrama ihtiyacı yok. O da bir esaret, değil mi? Falcının da kafeste bir papağan ile dolaştığını görmedin mi? Yani bir başkası uğruna esir olmak! Eninde sonunda Anne'nin durumu da buna benzeyecek. Bunu yapamam. Anne'nin kendisine ait bir özgürlüğü var. Bunu engelleyecek hiçbir şey olmamalı."

Ne var ki adanmışların ardı arkası kesilmiyordu. Organize bir aşram oluşturmak çok geçmeden kaçınılmaz bir ihtiyaca dönüşmüştü. Bunun yanı sıra, Kutsal Anne'nin yabancı öğrencileri yasa gereği özel bir evde yalnızca belli bir süre kalabiliyorlardı. Bu noktada Kutsal Anne devlet tarafından onaylanan manevi bir merkeze ihtiyaç olduğuna inanmıştı. Nasıl ilerlenmesi uygun olur diye Anne'ye danışıldı. Muzip bir gülüş ile, "Nasıl olsa aile üyelerinin aşram yapmaya niyetleri yok. Onların samskâraları (fikir yapısı) farklı. İş birliği yapmayacaklar, o yüzden onların iznini beklememize gerek yok. Fakat, biraz azar işitmemiz gerekebilir!"

Böylece, 6 Mayıs 1981 tarihinde, Kutsal Anne'nin ideallerini ve öğretilerini devam ettirip paylaşmak için, Mātā

Amritānandamayī Math ve Vakfı, 1955 yılı Travancore-Cochin Devlet Edebiyat ve Yardım Yasası kapsamında Güney Hindistan-Kerala-Kollam'da kuruldu ve tescil edildi. Brahmaçari oğullarından biri tarafından verilen 'Mātā Amritānandamayī[9] ismi, o andan itibaren Kutsal Anne'nin resmî ismi olarak kabul edildi. Zaten Ebedî Mutluluğun Annesi olduğundan, aynı anlama gelen bu isim de ona pek yakışmıştı.

Aynı dönemlerde, bazı spiritüel kitaplara ihtiyaç duyan bir brahmaçari, Amma'dan, talihlinin bazı kitaplar kazanacağı bir piyangodan onun için bir sayı seçmesini istedi. Amma ona, "Böyle şeylere neden can atıyorsun? Yakında bir sürü kitaba sahip olacaksın." dedi. Bunun hemen akabinde Anne ile yaşamak için Tiruvannamalai'dan Vallickavu'daki aşrama taşınan Nealu, içinde iki binden fazla İngilizce ve muhtelif Hint dillerinde kitap olan kütüphanesini de taşımaya karar vermişti. Böylece aşramın kendine ait bir kütüphanesi oldu.

27 Ağustos 1982 yılında, aşram sakinlerine geleneksel Vedāntik ve Sanskrit bilgileri aktarmak üzere Vedānta Vidyālaya okulu kuruldu. Amma brahmaçarinlere, sadece kitaplardan öğrenmek yerine meditasyonun önemini yine her zamanki gibi hatırlatmaya devam ediyordu. Aşramdaki rutin, orada kalan herkes için altı ile sekiz saat arası süren meditasyon çalışması içeriyordu. Zamanının tümünü meditasyona adamak isteyenler de teşvik ediliyordu ve aşramda böyle birkaç kişi de vardı.

Amma diyor ki: "Yazıtlar tıpkı tabelalar gibidir. Amaçtan ziyade birer araçtırlar. Amaç onların ötesindedir. Bir ziraat öğrencisi tohumun nasıl ekileceğini, gübrenin nasıl ve ne zaman atılacağını, haşereden nasıl kurtulacağını ve mahsulün nasıl korunacağını vb. bilir. Benzer şekilde yazıtları

---

[9] Mātā Amritānandamayī, ölümsüzlüğün ve ebedî mutluluğun annesi anlamına gelir.

öğrenmek ve çalışmak da spiritüel pratiğimizi nasıl uygulayacağımızı öğretir." Kutsal Anne'nin ailesinin ve köylülerin gösterdiği büyük değişim hakkında da birkaç söz eklemek gerekir. Onun ilahi olduğunun farkına vardıklarından, artık onunla akraba olmaktan ve aynı köyde yaşamaktan gurur duyuyorlardı. Sugunanandan ve Damayanti, Kutsal Anne'nin anne-babası olmayı haketmek için, geçmiş yaşamlarında ne gibi erdemli eylemler gerçekleştirdiklerini sık sık düşünürlerdi! Artık örnek aile olmuşlardı ve aşramda kalan tüm brahmaçarinleri kendi çocukları gibi görerek, sevgi dolu anne-baba rolüne büründüler.

Bugün, Mātā Amritānandamayī Math ve Vakfı, işlerin Hindistan'ın kutsal topraklarının kadim geleneklerine göre sürdürüldüğünü görmeye büyük önem veren Anne tarafından yönetilen ve gün geçtikçe büyüyen bir ruhani merkezdir. Aşramdaki tüm işler orada yaşayanlar tarafından bizzat üstlenilir. Aşram sakinlerinin her biri, aşramın devamlılığının sağlanması, yemek pişirilmesi, temizlenmesi, ineklerin bakımı vb. işler için her gün en az bir saatini ayırır. Anne'nin birçok sadığı için aşram kendi ruhani yuvalarıdır; yüce ruhani nitelikleriin bollukla ekilip Tanrı Hakikati'nin biçildiği verimli bir topraktır.

Kutsal Anne, yurtdışındaki çocuklarının tekrar tekrar ricaları üzerine, Mayıs–Ağustos 1987 döneminde ilk dünya turunu gerçekleştirdi. Hem Amerika'yı hem Avrupa'yı turlayarak müthiş bir etki bıraktı. Kutsal Anne'nin benzersiz manevi çekiciliği ve evrensel sevgisini deneyimleyen birçok insana ilham kaynağı oldu ve onların dönüşmelerini sağladı. Adanmışlarından birinin önderliğinde 1985 yılından beri faaliyet gösteren Mātā Amritānandamayī Misyon Merkezi'nin talebi üzerine Kutsal Anne, Aralık 1987'de Reunion Adası ve Mauritius'u ziyaret etti. Ardından Kutsal Anne, 1988, 1989 ve 1990 yıllarında üç dünya turu daha yaptı. Aynı süreçte

Amerika'da San Ramon'da Mātā Amritānandamayī Merkezi'nin aşramı kuruldu. Burası Kaliforniya eyaletinin San Francisco şehrine arabayla yaklaşık kırk beş dakika uzaklıkta yer alan, çok güzel bir inziva merkezidir.

Yolları Kutsal Anne'nin huzuruna varan o şanslı ruhlara Anne nazikçe şu öğüdü veriyor:

"Bir taş bloğunu gören usta heykeltıraş, kaba dış kısmını görmezden gelerek yalnızca içinde yatan güzel şekli görür. Aynı şekilde, insan-ı kâmil ruh dıştaki farklılıkları görmezden gelerek, hiçbir ayrım yapmadan içinde daimî ışıldayan Ātman'ı ya da Özbenliği görür. Alkolik biri, içki yasaklarını savunup yayamaz. Ancak kendisi içkiden uzak durduğunda, başkalarından da bunu yapmasını isteyebilir. Sizler de çocuklarım, ahlâk ve maneviyatta mükemmele ulaştığınızda ve her şeyde İlahî'yi görmeye başladığınızda başkalarına böyle olmayı öğretebilirsiniz."

Kutsal Anne'nin yaşam öyküsü, tüm insanlığa yaptığı sevgi dolu çağrıyla tamamlansın:

**Çabuk gelin canım çocuklarım.**
**Sizler 'OM'un ilahi özüsünüz.**
**Tüm keder ve acılarınızı atarak,**
**Tapılası bir güzelliğe evrilin**
**Ve kutsal OM ile birlenin.**

# 11. Bölüm

# İlahi Bhāvaların Anlamı

**K**utsal Anne'nin Krişņa ve Devī olarak yaşadığı İlahi Bhāvalar insan aklının zor algılayabileceği bir konudur. Fakat onların üzerine derin bir tefekkürle yoğunlaşılması, Kutsal Anne'nin sonsuz spiritüel gücüne dair ipuçları verir. Her adanmışın içten çağrısına yanıt veren mükemmel bir Üstat, sonsuz niteliklerini adanmışın gönlüne usul usul ifşa eder. Arınma süreci yoğunlaştıkça, öğrencinin ya da adanmışın kendi gerçek doğasından başka bir şey olmayan Guru'nun yüceliği, aşama aşama ortaya çıkar ve bu da Üstat'ın lütfuyla gerçekleşir. Lütuf, elbette Anne'nin İlahi Hâlleri'nin önemini kavramaya başlamak için birincil şarttır.

Hindistan'ın yüce üstatların Tanrısal Enkarnasyonları 3 ana kategoride toplanır: 1) Pūrna Avatāra (tam ve mükemmel); 2) Amsa Avatāra (kısmi tezahür); 3) Āveśa Avatāra (geçici olarak ilahi güç ile korunan) 'Avatāra' kelimesinin anlamı aşağıya inmek ya da alçalmaktır. Pūrna Avatāra isimsiz, şekilsiz ve değişmez Mutlak Enerji'nin insan şeklini alıp sonsuz gücünü hiçbir sınırlama olmadan tezahür ettirdiği iniştir. Böyle bir enkarnasyonun amacı, doğruluğu (*dharmayı*) geri getirmek, korumak ve insanlara kendi yüce benliklerini idrak ettirip insanlığı uyandırmaktır.

Amsa Avatāra, belli bir amaç doğrultusunda, gökten inip gücünü kısmi olarak tezahür ettiren Yaradan'ın tecellisidir.

Tanrı Viṣṇu'nun Vāmana (Cüce) ve Nārasiṃha (yarı insan yarı aslan) enkarnasyonları, tipik Amsa Avatāra örnekleridir. Āveśa Avatāra, bu iki enkarnasyon türünden tamamen farklıdır. Bu, belli görevleri yerine getirmek için bazı insanların bedenlerini kullanan ilahi varlıkların geçici ziyaretleri ya da mülkiyetleridir. Śrīmad Bhāgavatam Destanı'nda, Tanrı Viṣṇu'nun Paraśurāma olarak enkarne olması buna örnektir. Tanrı, büyük bir savaşçı olan Paraśurāma'nın bedenine girerek, çok kibirli ve acımasız bir hâle gelen kṣatriyā (savaşçı, yönetici kast) krallarını yok etti. Görevi yerine getirdikten sonra Paraśurāma'nın ilahi gücü onu terk etti. Tanrı Viṣṇu'nun bir diğer enkarnasyonu olan Śrī Rāma'nın, Sītā ile evlendikten sonra Ayodhyā'ya dönerken Paraśurāma'dan ilahi gücünü geri aldığı söylenir.

Kutsal yazıtlar, şeytani varlıkların veya hayaletlerin zihinsel olarak zayıf olan insanların bedenlerini bazen ele geçirdiğini söyler. Doğası gereği iyi ve erdemli olan (satvik) insanları devalar (yarı tanrılar), yaratıcı ve enerjik olan (rajasik) insanları göksel varlıklar (yarı tanrılardan aşağı) ve doğası karanlık ve belirsizlikle dolu olan (tamasik) insanları ise kötü ruhlar ele geçirmiş olabilir.

Yazıtlar ayrıca, saflık derecesi yüksek olan ender ruhların bedenlerinde, ilahi gücün kısa bir süreliğine tezahür edebileceğinden bahseder. Paraśurāma'nın bir Āveśa Avatāra olarak kabul edilmesinin nedeni budur.

Aşağıda anlatılan, Amma'nın İlahi Bhāva'ları hakkında fikir edinmeye yardımcı olacak bir örnektir.

Tanrı Kriṣṇa bir zamanlar Dvāraka'da yaşarken, sevgili adanmışı Hanumān'ı görmek ister. Kuşların kralı ve Kriṣṇa'nın vasıtası olan kartal Garuda, Hanumān'ın ikâmet ettiği Kadalī Vanam'a elçi olarak gönderilir. Ancak Hanumān Kriṣṇa'yı ziyaret etmeyi reddeder. "Ben Tanrım Rāma'dan başka hiç kimseyi görmeye gitmem." der. Hanumān'ın yanıtı Kriṣṇa'ya iletildiğinde, Garuda'dan bir kez daha Hanumān'a gitmesini ve ona şu mesajı vermesini ister: "Śrī Rāma ve mukaddes eşi Sītā, Dvāraka'ya geldiler ve Hanumān'ı görmek istiyorlar." Garuda, Hanumān'ı almaya gidince, Dvāraka'da birtakım olaylar olmaya başlar. Tanrı Krişna, kendi arzusuyla, yıllar önce yaşamış olan Tanrı Rāma'nın formunu alır ve eşi Rukmiṇī de Sītā olur. Bu sürede Dvāraka'ya ulaşan Hanumān, çok sevdiği Rāma ve Sītā'sını görüp, onlara ibadetini yerine getirdikten sonra kendi yerine geri döner.

Śrī Rāma, Tanrı Vişnu'nun enkarnasyonlarından biri olsa bile Krişna'nın döneminden binlerce yıl önce Ayodhyā'da yaşamıştı. Ancak Rāma'nın sevgili adanmışı Hanumān, Rāma ve Sītā'nın Dvāraka'ya gelebilmiş olacaklarından asla şüphe duymaz. Her şeyi bilme hâlinde olan Hanumān, Krişna'nın Dvāraka'nın kralı olduğunun da tamamen farkındadır. Elbette Hanumān Krişna'dan başka kimsenin Rāma Bhāva'ya giremeyeceğini bilmektedir. Aslında, Hanumān bunu bir fırsat kabul edip, çok sevdiği Tanrısı Rāma ile Sītā'yı bir kez daha insan formunda görmek için böyle yapar. Adanmışlarının hizmetkârı olan Krişna ise mükemmel adanmışının dileğini mutlulukla yerine getirir ve onu kutsar. Sadece bir Pūrna Avatāra başka bir Tanrı veya Tanrıça ile bir olabilir. Krişna böyle bir Avatār olduğundan kolayca Rāma Bhāva'yı tezahür ettirebilir.

Bir gün Krişna, sevdiklerinden biri olan Satyabhāmā da dahil olmak üzere eşlerinden Sītā Bhāva'ya girmelerini ister, ama hiçbiri bunu yapamaz. Sonunda Tanrıça Lakşmī'nin enkarnasyonu olan Rukmiṇī zorlanmadan Sītā Bhāva'yı gerçekleştirir. Āveśa Avatāra durumunda ise Tanrı'nın güçleri belli bir kişiye gelir ve amaçlanan görev yerine getirildikten sonra geri çekilir. Śrī Krişna ve Rukmiṇī'de gördüğümüz bu değildir. Krişna'nın asıl yaptığı, Rāma Bhāva'ya girmek ya da Rāma'nın niteliklerini ortaya koymaktır, çünkü bunlar onun içinde de zaten vardır.

Buna benzer bir durum Bengal'de yaşayan bir eren olan Çaitanya Efendi'nin başına gelir. Tanrı Nārasiṃha'nın sadık bir adanmışı olan Paṇḍit Śrīvāsa, her zamanki gibi ailenin mabet odasında oturmuş mantra zikrini yapmaktadır. Aniden kapı çalınır. "Kim o?" diye Paṇḍit sorar. "O çok sevdiğin Tanrı karşında!" yanıtı gelir. Paṇḍit Śrīvāsa kapıyı açınca Çaitanya Efendi'yi ilahi bir hâl içinde kapı eşiğinde dururken bulur. Çaitanya mabet odasına girer ve ibadet için ayrılan bölüme oturur. Paṇḍit, bugüne kadar ibadet ettiği Nārasiṃha ilahının Çaitanya Efendi'nin bedeninde olduğunu fark edip büyük bir aşkla Çaitanya Efendi'nin bedeninde su ve çiçeklerle ona ibadet eder. Çaitanya Efendi, Paṇḍit'in tüm ailesinin bu törene katılmasına izin vererek tüm aileyi kutsar.

Herkes hayır duasını aldıktan sonra Çaitanya Efendi bir anda bilincini kaybederek yere yığılır. Birkaç dakika içinde bilinci yerine geldikten sonra Paṇḍit'e sorar: "Ne oldu? Hiçbir şey hatırlayamıyorum. Yanlış bir şey söyledim mi?" Büyük bir tevazu ile Śrīvasa, önünde secde eder ve "Ey Bhagavān, lütfen bu alçakgönüllü hizmetkârını artık kandırma. Sizin inayetiniz ile kim olduğunuzu görebildim!" der. Bunu duyan Çaitanya Efendi onaylayan bir ifadeyle nazikçe gülümser. Çaitanya Efendi'nin hayatında geçen bunun gibi birçok olayda adanmışlarına farklı *bhāvalar*a girerek darşan verdiği bilinmektedir.

Bu örneklerden yola çıkarak *Bhāva Darşan* hakkında insan fikir sahip olabilir. *Bhāva Darşan*, adanmışların dileklerine göre, Tanrı'nın insan bedeninde farklı Īśvara Bhāvalar'da ya da İlahi Hâller'de tezahür etmesi anlamına gelir. Bengal'de yaşamış olan Ānandamayi Mā, bhajanlar (ilahiler) söylerken Krişna ve Kālī Bhāva (hâllerini) alıyordu. Enkarneler tarafından tezahür ettirilen bu Bhāva'lar, özellikle adanmışlarının ateşli arzularına yanıt olarak, belirli bir amacı gerçekleştirmek için yalnızca belirli durumlarda gerçekleşirdi. Üstelik çok kısa süreli olurlardı. Amma, darşan için hazır bulunan adanmışların sayısına bağlı olarak, haftada üç gece 10 ila

12 saatlik uzun süreler boyunca İlahi Hâller'ni gösterirdi. Bu, Amma'nın, dünyeviliğin derin çıkmazına düşmüş olan insanlığa hizmet etme yoluydu.

Çaitanya Efendi'nin iki Bhāva'ya sahip olduğu söylenirdi. Birincisi, en sık görüldüğü hâli, adanmış bir âşık; diğeri ise *Bhagavat Bhāva*, Özbenliğinde merkezlenmiş olduğunu gösterdiği hâldi. Śrī Rāmakrishna Paramahamsa da birden fazla *bhāva* göstermiştir. Hanumān Bhāva'yı yaşarken ibadetleri esnasında ufak bir kuyruğun bile çıktığı söylenir. Amma, Krişṇa ve Devī Bhāvalar'da, içinde var olanı ortaya çıkarıp adanmışları kutsamak üzere bu İlahi Varlıkları tezahür ettirir. Amma bir keresinde *Bhāvalar* hakkında şunları dile getirdi:

"Anne, Bhāvalar esnasında ruhani gücünün küçücük bir parçasını dahi ifşa etmiyor. Eğer olduğu gibi göstermiş olsaydı, yanına kimse yaklaşamazdı! O Tek Mutlak Varlık'ın sayısız yönünü temsil eden Hint panteonundaki tanrısal varlıkların tümü içimizde zaten mevcut. İlahi bir enkarne, sırf dünyanın iyiliği için bunlardan herhangi birini salt iradeyle tezahür ettirebilir. *Krişṇa Bhāva*, Puruşa veya saf varlık yönünün hâlleridir. *Devī Bhāva* ise, gayrişahsi Mutlak Güç'ün aktif ilkesi ebedî dişiliğin, Yaratıcının tezahürüdür. Burada, biraz Krişṇa'nın, sonra da Tanrıça'nın kıyafetlerine bürünen çılgın bir kız var. Ama bu çılgın kızın içinde her ikisi de mevcut. Ancak bir adı veya formu olan tüm nesnelerin sadece zihinsel yansımalar olduğu unutulmamalıdır. Fili neden süslersin? Avukat neden siyah ceket giyer? Polis neden üniforma giyip şapka takar? Tüm bunlar belli bir izlenim yaratmak için dışsal yardımlardır sadece. Benzer bir şekilde, Anne ona darşana gelen insanların aşk ve adanmışlığını güçlendirmek için Krişṇa ve Devī'nin kıyafetlerini giyiyor. Benim içimdeki Ātman ya da Özbenlik sende de var. Bu daimî, değişmeyen hakikati idrak ettiğinde, O olursun."

Günümüzde bile bazı insanlar, haftanın üç günü Krişṇa ve Devī'nin Amma'nın bedenini ziyaret edip sonra gittiklerine inanıyor. Bu yanlış anlamalar, Anne'nin İlahi Hâlleri'ni idrak edemediklerinden kaynaklanıyor. Bu İlahi Bhāvalar, onun hep yaşadığı Mutlak'la kesintisiz birlik hâlinin dışa vurumundan başka bir şey değildir. Genel olarak zannedildiği gibi ziyaret edilmek ya da Tanrı'nın lütfuna nail olmak ile alakası yoktur. Adanmışlarının sorularını yanıtlayan Amma, Bhāvalara yönelik birçok noktayı da açıklıyor:

*Soru:* Birçok adanmış İlahi Bhāvalar'da ve diğer zamanlarda Amma'nın aynı olduğunu ve değişmediğini söylüyor. Şayet bu böyleyse, o zaman Bhāvalar'ın anlamı nedir?

*Amma:* Anne, Bhāva Darşanı esnasında iki veya üç katmanı (ya da örtüyü) kaldırır, böylece adanmışlar Mutlak'a dair bir fikir edinebilirler. Herkesin inancı farklıdır. Amma'nın niyeti ise insanların Tanrı'ya yaklaşmasına bir şekilde yardım etmektir. Bazı insanlar, ancak Amma, Krişṇa veya Devī'nin kıyafetlerini giyince ilgileniyorlar. Bir tek o da değil... Kimisi maneviyata dair hiçbir şey bilmiyor. Bazıları normal zamanlarda Amma'nın sözlerine inanmakta zorlanıyor, ama aynısını Devī Bhāva esnasında söylediğinde inanıyorlar.

*Soru:* Anne, Bhāva'yı gerçekleştirmenin belirli bir zamanı var mı?

*Amma:* Hayır, yok. Her an gerçekleştirilebilir. Saf irade gücü kâfidir.

*Soru:* Anne, neden Krişṇa ve Devī'nin kıyafetlerini giyiyorsun?

*Amma:* İnsanlara Bhāva'nın ne olduğunu hatırlatmaya yardımcı oluyor. Evladım, her kostümün kendine has bir anlamı vardır. Dünyaya çıplak geliriz. Sonrasında, ülkeye ve sosyal gelenek ve göreneklere göre insanlar farklı kıyafetler giyerler. Kıyafet ne olursa olsun, içindeki insan aynıdır. Bu çağda insanlar kıyafete çok önem veriyorlar. Anne bir hikâye ile bu noktayı daha anlaşılır kılacak.

Adamın biri yol kenarında büyüyen bir ağacı kesiyormuş. Olayı gören başka bir adam ise "O ağacı kesme! Bunu yapmak yanlış ve yasaya aykırı." diye onu uyarmış. Adam kesmeyi reddetmekle kalmayıp oldukça sert biçimde çıkışmış karşı çıkan kişiye. Adamı durdurmaya çalışan kişi aslında bir polismiş. Gidip üniformasını giyip hemen geri dönmüş. Uzaktan polis şapkasını gören kabadayı ise arkasına bile bakmadan hemen olay yerinden kaçmış. Sivil kıyafet ile üniformanın yarattığı etkinin farkını görüyor musun? O nedenle bilgisiz insanlara öğretebilmek için özel kostüme ihtiyaç vardır. Amma Krişna ve Devī'nin kıyafetlerini işte bu yüzden giyiyor. Anne ile saatlerce konuşup hâlâ tatmin olmayan insanlar, Bhāva Darşan esnasında birkaç saniyelik bir konuşmayla memnun oluveriyorlar. Tüm sıkıntı ve dertlerini doğrudan İlahî ile paylaştıktan sonra huzurlu hissediyorlar.

Tüm enkarnasyonların yapısı emsalsizdir. Kimse Krişna, Rāma'dan daha yüceydi ya da Rāma, Buddha'dan daha yüceydi diyemez. Her birinin yerine getirmesi gereken kendi görevleri vardı ve her biri insanlığı yüceltmek için kendine özgü yöntemler izledi. Ama bu, yaşama dair farklı bakış açılarına sahip oldukları anlamına gelmiyor. Onların yaptıkları, sahip olduğumuz sınırlı zekâ ve mantığımız ile ölçülemez. Belki, spiritüel pratiklerimizden doğan saf sezgi ile onların yüceliklerini az da olsa hissedebiliriz. Amma'nın binlerce adanmışının tecrübe ettiği ruhsal deneyimler, bir Māhātma'nın (Yüce Ruh) açıklanamayan manevi gücüne muazzam bir ışık tutuyor. Bakalım, Kutsal Anne'nin adanmışlarının aktardığı ilahi deneyimlerde neler yüklü.

# 12. Bölüm

# Hakikat Arayıcılarının Deneyimleri

## Unnikrishnan (Swami Turiyamritananda Puri)

Swami Turiyamritananda Puri, Amma ile tanışıp onun yanında uzun süre kalabilecek kadar şanslı olan ilk kişiydi. Altıncı sınıftan sonra okula devam etmemişti. Onda, Anne'nin himmetinin ve zarafetinin harika bir örneğini görüyoruz. Guru'nun lütfuyla yarı okuryazar bir genç bile ilham verici bir şaire dönüşebiliyor. UnniKrişna'nın yaşamı bunun gerçek bir kanıtıdır.

Kısa süren okul hayatını tamamladıktan sonra, genç Unni kendisini çeşitli faaliyetlerle meşgul ederek etrafta özgürce dolaştı. 1976 yılında, yirmi yaşında iken Amma'yı duyunca onu görmeye gitti. Amma'yla ilk tanıştığı andan itibaren ona müthiş bir bağlılık ve güven besledi. Sonrasında Amma'yı sıkça ziyaret edip ona akıl danışır oldu. Bir yılın ardından, Anne, ondan tapınaktaki günlük ibadetleri yerine getirmek üzere onunla kalmasını rica etti. Ondan her gün Lalitā Sahasranāma'yı (Tanrıçanın Bin İsmi) okumasını istedi.

Bu hayatının dönüm noktası oldu. Amma'nın varlığı hakikat aşkını her gün körüklüyordu. Günleri katı nefis terbiyesi, klasik ibadetler, Amma ile sohbetler, kutsal yazıt okumaları ve diğer ruhsal faaliyetler ile doluydu. Bu disiplinli yaşam biçiminin bir sonucu olarak, *Bhāva Darśan'*daki görkemli Amma ile her gün gördüğü tatlı Amma'nın bir ve aynı kişi olduğunu idrak edebildi: İnsanlığın hayrı için Mātā Amritānandamayī'nin dünyaya sunduğu, aynı hudutsuz ilahi kudretin iki farklı sureti ya da tecellisi.

Bu içgörü, *sādhanā* (spiritüel pratik) yapma arzusunu büyük ölçüde harekete geçirdi ve Amma'yı yaşamdaki yegâne desteği olarak görüp kendini Anne'nin ayaklarının dibine bütünüyle teslim etti. Zaman geçtikçe, spiritüel disiplinleri daha da katı bir hâl aldı; daha az yemeye, daha az uyumaya ve daha az konuşmaya başladı. Bazı zamanlarda haftalarca oruç tuttuğu olurdu. Yağmurlu sezonda ve kış mevsiminde, üzerine örtecek bir battaniyesi dahi olmadan çıplak zeminde uyurdu. Arada sırada çıktığı hac ziyaretlerine, hiçbir araç kullanmadan tüm gün yürüyerek giderdi.

Bir gün gözleri yaşlarla dolu Amma'ya, "Benim gerçek annem kim?" diye sordu. Amma ona sevgiyle baktı, şefkatle başını kucağına koydu ve sorusunu "Çocuğum, sen benim oğlumsun ve ben senin annenim." diye yanıtladı. UnniKrişnan içinden taşan, tarifi imkânsız, müthiş bir mutlulukla doldu. Amma'nın ışıldayan yüzüne bakarken, gözünden usulca sevinç gözyaşları döküldü.

Amma'nın sonsuz lütfuyla UnniKrişnan, eserleri felsefi gerçekleri barındıran ve ilahi aşkın tatlı cazibesini taşıyan, çok yetenekli bir şair oldu. Bir keresinde anne-babası, yakınlarını onu geri getirmesi için aşrama gönderdiklerinde, onlara şu dokunaklı dizelerle cevap verdi:

*Uzun zaman oldu evimi terk edeli,*
*Eğer şimdi dünyevi bir yaşam sürseydim,*

*İç huzuru edinir miydim böyle?*
*Ta eski zamanlarda bile*
*Fayda vermiş mi böyle bir varoluş?*

*Ben kendimi dünyanın tüm ahmaklığından*
*Kurtarmaya uğraşırken,*
*Sen gidip bir ahmağın yolunu*
*Bu garip dilencinin esaretine doğru neden örersin?*
*Ben böyle bir kadere olur der miyim?*

Unni, Amma ile ilk karşılaşmasını şu şairane sözleriyle betimliyor:

### Akalatta Kovilil
### (Uzaklarda bir tapınakta)

*Uzaklarda bir tapınakta kandilin ışığı*
*Hiç sönmeden yanmaya devam ediyor.*
*Hudutsuz şefkatiyle Anne oturmuş,*
*Rehberlik eden ışık olmuş*
*Karanlıkta gezen zavallılara.*

*Bir gün ben de gezerken vardım oraya,*
*Merhametin tezahürü çağırdı yanına.*
*İç mabedin kapısını açarak*
*Alnıma sandal ağacı macunu sürdü.*

*Tanrı'yı müthiş övgülerle yücelten ilahiler eşliğinde*
*Kutsal ve yumuşak kollarında bana yer açtı.*
*Yanına sokulduğumda muhteşem bir kutsal rüyada*
*Kulağıma şu gerçeği fısıldadı:*
*"Gözyaşlarına ne gerek var? Kâinatın Annesi'nin*
*yanına vardığını bilmiyor musun yoksa?"*
*Bir iç çekişle uyandım,*
*Nilüfer yüzünü gönlüme iyice kazıyarak.*

Bir defasında UnniKrişnan içsel bir karmaşa yaşadığı için haftalarca oruç tuttu. Amma bunu öğrenince yemeyi içmeyi kesti. Amma'nın orucundan bihaber olan Unni, tuttuğu niyetini sürdürmeye devam etti. Birkaç gün sonra günlük ibadetini yerine getirirken, yemek yemediği ve Amma'yı da açlığa sürüklediği için Amma'nın babası onu azarladı. İbadet biter bitmez, kalbinde hüzün ve gözlerinde yaşlarla soluğu Amma'nın kulübesinde aldı. Amma onu yanına çağırarak, şefkatle başını sevdi ve titreyen bedenine bakarak: "Unni, oğlum, eğer içinde bir huzursuzluk varsa bunu gelip annene anlatmalısın. Bedenine böyle eziyet etme. *Tapas* yapabilmek için bedene ihtiyaç var. En azından bedenini idame ettirmek için yemelisin." Bunu dedikten sonra, bir tabak dolusu pilav istedi ve hem Unni'yi elleriyle besledi hem de kendisi aynı tabaktan yedi.

Aşrama yerleştikten birkaç ay sonra, gezgin bir derviş ruhuna sahip olduğundan, Unni yine yola düşmek istedi. Kimseye haber etmeden yol hazırlığı yapmaya başladı. Bir darşan gecesi yola düşecekken, aniden bir adam yanına geldi ve Amma'dan mesaj getirdi: "Anne diyor ki yola çıkmak üzere olsan dahi, şimdi gitmemelisin." Annenin sözünden çıkması mümkün olmayan Unni yolculuğunu iptal etti. Bir süre sonra bir kere daha gitmeye çalıştı, ama aynı şey oldu. En sonunda gerçekten yola çıktı, ancak iki gün sonra dönmek zorunda kaldı. Böylelikle Amma'nın bilgisi ve hayır duası olmadan bir şey yapmasının mümkün olmadığına kanaat getirdi.

Bir keresinde Amma, "Unni'nin şarkıları, yaptığı meditasyonundan doğuyor." dedi. Bundan daha âlâ övgü nasıl olabilir? Aşağıda iki şarkısının tercümesi yer alıyor:

*Uzak diyarlar gezdim,*
*omuzlarımda ağır bir keder yükünü taşıya taşıya.*
*Sonunda Sana geldim, teslim ettim kendimi*

*nilüfer ayaklarının yanına.*
*Ah Anne, sonu olmayan keder ve gözyaşlarımı yıka*
*lütfen Sevginin sularıyla.*

*Bu zavallıyı bir günahkâr belleme*
*Başka gidecek, güvenecek yok ki kimsesi.*
*Ne olur, şefkatin bedenlenmiş hâli,*
*Güzel gözlerinin ay ışığı ile sar beni.*

*Ah Anne, düşüncelerin ağır yükünden sıyrılarak,*
*yanında oturayım ve meditasyonda bir olayım.*
*Ey Vedalar ve Vedānta'da tarif edilen Sen!*
*Ey tüm Tanrı ve Tanrıçaların Annesi olan!*
*Mutlak Benliğe ulaşmak isteyen ruhumdan*
*fışkıran bu dileğe olur demeyecek misin?*

*Ey Anne, ne zaman vakti gelecek de*
*Ben bu dünyanın tadına duyduğum meraktan geçip*
*Senin kutsal ayaklarınla bir olacağım?*

## Balu (Swami Amritaswarupananda Puri)

"Üniversitenin son sınavlarını verdikten hemen sonra, Devī ve Krişṇa şeklinde gözükebilen, doğaüstü güçlere sahip genç bir kız olduğunu duydum. Çok inançlı olmama rağmen, onu görmeye çok istekli değildim. Onu görmeye giden bazı akrabalarım ve arkadaşlarım, hakkında çok olumlu konuşuyor ve aşramı ziyaret etmem konusunda sürekli baskı yapıyorlardı. Sonunda şüpheci bir tavırla bir akşam amcamla birlikte aşramı ziyaret ettim. Araziye yaklaştıkça, beni derinden etkileyen bir ilahinin melodisi kulağıma çalındı. Ufak bir mabedin içinde beyazlara bürünmüş bir kız gördüm. Müthiş bir aşk ve coşkuyla dokunaklı ilahiler söylüyordu. Onu dinlerken, tanrısal bir mutluluk ve aşkla yüreğinin taştığını görebiliyordum. Söyleyişinin kıvılcımları yüreğimi dağlamış, en derindeki hislerimi harekete geçirmişti.

Darşan için sıram geldiğinde, bir *pītham* veya taburenin üzerinde oturduğu o ufak mabet odasına girdim. Önünde eğildim. Kalkarken, elimi tuttu ve gözlerimin içine baktı. Gözleri dolunay gibi parlıyordu. O bakış iliklerime kadar işledi, gülüşüyle büyülendim ve hareketsiz kalakaldım. Yüzünde sonsuz bir şefkatin tezahürü vardı. Başımı usulca uzanarak omzuna koydu ve yumuşak ama içe işleyen bir tonla dedi ki: "Çocuğum, ben senin annenim, sen benim evladımsın." O tatlı ses kalbimin derinliklerine nüfuz etti ve tarif edilemez bir neşe ile kendimden geçtim. Aradığım buydu! Gözyaşlarına boğuldum. Sevginin en saf hâli, anneliğin evrensel özü şekle bürünmüştü! Yaşadığım bu deneyimin sevincinden bütün gece Anne'nin yakınında oturdum.

Ertesi gün eve ulaştığımda, içimdeki büyük değişimi fark ettim. Günlük aktivitelerimin tümüne karşı tamamen kayıtsızdım. Onu tekrar görme arzusu ateşlenmişti. Tüm düşüncelerim ona sabitlenmişti. O gece hiç uyuyamadım. Gözlerimi ne zaman kapamaya çalışsam Amma'yı görüyordum. Ertesi gün aşrama geri döndüm. Amma'yla ikinci görüşmemden sonra dünyeviliğin prangalarını kırma isteğim daha da yoğunlaşmıştı. Amma'yı düşünmekten deliye dönmüştüm. Yemek yemeyi, uyumayı, hatta yıkanmayı unuttum. Güzel giyinmeyi ve saçlarımı taramayı bıraktım. Bendeki değişiklikten ötürü endişelenen anne-babam ve diğer aile üyeleri Vallickavu'ya gitmemi yasakladılar.

Ertesi gün, bhajanlara katıldıktan sonra şu niyetle mabede girdim: "Anne, eğer ben senin çocuğunsam lütfen beni kabul et." Amma başımı omuzlarına koyarak sevgiyle: "Oğlum, Anne senin şarkı söylemeni duyduğu an, bu sesin Hak ile bir olması gerektiğini anladı. O anda Anne sana geldi ve seni kendiyle bir yaptı. Sen benim kendiminsin." dedi.

Bir gece yarı uykudayken, odada belirgin, tatlı bir koku duydum. Gözlerimi açtım ve kokunun gerçek olduğunu ve rüya ya da hayal olmadığını anladım. Bir anda birinin alnımı okşadığını hissettim. Başımı kaldırıp baktığımda şaşkınlıkla Amma'nın başucumda durduğunu gördüm. Gözlerime inanamadım. Bana gülümsedi ve "Oğlum, üzülme. Anne hep seninle." diye fısıldadı ve bir anda kayboldu. Ertesi gün hemen Vallickavu'ya koştum. Ama Anne orda değildi. Öğleden sonra saat dört gibi ancak döndü. Tek bir söz dahi etmeden hemen eve koşup bir tabak pirinç ile çıkageldi ve beni kendi elleriyle besledi. Bunu yaparken bir yandan da "Dün gece Annen sana geldi," dedi. Mutluluktan ufak bir çocuk gibi coşkuyla ağladım. Ve işin ilginç noktası, o gün henüz hiçbir şey yememiş olmamdı.

Amma beni bir mantra ile inisiye ettikten sonra evde kalamamaya başladım. Onun huzurunda yaşama ve yönlendirmeleriyle yol alma isteğim her geçen gün artıyordu. Akrabalarımın çıkardığı tüm engelleri göz ardı ederek evi terk ettim ve aşram sakinlerine katıldım.

İki senenin ardından, bir gün bir adanmışın evinde otururken, Amma döndü ve bana: "Oğlum Balu, Felsefe Yüksek Lisansı yapmalısın." dedi. Daha önceden Anne'ye eğitimime devam etmeyeceğimi, sadece ona odaklanıp meditasyon yapmak istediğimi söylemiştim. Şimdi iki sene geçtikten sonra yeniden eğitimime devam etmemi istiyordu. Deneyimlerimden, onun bir şeyi amacı olmadan boş yere söylemeyeceğini ya da yapmayacağını biliyordum, o yüzden yüksek lisans programına kayıt oldum. Ancak, asıl sorun şuydu: Kim bana ders verecekti? Sekiz makale yazmam gerekiyordu. Dördü Hint Felsefesi üzerine, ki ona bir miktar aşinaydım, diğer dördü de Batı Felsefesi üzerineydi ki, işte bu konular benim için hepten yeni bilgiydi. Amma'ya bana ders verecek birini nereden bulacağımı sorduğumda, "Kafana takma bunu. Sana ders verecek biri gelecek buraya. Sabırla bekle ve izle." dedi.

Ancak huzursuzdum ve aynı soruyu sürekli tekrarlayarak onu sık sık rahatsız ettim. Bir hafta sonra adanmışlardan biri beni, felsefe profesörü bir adama yönlendirdi. İçinde olduğum çıkmazı aktarmak için onu görmeye gittim. Bana öğretmeye hazırdı, fakat aşrama gelmeyi reddetti. Dersler için aşramdan çıkmamın zorluğunu ona anlatmaya çalıştım. Sonunda aşramı ziyaret etmeye ikna oldu, ama "Orada kalamam ya da sana orada ders veremem. Eğer öğrenmek istiyorsan, benim evime gelmelisin. Yoksa bu işten şimdiden vazgeç." dedi. Başka bir seçeneğim olmadığından, en azından aşrama gelip Amma'yı görmesini rica ettim.

Bir sonraki Perşembe onu evinden almaya gittim ve aşrama vardığımızda Amma'yı görmesi için onu davet ettim, ama reddetti. Amma *Bhāva Darşan* öncesi ilahiler için oturduğunda, onu uzaktan izliyordu. Darşan başladıktan sonra bile, o uzaktan izlemeye devam etti. Yanına gittim ve eğer Amma'dan hoşlandıysa mabedin içerisine girip ondan darşan alabileceğini, söyledim. "Yok," dedi "Ben bugüne kadar kimsenin önünde eğilmedim. Şimdi de istemiyorum." Onu yalnız bıraktım ve şarkı söylemeye gittim. Birkaç dakika sonra onun tapınağa doğru koştuğunu gördüm ve ardından da yüksek sesli bir ağlama duydum. Amma'nın önüne dümdüz yatmış ve ufak bir çocuk gibi ağlıyordu. Bir ya da iki saat geçtikten sonra, mabetten çıkarken beni yanına çağırdı ve şöyle dedi: "O kesinlikle yüce bir ruh! Her hafta sana ders vermek üzere buraya geleceğim." Amma böylece öğretmeni kendisi ayarlamış oldu.

Pek çok kitaba gönderme yaparak, bana epey ders notu yazdırmasına rağmen profesör bana bunları tam olarak açıklamıyordu. Maalesef, türlü sebeplerden ötürü derslere düzenli bir şekilde devam edemedik ve Batı Felsefesi benim için bir muamma olarak kalmaya devam etti. Sınavlarıma sadece üç ay kalmıştı. Profesör ders notlarını yazdırmayı sürdürdü ve hepsinin bir özetini de verdi. Aşramın diğer işleriyle de ilgilendiğimden ve Amma ile sürekli seyahat ettiğimden, derslerime pek çalışamıyordum. Sınavlara bir ay kala, Amma benden tüm sekiz makaleyi bir oturuşta yazmamı istedi. Hem ilk makaleleri hem de final makalelerini bir arada yazmam nasıl mümkün olur diye kara kara düşünüyordum. Projeyi Amma'nın ayaklarına adadım ve okumaya başladım. Ve sonunda felsefe öğrencisi olarak üniversiteye yazıldığım Tirupati'ye (Aşrama 1126 km mesafede, Andhra Pradeş eyaletinde bir kasaba) doğru yola çıkma günü gelmişti. Öğle vakti eşyalarımı hazırlamaya başlamıştım. Amma'nın odasından bana seslendiğini duydum. Odasına koştum ve onu bir çantanın içine bir şeyler koyarken buldum. Sonuncuyu da koyduktan sonra çantayı kapadı. Masanın üstünde hazırlanmış bir tane de büyük çanta duruyordu. Yoğun bir şefkatle seslendi: "Oğlum, yolculuğun için her şeyini hazırladım." Masadaki çantayı işaret ederek: "Bu büyük çantada dhotiler, tişörtler, havlular, iki battaniye ve diğer kıyafetler var. Bunun içinde de Hindistan cevizi yağı, sabun, ayna, tarak, sıcak içecek yapmak için ısıtıcı ve işine yarayacak diğer şeyler var. Ders çalışmak için vakit kazanasın diye tüm bunları senin için hazırladım." Şaşkınlıkla kalakaldım. Onun sevgi dolu yüzüne bakabildim sadece. Kalbim sevinçle taşıyordu. Gözlerim yaşlarla doldu ve dayanamayıp ağlamaya başladım.

İlk defa ondan ayrılacaktım. Hem de bir ay boyunca uzakta olacaktım. Buruk bir yürekle, gözyaşlarımı saklamak için trende bir köşeye çekildim. Tüm yolcular neşeyle konuşurken, benim kafam annemden ayrılmış olmanın acısıyla yanıyordu. Yolculuk boyunca sırf onu düşündüm. Ertesi sabah Tirupati'ye vardım. Günler, ayrılığın dayanması güç acısı ile geçiyordu. Sudan çıkmış balık gibi hissediyordum. Derslerime odaklanmaya çalıştım, ancak başarılı olamadım. Her bir dakika kaplumbağa hızı ile geçiyordu. Amma'nın resmine bile bakamaz olmuştum. Aşramdan getirdiğim her şey bana Amma'yı ve onun zarif hâlini hatırlatıyordu. Yemek yemeyi de, uyumayı da unuttum. Günler adeta yıllara dönüşmüştü. Arada sırada tamamen çöküyor ve ayrılık acısına daha fazla katlanamayarak gözyaşlarına boğuluyordum. Final sınavlarını bir şekilde verebildim, ama derdimi paylaşacak kimsem yoktu. O zaman Amma'dan bir mektup geldi. Dönüp dönüp defalarca okudum o mektubu. Gözyaşlarımdan mektup artık nemlenmişti. Anne şöyle diyordu:

*Sevgili Oğlum,*
*Annen hep seninle. Oğlum, Anne ondan ayrı*
*olduğunu hissetmiyor. Anne hasretle dolu kalbini*
*görüyor, çocuğum. Anne ağlamanı duyuyor. Oğlum,*
*bu dünya o kadar güzel ki. Çiçekler, engin deniz,*
*cıvıldayan kuşlar, sınırsız gökyüzü, ağaçlar, bitkiler,*
*ormanlar, dağlar ve vadiler... Hepsi burada. Tanrı*
*bu dünyayı çok güzel yarattı. O'nu her şeyde gör.*
*Tüm varlıklarda O'nu sev. Seni Tanrı'dan ayıran bağı*
*kes. Düşüncelerinin sürekli O'na akmasına izin ver.*
*Oğlum, bu dünyada kötü hiçbir şey yok. Her şey iyi.*
*İyi ve erdemli tarafları gör. Zihninin bahçesi çiçek*
*açsın ve çiçek kokusu her yana yayılsın.*

O gece odamın dışında oturdum ve hafif esinti ile dans eden ağaçları ve bitkileri izledim. Gökyüzü ışıldayan yıldızlarla doluydu ve ayın gümüş ışığı dünyayı ihtişamla dolduruyordu. "Bu meltem Annem'e de esiyordur belki; Annem'in vücudunu okşayacak kadar şanslı olabilir. Evet, hiç şüphesiz bu esinti canım Annem'in ilahi kokusunu taşıyor. Kanatlarım olsaydı, şimdi Annem'e uçardım." Bu şiir o gece yazıldı:

## Tarapathangale
### (Yıldızlar bulutu)

*Ey yıldızlar, aşağıya gelemez misiniz?*
*Anneniz size ninni söylemek için geldi.*
*O sonu olmayan sevginin akarsuyu ve*
*O arayışta olan zihinlere gölge veren ağaç.*
*Usulca mırıldanarak gelen nazik serin esinti*
*Gecenin sessiz şarkıları, kulağıma tatlı tatlı neler*
*fısıldıyorsunuz?*
*Annem'in hoş hikâyelerini mi?*

*Güneş ve ay yavaşça doğuyor ve batıyor*
*Gökyüzünde her bir gün.*
*Sana bu ilahi görkemi veren Annemi*

*Görmek için hiç mi arzun yok?*
*Sessiz yalnız vadilerde ve tepelerde*
*Ağaçlar ve sarmaşıklar birlikte büyüyor*
*Rüzgârda salınan dallarıyla dans ediyorlar beni*
*avuturcasına.*

Gergin ve alışılmadık bir ruh hâli içindeydim. Delirmiş gibi odayı bir aşağıya bir yukarıya doğru adımlıyordum. Yazacak bir makalem daha olmasına rağmen, bir şekilde kendimi toparladım ve ertesi gün ayrılmaya karar verdim. Dört gün içinde başlayacak olan ilk yıl sınavlarına katılmamaya karar vermiştim. 'Annem benden bütün sınavlara katılmamı istedi, ama bu sefer onun sözüne uymayacağım.' diye düşünüyordum.

Sonunda sıra dışı bir yöntemle Amma'nın iznini almaya karar verdim. Eşit boyutlarda üç parça kâğıt alıp, birincisine 'Oğlum, geri ge,l', ikincisine 'Tüm sınavlarını verip öyle gel. ve sonuncusuna da 'Oğlum nasıl isterse.' yazdım. Üçünü aynı şekilde kıvırıp karıştırdım ve çantamdan Amma'nın fotoğrafını çıkardım.

'Anne, bu kâğıtlardan birini seçeceğim. Her ne olursa olsun, senin isteğin bana malum olsun' diye dua ederek kâğıtları ona sundum. Gözlerimi kapadım ve titreyen ellerle kâğıtlardan birini seçtim. Kâğıdı açtım. Bir de ne göreyim? 'Tüm sınavlarını verip öyle gel.' kâğıdını seçmişim. İlk denemeden memnun kalmayınca şansımı yeniden denedim ve bir kez daha kâğıtların arasından birini seçtim. Bu sefer de aynısı geldi. Fakat zihnim Amma'yı görmek üzere öyle tutuşuyordu ki en sonunda ertesi gün dönmeye karar verdim.

Ertesi gün, son final sınavına da girdikten sonra, hemen odaya dönüp eşyalarımı topladım. Tam çıkmak üzereyken, odanın bir köşesinde yerde bir şeyler olduğunu gördüm. Aşramdan getirdiklerimi paketlediğim eski gazeteler ile sabun kutusunun kırılmış bir parçasıydı. 'Amma'dan ayrı kalarak ne kadar yoğun acı çektim. Belki bunlar da benim acıma ortak olmuştur. Bunları burada bırakmak günah olur.' diye düşünerek onları da dikkatlice çantama koydum.

Ertesi gün aşrama vardım. Amma'nın odasına giderken, kardeşim Venu'yu gördüm. Şaşırmış bir şekilde, "Dün gece Amma, senin huzursuzlandığını ve bugün geleceğini söylemişti." dedi. Amma'nın odasına girdim ve ağlayarak ayaklarına kapandım. Anne beni yerden kaldırdı ve teselli etti: "Oğlum, ben senin kalbini biliyorum. Bu sevgi çok iyi, ancak zihinsel gücünü yükseltmeye çalış. Bir *sādhak*, hem bir çiçek gibi nazik hem de bir pırlanta kadar sert olabilmelidir. Gidip o sınavları vermelisin. Derslerden kalsan bile, Amma'nın umurunda değil. Yarın git ve sınavların bittikten sonra gel."

Ertesi sabah Tirupati'ye geri döndüm. Bir haftanın sonunda final sınavını da verdikten sonra aşrama geri döndüm. Sınav kâğıdımdan memnun değildim ve kalabilme ihtimalim beni geriyordu. Amma ise, "Sınavı unut. Şüphe etme. Başarılı olacaksın." dedi sakince. Sonuçlar açıklandığında, ikinci en iyi notla geçtiğimi öğrenince çok şaşırdım. Anne'nin huzurunda olmak bile bir *tapas*. Her daim taze ve yeni bir şey var orada. Adanmış, her an kendisini farklı manevi âlemlere götüren, aydınlatıcı içgörüler tecrübe ederek, bir mertebeden diğerine doğru evriliyor. Manevi hayatımın başlarında, bazen Kutsal Anne'yi anladığımı sanırdım. Ancak sonradan idrak ettim ki Anne hakkında bir şey anladığım falan yoktu."

## Venu (Swami Pranavamritananda Puri)

Venu, Balu'nun (Swami Amritaswarupananda Puri) erkek kardeşidir. Henüz bebekken anneleri vefat etmişti. Balu babasının evinde büyümüştü; Venu'yu ise teyzesi, Saraswathy Amma dindar ve manevi bir atmosferde yetiştirmişti. Venu, evin şımarık çocuğuydu ve hiçbir zaman annesinin sevgi ve şefkatinin yokluğunu hissetmedi. Ortaokulu bitirdikten sonra on beş yaşında iken babasının evine döndü ve orada devlet lisesine devam etti.

Erken yaşta maneviyata eğilim göstermesine rağmen, üniversite yıllarında dünyevi bir yaşam sürdü. O dönemde dahi, ilahi aşka dair bir film izlese ya da koyu sarı cüppeli bir keşiş görse, içinde saklı olan, ruhsallığa dair kıpırtıları yeniden hissederdi.

Venu üniversiteye gittiğinde, kardeşi Balu Amma ile çoktan tanışmış ve kendisini maneviyata adamıştı. Balu, kardeşine Amma'dan birkaç kez bahsetmiş olmasına rağmen, Venu konuya ilgisiz kalmıştı. Hatta Amma'yı bariz küçümserdi ve üstüne basa basa "O balıkçı kızın yanına asla gelmem." derdi.

Ancak Amma, Venu ile tanışmadan önce bile Balu'ya "Kardeşin de benim oğlum. O da buraya gelecek." diye öngörüde bulunmuştu. Bunu duyan Balu endişelenmişti. Çünkü kendisinin evini ve dünyevi hayatı terk etmesi üzerine evde zaten bir kargaşa mevcuttu. Venu da onun izinden giderse ne olurdu? Ne var ki İlahî İrade, sıradan bir fâninin görüş âleminin çok ötesinde, her şeyden yücedir. Kaderde yazılan eninde sonunda gerçekleşir.

Venu, Fen Bilimleri lisansının son yılını okurken, Amma teyzesinin evini ziyaret etti. O gün Venu geldiğinde, Amma evin verandasında duruyordu. Venu, Anne'ye bakışını bile kaydırmadan, Sreekumar ve aşramın diğer sakinlerinin oturduğu kendi odasına geçti.

Aniden ve beklenmedik bir şekilde Amma Venu'ya yaklaştı ve sevgi dolu bir anne gibi ellerini tutarak: "Sen benim oğlum Balu'nun erkek kardeşi değil misin? Anne seni görmek için can atıyordu." dedi. Venu'nun yüreği yumuşamış, Amma'nın sıradan bir kişilik olmadığını, daha ziyade bir anne sevgisi ve şefkat pınarı olduğunu anlamıştı.

Venu, bir demir parçasının mıknatısa çekildiği gibi ona çekildiğini hissetmişti. Öğleden sonra Amma herkesi beslerken, Venu da pilavdan bir top aldı. Amma'nın sınır tanımayan sevgisini, herkese eşit yaklaşmasını ve çocuksu masumiyetini görmek onu derinden etkilemişti. Amma'nın yüzü, ruhani bir ışıltıyla parlıyordu.

Spiritüel gizemleri kendine özgü berrak açıklama biçimi, kendinden geçerek söylediği büyüleyici *bhajanları* ve hepsinden öte kusursuz tevazusu onda derin bir intiba bıraktı. Kısa bir zaman dilimi içinde Venu kendini Anne'nin çekim alanının içinde buldu. Amma başkaları ile konuşurken dahi, Venu'ya göre aslında onun kafasında peydah olan şüphelere cevap veriyordu.

Amma ile ilk karşılaşması, Venu'nun zihninde derin bir etki bırakmıştı ve Amma'ya ve manevi yaşama karşı sahip olduğu önyargıların hepsi ortadan kalktı. Her geçen gün Amma'yı görme hasreti artıyordu. Sonunda 1980'in Şubat ayında Vallickavu'ya geldi. Venu, Amma'yı görünce gözyaşlarına boğuldu. Kutsal Anne onu yakaladı ve yanına oturttu. O gece Venu, *Krişṇa Bhāva* sırasında tapınağa girdiğinde, gerçekten de Yüce Krişna'nın önünde olduğunu hissetti. Zihni neşeyle dolmuştu. Ne ağlayabiliyor ne de gülebiliyordu. Saf bağlılık ve bilgi bahşetmesi için Anne'ye dua etti. Amma, "Oğlum, aradığını bulacaksın." dedi. Anne ona bir parça kâğıdın üzerine yazılmış mantra ve tulasi yapraklarından yapılmış bir kolye verdi.

Venu, Amma ile ilk karşılaşmasının ardından, okula devam etmek konusundaki tüm isteğini kaybetmişti, tek dileği ruhani bir hayat sürmekti. Anne'nin ısrarıyla bir ay sonra gerçekleşecek olan üniversitedeki sınavlarına hazırlandı. Venu'nun üniversiteye saçları traşlı ve alnında kutsal kül ile gelmesine profesörleri ve diğer öğrenciler çok şaşırmıştı. Onun delirdiğini düşündüler. Aklı fikri sadece Amma'daydı. Ona o kadar odaklanmıştı ki yanlışlıkla o günkü dersin makalesi yerine bir sonraki günün sınavına hazırlanmıştı. Bir şekilde sınavlarını tamamlamayı başardı ve 1980 yılının Eylül ayında Amma'nın yanına kalıcı olmak üzere geldi.

Bir keresinde bir bayram kutlamasına istinaden aşramda sütlaç hazırlandı. Adanmışlara dağıtmadan önce Tanrı'ya sunmak adettendi. Venu bir su bardağı kadar doldurarak, tapınağın önündeki küçük mabedin içerisine yerleştirdi. Üstünü kapatacak başka bir şey bulamayınca, Amma'nın yakında olmadığından emin olmak için etrafa göz attıktan sonra, mabedin yanındaki küçük bir bitkiden ufak bir yaprak kopardı. Amma durumu uzaktan fark edip bağırmaya başladı: "Hey Venu!" Amma'nın sesini duyunca yaprağı saklamaya çalışırken, aceleyle bardağı devirdi ve tüm sütlaç kuma döküldü. Perişan hâldeki Venu, daha fazla göze batmadan yere dökülen sütlacı tekrardan bardağa doldurdu. Yere döküldükten sonra mabede koymasının doğru olmayacağını bile bile.

Tüm olayı uzaktan izleyen Amma ona ciddi bir sesle, "Oğlum, bunu köpek bile yemez. Sence insan yer mi bunu? Öyleyse, Tanrı'ya nasıl sunabildin? Oğlum bunu sen yer misin? Hayır! Bu gerçek bir günah. Tanrı, ona saf sevgi ve aşkla sunulan her şeyi, ne olduğunu önemsemeden, kabul eder. O sadece sunulan adağın ardındaki tavrı görür. Eğer gerçekten bilmeden yapsaydın, bunu bu kadar umursamazdım. Lakin yaptığının yanlış olduğunun tamamen idrakinde iken yapmaya devam ettin. Bir tek o da değil. O küçük bitkiden tazecik bir yaprak da kopararak bir hata daha işledin. Ne kadar acımasızsın! Bitkinin acı içinde ağladığını görebiliyorum. Biri seni çimdiklese ne kadar canın yanar. Oğlum, sen o bitkinin acısını hissetmesen de Anne hissediyor."

Venu hatasını anladı, pişmanlıkla bağışlanmak için dua etti. Amma dedi ki, "Oğlum, ne hata yaparsan yap, ben bunu kendi hatam olarak görüyorum. Anne sana hiç kızgın değil, ama sana *kâmilliğe* giden yolda rehberlik etmek için öyle davranması gerekiyor."

"Amma'dan bir şey saklamak mümkün değil." diyor Venu, "O her şeyi biliyor. Yaklaşık beş yıl önce bu gerçeği gösteren bir deneyim yaşadım. Bir akşam yemeğinde herkes *kanji* (pirinç lapası) yerken, canım aniden garnitür olarak biraz mango turşusu çekti. Günün erken saatlerinde aşram mutfağında gördüğüm turşu aslında işçiler ve ziyarete gelen adanmışlar için olduğundan bizlerin, yani aşram sakinlerinin onları almaması gerekiyordu. Ayrıca Amma, manevi arayıcılar olarak bizlerin çok baharatlı, ekşi, tuzlu veya tatlı yiyecekler yemememiz gerektiğini söylemişti. Talimatlarına uyulup uyulmadığını görmek için habersiz sık sık mutfağa gelirdi. Bunun farkında olmama rağmen, turşu arzusu ağır basmıştı.

Hiç ses çıkarmadan mutfağa girdim ve gizlice iki büyük dilim mango turşusu çaldım. Tam çıkmak üzereydim ki aniden Amma'nın sesini duydum: "Venu, elinde ne var?" Şok oldum ve suçüstü yakalanmamak için mango dilimlerini uzağa fırlattım. Amma ise dilimleri aradı ve buldu; beni yakaladı, ellerimi tuttu ve beni bir direğe bağladı. Çok utanmıştım ve korku içindeydim."

Bu çocuksu korku ve masumiyeti gören Amma kahkahaya boğuldu. Aslında Amma, *Gopilerin* evlerinden tereyağı ve süt çaldığı için annesi Yaşoda tarafından bir havana bağlanan çocuk Krişna'ya bakar gibi, Venu'nun hâlinden keyif alıyordu. Birkaç saniye sonra, Amma onu çözdü ve sevgiyle bir miktar mango turşusu ikram etti. "Oğlum, ancak dilin tadı kontrol edilirse yüreğin tadına varılabilir." dedi. Ruhani çocuklarının olumsuz eğilimlerini kurutmak için Amma'nın kendine has yolları vardır. Bazen onu "Ben hiçbir şey bilmeyen deli bir kızım." derken bulursunuz. Cahil ve saf bir köylü kızıymış gibi davranır, fakat gözleri her şeyde Hakikat'i görür. Bir hata gördüğünde, anneliğini geçici olarak saklayarak, içindeki büyük mürşidi ortaya çıkarır ve öğrencisine doğru yolu gösterir.

## Sreekumar (Swami Purnamritananda Puri)

Sreekumar aşrama gelmeden evvel bir elektronik mühendisiydi. 1979 senesinde henüz üniversiteye giderken, İlahi Hâller alabilen, insanların sorunlarına çareler bulabilen ve onları kutsayan bir kadın olduğunu duymuştu. Tanrı'ya inanıyor olsa da İlahî'nin insan bedeninde tezahür edebileceğinden şüphe duyuyordu. Çok az insanın mutlu olduğu ve çoğunluğun acı çektiği bu dünyanın doğası hakkında düşündükçe, iyi bir Tanrı'ya olan inancı giderek azalıyordu. Amma'nın gerçekten ilahi güce sahip olup olmadığını bizzat görmek için sonunda aşrama gitmeye karar verdi.

1979 yılının Mart ayında, şüpheci bir tavırla aşrama vardı ve Kutsal Anne'nin yakınına doğru çekilerek mabedin içine girdi. Anne'nin sevgi ve şefkat yüklü bakışı Sreekumar'ın kalbine işledi. Amma'nın varlığı onu orada, sırf Tanrı, Tanrı'nın ilahi ismi ve bir tek kendisinin içinde olduğu başka bir âleme taşıdı. Etrafıyla tüm bağlantısı koptu. Bu deneyim onu Amma'ya bağlamış ve aklını başından almıştı. Tek düşünebildiği oydu.

Amma ile ikinci karşılaşmasını Sreekumar şöyle aktarıyordu: "Kimisi ona 'çocuk' (kunju), kimisi de 'Anne' (Amma) diye sesleniyordu. *Bhāva darşan* sonrası, adanmışlarla konuşuyordu. Bir anda, masum küçük bir çocuk oluyordu. Adanmışlarla oyunlar oynuyordu ve onun bu masum hâlleri onların yüreklerini coşkuyla dolduruyordu ve her şeyi unutuyorlardı. Bazen şarkı söyleyip dans ederken hemen sonra duyduğu bir şarkının verdiği hüzünle aniden ağlar, dünyayla bağı tamamen kesilir ve hareketsiz kalırdı. Bazıları önünde eğilir, başkaları elini öperdi. Aralarından bazıları da oturur, adanmışlık şarkıları söylerdi. Sonra sanki delirmiş gibi bir anda yerlerde yuvarlanıp kahkahalar atardı.

Sreekumar başlarda Amma'nın Tanrıça Kālī ve Krişṇa tarafından geçici olarak ele geçirildiğini düşünüyordu. Ancak zamanla, Amma ile yakınlaştıkça anladı ki Amma *Bhāva Darşan* esnasında kendi Öz kimliğini, yani Mutlak Hakikat ile birliğini dışa vuruyordu.

Sreekumar'ın Amma ile bağı gün geçtikçe güçleniyordu. Ondan ayrı olmak ona çok zor gelmeye başlamıştı. Her fırsatta zamanını Amma ile geçirmeye geliyordu. Bazen Amma onu kendi elleriyle beslerken, aynı anda manevi öğütler de veriyordu. Bir gün ona, "Amma sana tekrarlaman için bir mantra verdi mi?" diye sordu. Sreekumar, "Evet, küçük bir kâğıt parçasına yazılıydı ve derslerimin daha iyi olması içindi." diye cevapladı. Amma bunun üstüne, "Oğlum, *Devī Bhāva* esnasında Anne seni inisiye edecek." dedi. O gece Sreekumar bir mantraya inisiye oldu. O andan itibaren hayatının tümünü Amma'nın rehberliğinde maneviyata adamaya karar verdi.

Sreekumar'ın anne-babası Amma'nın adanmışları olsalar dahi, onun bir keşiş olmasını onaylamadılar. İtiraz nedenleri ise babasının emekli olması ve kız kardeşinin henüz evlenmemiş olmasıydı. O yüzden, yaklaşık altı yüz kilometre ötedeki Bangalore şehrinde ona bir iş ayarladılar. Amma'nın yokluğunda hasret acısıyla yüreği parçalanırken, Amma'nın vizyonunu görürdü. Onu avutmak için Amma ona ara sıra mektup gönderirdi. Aşağıdaki yer alan şarkıyı o dönemde yazdı:

### Arikil undenkilum
### (Yakınımda olsan da)

*Ey Anne, yakınımda olsan da*
*Oradan oraya savrulurum, ama Seni bilemem.*

*Gözlerim olsa da, ararım, ama Seni göremem.*
*Mavi kış gecelerinde,*
*Açılan o güzel ay Sen misin?*
*Göklere uzanamayan bir dalgayım*
*Başını sahile vuran.*

*Tüm bu dünyevi rahatın bir değeri olmadığı*
*Hakikatini idrak ettiğimde*
*Seni bilmeye can attım ve*
*Gece gündüz gözyaşı akıttım.*

*Beni avutmak için gelmeyecek misin?*
*Acının getirdiği bu yükten bezginim.*
*Geleceğin ümidiyle*
*Daima Seni bekliyorum.*

Amma'ya ve onunla yaşamaya duyduğu özlemi o kadar yoğundu ki bir ay bile olmadan Bangalore'dan eve geri döndü. Eve varır varmaz yüksek ateşten hastaneye kaldırıldı. Amma'yı görme arzusu ile yanıp tutuşan Sreekumar, sonunda bir sabah saat dörtte muhteşem bir deneyim yaşadı.

"Babam bana kahve almak için çıkmıştı ve ben odada yalnızdım. Bir anda ellerim ve bacaklarım paralize oldu. Serin, tatlı bir esinti hissettim ve şaşkınlıkla odaya Amma'nın girdiğini gördüm. Tatlı bir tebessümle bana doğru geldi. Ufak bir çocuk gibi ağlamaya başladım. Sonrasında o yanıma oturdu ve başımı kucağına koydu. Hiçbir şey demedi. Çok duygulanmıştım. Kelimeler boğazımda düğümlenmişti. Amma'nın bedeni ilahi ışıkla parlıyordu ve bedeninden çıkan bu ışık tüm odaya yayılmıştı. Tam bu sırada kapı açıldı ve babam içeri girdi. Kutsal Anne o anda yok oldu."

Birkaç gün sonra Amma bir sabah Sreekumar'ın evini ziyaret etti. Evin önünde oturmuş çocuklarla oynuyordu. Aniden ayağa kalktı ve elleriyle bir mudra oluşturarak, evin doğusundaki tarlalara doğru yürüdü. Biraz ilerledikten sonra, bir ailenin yılanlara ibadet ettiği bir ormanlık alana girdi. arı kapalı gözlerle bir tür trans hâlinde, aileye büyüleyici bir gülümsemeyle baktı ve yılan ibadeti için inşa edilmiş olan küçük tapınakta oturdu.

Oradakiler bu olağandışı manzarayı görmek için toplandı. Ancak bazıları zehirli yılanlarıyla bilinen bu ormana girmeye korktu. Haberi duyan koru sahipleri gelip, Amma'nın önünde ellerini göğüslerinin önünde birleştirip durdular.

"Anne, ibadeti ara vermeden yapıyoruz. Başka bir şey yapmamız gerekiyor mu?" diye sordular. Amma, "Buraya her gün bir bardak taze su getirin. Bu yeterli olacaktır." dedi.

Amma eve geri döndüğünde, aile ona "Anne, oraya gitmene ne sebep oldu?" diye sordu. "Orada yılanlara ibadet çok uzun zamandır devam ediyor. Amma, oraya, ormanda yaşayan tanrısal varlıkların isteğini yerine getirmek için gitti. Buraya geldiğim andan itibaren beni çağırdıklarını hissediyordum." diye yanıtladı.

Bu olaydan kısa bir süre sonra, Sreekumar'ın ailesi ona Bombay'da bir iş buldu. O kadar sert bir şekilde ısrar ettiler ki sonunda Sreekumar'ın oraya gitmekten başka bir seçeneği kalmadı. Gönülsüzce, Amma'dan bir kez daha ayrılarak Bombay'a gitti. Trende giderken yoğun bir şekilde Amma'nın varlığını hissetti. Yarı uyanık, yarı uyku hâlinde sürekli onun vizyonlarıyla kendinden geçerek, Amma'nın ilahi varlığından müthiş keyif alarak yol aldı. Sekiz ayın sonunda, artık ondan ayrı kalmaya tahammül edemeyerek istifasını verdi. Bombay'da kaldığı sürede Sreekumar, kalp sancısını anlatan aşağıdaki şiiri yazdı:

### Azhikulil
### (Ufkun ötesinde)

*Güneş batı okyanusunda battı*
*Ve gün ağlamaya başladı...*
*Aslında kâinatın mimarının oyunu hepsi.*
*O yüzden siz, kapanan nilüferler,*
*Neden neşesiz keyifsiz olasınız?*

*Bu âlem keder ve sefaletle dolu.*
*Tanrı'nın draması sadece, ben ise seyircisi.*
*Bir tahta kuklayım O'nun elinde,*
*Dökecek gözyaşı olmayan.*

*Aklım bir alev gibi yanıyor,*
*Senden ayrı, bu gam deryasında.*
*Savruluyorum etrafa,*
*Varamıyorum kıyıya.*

Amma'ya gelip, ruhani yaşama ciddi anlamda sarılmadan evvel bile, Sreekumar varoluşun astral düzleminde deneyimler yaşardı. Uzanırken, ince bedeninin kaba bedeninden çıktığını ve etrafta dolaştığını hissederdi. Böyle anlarda gözleri kapalı dahi olsa, nesnel dünyayı açıkça görebilirdi.

Bombay'da kalırken heyecan verici bir deneyim yaşadı. Bir gündüz vakti, meditasyondan sonra bir süre daha gözleri kapalı otururken, aniden vücudu katılaştı. İnce bedenini kaba olandan ayrı olarak hissetti ve bir anda gürleyen bir ses duydu. Ardından atmosfere bir duman dalgası yükseldi ve tam ortasında, Amma'yı *Devī Bhāva* esnasında giydiği rengârenk kıyafetiyle gördü. Amma'nın muhteşem görüntüsü zihnini huşu ve derin bir saygıyla doldurdu. Bu olağanüstü vizyonu görürken birkaç dakika geçmişti ve bu arada ne bedenini hareket ettirebilmişti ne de gözlerini açabilmişti.

28 Ocak 1980 akşamı, Sreekumar anne-babasını ziyaret etmek için evine gitmek üzereydi ki Amma "Burada kal; bugün hiçbir yere gitme." diyerek onu uyardı. Kendi sözleriyle: "Annem'in sözlerini duyduğuma sevinmiştim. Dışarı çıkma planlarımı iptal ettim. Akşam saat altı sularında, dışarıda durup bazı insanlarla konuşurken aniden bacağımı bir şeyin ısırdığını hissettim. Acı içinde yakardım. Bunu duyan Amma hemen olduğum yere koştu. Isırık yarasını hemen bulan Amma, kanı ve zehri emip tükürdü. Buna rağmen acı dayanılmaz hâle geldi. Acı içinde yerlerde yuvarlandığımı gören Amma beni rahatlatmaya çalıştı. Sonunda, diğerlerinin ısrarı ile yılan ısırması konusunda uzmanlaşmış bir doktora götürülmeme izin verdi. Doktor, "Seni ısıran yılan son derece zehirliymiş, ama tuhaf bir şekilde zehir vücudunu veya kanını etkilememiş gibi duruyor." dedi. Amma'nın sevgi dolu ve şefkatli bakımıyla, sabaha karşı üçte ancak uyuyakaldım. Amma kendisi de ondan sonra dinlenmeye çekildi.

Ertesi sabah Amma bana, "Oğlum, nerede olursan ol, bir yılan tarafından ısırılacaktın. Ancak, Anne'nin huzurunda olduğun için ciddi bir şey olmadı. Bu yüzden dün Amma senin buradan uzaklaşmanı istemedi." dedi. Daha sonradan evde astrolojik haritama baktım. Ölümle sonuçlanabilecek olaylar olabileceğini söyleyen haritamı görünce şaşırdım: 'Yirmi iki yaşında zehirlenme olasılığı var. Bu nedenle, sağlığı için tapınakta özel ibadet ve adaklar yapılmalıdır.' diyordu.

Amma'nın inayeti sayesinde Sreekumar ona *sādhanā*sını her zaman daha da şevkle sürdürmesi için ilham kaynağı olabilecek çeşitli ruhsal deneyimler yaşadı. Annesi, babası ve kız kardeşi için uygun koşulları oluşturduktan sonra kalıcı olarak aşrama yerleşti.

## Ramakrishnan (Swami Ramakrishnananda Puri)

Ramakrishnan, Kerala'daki Palakkad'dan gelen *brahmin* bir ailenin oğludur. 1978 yılında, Travancore Eyalet Bankası'nda çalıştığı sırada, arkadaşlarından birinden Amma'yı duymuştu. Bir akşam, arkadaşı ile beraber Amma'yı görmeye gittiler. Katı bir *brahmin* ailesinde yetişmiş olmasına rağmen, üniversitede yanlış arkadaşların etkisi altında kalmıştı ve kötü bir yolda ilerliyordu. Amma'yı gördüğünde gözyaşlarına boğuldu. O arındıran gözyaşları ile her şey yıkanıp temizlenirken, içindeki tüm hoyratlık erimiş ve yumuşamıştı. Bu olaydan sonra Amma'nın İlahi Hâlleri'ni görmek için her darşana gelmeye başladı. Ufak bir çocuk gibi ağlayıp ona sevdiği Tanrıça Madurai Mīnakşi'nin vizyonunu vermesi için dua ederdi. O vizyonu görememenin derin üzüntüsünden bazı günler oruç bile tutardı. O günlerde Amma onu sütlaç ile beslerdi, orucunu konu bile etmeden. *Devī Bhāva* sırasında Amma'nın kucağında yoğun bir özlemle ağlarken, ona "Anne, yarın bana gelir misin? En azından halhallarının şıngırtısını duymama izin ver." diye sorardı. Amma onun mütevazı dualarına karşılık ona Tanrıça Mīnakşi'nin birçok vizyonunu gösterdi. Bazı günler Amma'nın halhallarının şıngırtısını duyar ve Kutsal Anne'yi görürdü; bazı zamanlarda tüm atmosfere yayılan ilahi bir esansın kokusunu alırdı.

Ramakrishnan'ın dünyevi yaşamı terk etmesine ve feragat ve maneviyat dolu bir yaşamı tercih etmesine iki önemli olay sebep oldu. İlki, Amma'dan aldığı inisiyasyondu. O uğurlu günde, kendisine Amma'dan aktarılan tarifsiz bir güç hissetmişti ve bu hayatın anlamı ve amacına dair inandığı kavramları tamamen değiştirmişti. İkinci olay ise şöyleydi: Ramakrishnan'a bir gün Śrī Ramakrişṇa Paramahamsa'nın resmini gösterirken, Amma "İkinizin ismi aynı, ama sen böyle oldun." dedi. Amma'nın bu sözleri Ramakrishna'nın kalbine bir şimşek gibi çaktı ve gerçek bir manevi arayıcı olma konusundaki arzusunu güçlendirdi.

Bir yaz akşamı Ramakrishnan, *Devī Bhāva* esnasında Amma'dan darşan almaya geldi. Amma'nın oturduğu tapınağın içerisi feci sıcaktı. Amma ondan yelpaze ile onu serinletmesini istedi. O ise, kapıda bir grup genç kadın durduğundan çekindi. Kendi kendine, 'Devlet bankasında çalışan benim gibi bir genç adamın, bir kadını yelpaze ile serinlettiğini görürlerse bana gülebilirler.' diye düşündü. Bunu düşünerek Amma'ya yelpazeyi sallamadı. Fakat tam tapınaktan çıkacakken, başını eşikteki ahşap sütuna kötü bir şekilde çarptı. Onun sakarlığını gören tüm genç kızlar kahkahalarla gülmeye başladı. Ramakrishnan utancından bembeyaz kesildi. Ertesi gün Ramakrishnan Amma'ya darşana gittiğinde Amma onu çağırdı: "Dün sana rica ettiğim hâlde beni yelpazeyle serinletmek istemedin. Sana güleceklerinden korktuğun o genç hanımların önünde seni alay konusu yapmanın iyi olacağını düşündüm!" O olaydan sonra Ramakrishnan kendisinden istenmeden düzenli olarak darşan günlerinde Amma'yı yelpaze ile serinletti.

Ramakrishnan bir keresinde, aşramdan yaklaşık yüz kilometre uzaklıktaki bir banka şubesine transfer edildi. Görevlerinin arasında, kasanın anahtarını yanında tutmak ve her sabah en geç saat 10'da orada hazır olmak vardı. Pazar gecesi başlayıp ertesi sabah saat 10'da sona eren darşanın ardından, Ramakrishnan aşramdan ayrılıp otobüse bindi ve ofisinden yaklaşık 13 kilometre uzaklıktaki bir durağa ulaştı. Ancak orada bir sonraki otobüsün saat 10'da geleceğini öğrendi. Taksiye binmek istedi, ama boş taksi bulamadı.

Endişeli ve üzgün bir şekilde, "Amma!" diye seslendi. Birkaç dakika sonra motosikletli biri geldi ve önünde durdu. Adamı hiç tanımıyordu. Ramakrishnan'a, "Ben Pampakuda'ya (tam olarak Ramakrishnan'ın çalıştığı küçük köy) gidiyorum. Saat 10'a kadar otobüs yok, o yüzden isterseniz sizi de bırakabilirim." dedi. Ramakrishnan minnetle motorun arkasına oturdu. Saat tam 10'da bankadaydı! Ramakrishnan bunu Amma'ya aktardığında Amma ona: "Konsantrasyonla yapılan tek bir çağrı yeterlidir. Tanrı bunu duyar." dedi.

1981'de Ramakrishnan, ruhani üstadın verdiği öğüdü yerine getirmenin önemini idrak edeceği iyi bir ders aldı. Ebeveynleri, Ramakrishnan'ın aşramda çok uzun süre yaşamasının sonucunda bir keşiş olacağından korktukları için, kendilerine yakın olsun diye onu memleketlerindeki bir banka şubesine transfer etmeye çalıştılar. Ailesinin yoğun baskılarına sonunda boyun eğdi ve Amma'dan tavsiye ya da izin almadan transferi için başvuruda bulundu. Birkaç gün sonra fikrini değiştirdi ve banka yetkililerine önceki başvurusunu dikkate almamaları için bir mektup gönderdi.

Bir gün Amma, "Bankaya gönderdiğin ikinci mektubu bir sorsan iyi edersin. Bankaya hiç ulaşmamış." diye onu uyardı. Ramakrishnan ise "Amma, buna gerek yok. Onu almış ve kabul etmiş olmalılar." diye cevap verdi. Amma birkaç kez daha ikinci mektubu sorması için ısrar etmiş olmasına rağmen, Ramakrishnan onun sözlerini ciddiye almadı.

Çok geçmeden bankanın Trivandrum'daki merkez ofisindeki yetkililerden transfer haberini aldı. Görevli memurlarla görüşmek için acele etti etmesine ama iş işten geçmişti. Amma'nın ona söylediği gibi, önceki başvuruyu dikkate almamalarını talep ettiği mektubu hiç almamışlardı. Bir şekilde kaybolmuştu. Bu sayede Ramakrishnan, Guru'nun öğrenciye önemsiz gibi gözüken ifadelerinin bile kesinlikle göz ardı edilmemesi gerektiğini, acı bir ders ile öğrenmiş oldu.

Amma bir gün sohbet esnasında kaşlarını çatarak Ramakrishnan'a döndü ve "Dünyadan elini eteğini çekmiş, derviş hayatını benimsedikten sonra bile kızlara bakanlar var." dedi. Ramakrishnan, "Kim o, Anne?" diye sordu. "Sen!" Amma cevapladı. Ramakrishnan şok olmuştu. "Ne? Ben mi? Ben kadınlara asla bakmam! Amma bana haksız yere kızıyor." diye yalvardı.

Bir sonraki dakika Amma, Ramakrishnan'ın yakından tanıdığı bir kadının adını söyledi. Kocasının adını, çocuklarını ve diğer aile üyelerini tüm ayrıntılarıyla anlatmaya devam etti. Ramakrishnan'ın ağzı açık kalmıştı. Amma'nın bilmesinin imkânı olmayan bir kadının, tam tarifini, nerede olduğunu ve diğer ayrıntılarını duyunca şok oldu. Amma ona tekrar sordu: "Hey, Ramakrishnan, doğruyu söyle! Ona her gün bakmıyor musun?"

Ramakrishnan sessizliğe büründü. O kadına her gün baktığı doğruydu, ama neden? Kadının dış görünüşü Amma'nınkine çok benziyordu. Onu görünce Amma'nın kendisini görüyormuş gibi hissediyordu. Amma, onun başını eğmiş, suskun bir şekilde durduğunu görünce kahkahalara boğuldu. Fazla söze gerek yok; bu vukuattan sonra Ramakrishnan bir daha o kadına asla bakmadı! Amma'nın ruhani çocuklarının dış eylemlerini ve iç düşüncelerini nasıl yakından gözlemlediğini ve onlara nasıl yol gösterdiğini bu olay açıkça göstermektedir.

Aşram, resmî bir hayır kurumu olarak tescil edilmeden önce, sadece birkaç kişinin orada kalmasına izin veriliyordu. O zamanlar yeterli bütçe olmadığı için, çok sayıda insanın ihtiyacını karşılamak güçtü. İşlerini bırakan bazı *brahmaçariler* yiyecek ve giyecek için Ramakrishnan'ın eline bakıyordu. Hâlâ çalıştığı için, onlar talep etmeseler de, ihtiyaçlarını memnuniyetle gideriyordu.

Aşramın başlangıç günlerinde Ramakrishnan, Amma'nın iki farklı benliği olduğunu düşünüyordu: *Bhāva Darşan* sırasındaki ilahi benliği ve onun her zamanki benliği. Bu fikir zihninde çok fazla kafa karışıklığına neden oluyordu ve bu şekilde düşünmek ona kendini kötü hissettiriyordu. Sonunda Amma'dan onu kutsamasını ve hatalı düşünme şeklini temizlemesini istedi. Bir gece Amma'nın her zamanki hâliyle, beyaz kıyafetler içindeki bir vizyonunu gördü. Bu, Amma'nın beyaz giyinmeye başlamasından önceki günlerde oldu. Bu vizyonu gördükten sonra Ramakrishnan, Amma'nın hâli ne olursa olsun aslında aynı kişi olduğuna inanmaya başladı. Ramakrishnan'ın Amma'ya inancı derinleşti ve zihni giderek onun ilahi formuna ve adına sabitlendi. Bu hâl, işinde pek çok sıkıntılı durum yarattı. Bazen parayı sayarken şaşırmasına ya da bankanın hesaplarında hatalar yapmasına sebep oluyordu. 1982 yılında hem aşramda yaşamaya başladı hem de banka işini sürdürüyordu. 1984 yılında kalıcı olarak aşramda yaşamak için görevinden istifa etti.

## Rao (Swami Amritatmananda Puri)

Ramesh Rao, Kerala'nın Haripad kentinde zengin bir *brahmin* ailesine doğdu. Yanlış yollara sapmış, şımarık bir yaşam tarzını benimseyerek, dünyevi zevklerin tadını çıkaran ve bunlara düşkün modern bir genç olarak büyüdü. Dünyevi bir yaşam sürdürüyor olmasına rağmen, dua etmek ve laçka hayat tarzı için tövbe etmek amacıyla yakınlardaki Devī Tapınağı'na giderdi. İyi veya kötü, bir işe kalkışmadan evvel, Ana Tanrıça'nın inayetini almak için her zaman tapınağı ziyaret ederdi.

Bir keresinde Ramesh'in bir arkadaşı onu Amma'nın aşramına davet etti, ancak o daveti reddetti. Daha sonra, çalışmak için yurt dışına çıkmaya çalışırken, Amma'nın ilahi güçlere sahip olduğunu ve geleceği önceden bildiğini duyduğundan, geleceğini öğrenmek için aşramı ziyaret etmeye karar verdi. Böylece, 1979 yılının Haziran ayında *Kṛṣṇa Bhāva* esnasında tapınakta darşan veren Kutsal Anne'ye gitti. O daha ağzını açmadan, Amma ona şöyle dedi: "Oğlum, okyanusu geçmeye çalışıyorsun. Bunu istiyorsan, Amma mümkün kılacak. Merak etme."

İlk buluşmada Ramesh, Amma'nın kutsallığına ikna olmuştu ve yoğun bir ilahi aşkla ona bağlı hissetti. Eve döndüğünde, babasının ona devrettiği tekstil işine kafasını odaklamaya çalıştı, lakin zihni sadece Amma'ya dair düşüncelerle doluydu. Bazı günler, onu görme hasreti ile o kadar yanıp tutuşurdu ki dükkânı kapatıp aşrama koşardı. Bir gün Amma'dan evine dönmek için izin isterken, Amma ona "Oğlum, nereye gidiyorsun? Kaderde senin burada olman yazılı." dedi.

Bir gece Ramesh rüyasında evrenin nihai yok oluşunu gördü. Her yere ateş topları yağıyordu. Okyanusun dalgaları gökyüzüne yükselmişti ve yeryüzü sular altında kalmak üzereydi. Ramesh tüm gücünü toplayarak, "Amma!" diye seslendi. Anında çalkantılı denizden parlak bir ışık yükseldi ve her yöne yayıldı. Bu ışıltıdan, kırmızı ipekten bir *sarī* giymiş ve vahşi bir aslanın üzerinde oturmuş Tanrıça Durga'nın göz kamaştırıcı görüntüsü ortaya çıktı. Sekiz elinin her birinde ilahi silahları tutuyordu. Ramesh, Tanrıça'nın şefkatli yüzünün Amma'nın yüzü olduğunu görünce affaladı. Tanrıça onu teselli etti: "Ben seninleyken neden korkasın? Sen benim oğlumsun. Endişelenme." Bundan sonra Ramesh, rüyalarında Amma'nın daha birçok vizyonunu gördü.

Amma ile olan yakın ilişkisi sayesinde, Ramesh'in Tanrı Hakikati'ne varma isteği ve Amma'nın huzurunda yaşamaya yönelik içsel dürtüsü yoğunlaştı. Bir gün onun huzurunda otururken, arzusunun alevlerini körükleyen bir deneyim yaşadı. Saat 16:00 idi ve Ramesh her zamanki gibi tapınakta oturan Amma'yı görmeye gitmişti. Tapınağa girdi ve Amma'nın önünde eğilerek selam verdikten sonra yanına oturdu. Anne'nin ışıldayan yüzüne bakarken, tapınaktaki bütün atmosfer aniden değişti. Çokluk âlemi kayboldu ve yalnızca Amma'yı görür oldu. Onu kendi annesi ve kendisini de iki yaşında bir çocuk olarak buldu. İlahi aşktan sarhoş olan Ramesh, dış dünyayı unuttu. Amma sevgi dolu bir şekilde başını kucağına koydu. Rao'nun iç mutluluğa daldığını bilen Amma, nazikçe başını kaldırdı; oradaki bazı adanmışların onu tapınağın zeminine yatırmasını istedi. Saat dokuzda Amma tapınağa geri döndü ve onu hâlâ aynı hâlde yerde yatarken buldu. Ancak Amma'nın "Oğlum" demesiyle, Ramesh normal bilincine geri dönebildi. Bu olayın ardından Ramesh'in hayatı önemli ölçüde değişti. Amma'yı görme özlemi arttı. Dünyevi meselelere pek aldırış etmemeye başladı. Dükkâna gitmeyi bıraktı ve Amma ziyaretleri epey sıklaştı. Amma'nın yanında günler ve haftalar geçirmeye başladı. Ramesh'teki bu ani değişim, ailesinde endişe yarattı. Ailesi ve akrabaları, onu dünyevi hayata geri getirmeye ve evlenmeye ikna etmeye çalıştılar. Ancak tüm girişimleri başarısız oldu. Bir gün Amma Ramesh'e, "Oğlum, ailen seni görmeyi çok istiyor. Evine git ve burada kalmak için onlardan izin al." dedi. Ramesh, "Anne, beni terk mi ediyorsun? Bana sorun çıkaracaklardır." dedi. Anne ise, "Cesur bir adam, tüm bu zorlukların üstesinden gelebilen kişidir." diye cevap verdi.

Amma, Rao'yu, başka bir aşram sakini ile birlikte eve gönderdi. Aile üyeleri, Ramesh'i zorla ev hapsinde tuttular. Amma'nın onu kara büyü ile efsunladığını düşünüyorlardı. Oğullarını dünyevi hayata dönmeye ikna etmek için özel ritüeller yaptılar. Anne-babası, Ramesh'i aşramdan koparıp, dünya hayatına geri döndürmek için bir hocanın özel mantralarla hazırladığı *ghī*yi (saflaştırılmış ya da sade yağ) yemesi için ısrar etti. Ramesh, Amma'nın *ghī* hakkındaki düşüncesini sordu. Anne, "Oğlum, yiyebilirsin. İçinde kötü bir şey varsa, bırak olsun. Ruhsal eğilimlerin sayesinde bana ulaşabildin. Yağı yesen bile sana hiçbir şey olmayacak." dedi.

Amma'nın sözünü dinleyerek, Ramesh *ghī*yi yedi ve dediği gibi hiçbir şey olmadı. Ruhsal yaşama duyduğu açlığında bir damla azalma olmadı. Bunun üzerine aile taktik değiştirerek, daha gaddar ve insanlık dışı bir şekilde davranmaya başladı. Oğullarının bu ani değişimini, onun yurtdışında iş bulamamasından kaynaklanan zihinsel bir buhrana bağladılar. Ramesh'in yeni hâlini onaylamayan arkadaşlarının yardımı ile onu zorla bir psikiyatriste götürdüler.

Ramesh doktora, "Ben deli değilim. Gurumun sözlerine uyacağım. Asıl dünya için deliren sizlersiniz. Bu deliliğinizi başkalarına da empoze etmeye çalışıyorsunuz." dedi. Akrabalarının ısrarı ile doktor, Ramesh'e on günlük bir tedavi uyguladı. Oğullarının dünyevi yaşamı arzulamasını amaçlıyorlardı. Çevre değişikliğinin onu eski hâline getireceğini umarak, psikiyatristteki tedavisinin ardından onu derhâl Bhilai'deki akrabalarının yanına gönderdiler. Aynı zamanda Ramesh'e uygun bir eş arayışına giriştiler.

Acı içindeki Ramesh, Amma'ya şu sözleri yazdı: "Anne, şu ana kadar bu geçici arzulara kanmadım. Fakat Amma beni şimdi kurtarmazsa, Amma ile cennette buluşacağım. İntihar edeceğim."

Bhilai'de bir ay kaldıktan sonra Rao tekrar evine getirildi. Artık manevi düşünme ve yaşama biçiminden vazgeçtiğine ikna olmuşlardı. Tekstil işine devam etmesi için onu teşvik ettiler. Bir gün kimsenin haberi olmadan Amma'yı ziyaret etti. "Amma, eğer beni terk edersen, öleceğim." diye yalvardı. Amma'nın cevabını beklemeden, aşramda kalmaya başladı. Kaldığı o üç gün boyunca, Amma, akrabalarının onun yolunu engellemeye yönelik niyetleri hakkında onu birkaç defa uyardı. Yoluna taş koyacaklarını söyledi. Hatta ona eve gitmesini ve ailesi ruhani bir hayata izin verinceye kadar beklemesini söylemiş olmasına rağmen Rao kulak asmadı. "Eğer eve dönersem ruhsal pratiklerime devam etmeme izin vermeyecekler." dedi.

Bu süreçte Rao'nun babası, oğlunun zorla Amma'nın gözetiminde tutulduğunu iddia ederek, polis müdahalesi talebiyle Amma hakkında şikâyet duyurusunda bulundu. Üçüncü günde Rao'nun babası ve bazı akrabaları, bir araç dolusu polis ile aşrama geldi.

Rao, polis memuruna cesurca "Ben istediğim yaşam tarzını seçecek olgunluktayım ve istediğim yerde kalmaya karar vermekte özgürüm." dedi. Sözlerini hiç dikkate almadan, akrabaları polisin yardımı ile onu Trivandrum'daki bir akıl hastanesine yatırmaya karar verdiler. Yolda giderken Kollam'da öğle yemeği için durdular. Rao yemek yemeyi reddetti ve arabada kaldı. Birden içinden bir ses yükseldi: "Eğer şimdi kaçarsan, kurtulacaksın. Yoksa mahvolursun."

Hemen akabinde tam önünde bir otorikşa durdu. Saniye vakit kaybetmeden hemen araca atladı. Şoföre adresi verdi ve hızlı gitmesini söyledi. Cebinde beş kuruş yoktu. Fakat aşram sakinlerinden biri Kollam'da kalıyor ve Felsefe Yüksek Lisansına hazırlanıyordu. Rao ona neler olduğunu anlattı. Aynı gece bazı adanmışların yardımıyla Rao, Kerala'dan ayrılıp Bombay'daki Chinmaya aşramına gitti. Akrabaları onun Bombay'da olduğunu öğrenince onu bir kez daha alıkoymak istediler. Rao hayatını kurtarmak için Himalayalar'a kaçtı. Yanında ne yeterli para, ne tren bileti, ne yemek, ne de dondurucu soğuklardan onu koruyacak sıcak kıyafetleri vardı. Bir şekilde Himalayalar'a ulaştı ve orada köy köy dolaşmaya başladı. Yemek dilenen, bir ağacın altında veya bir mağarada meditasyon yapan, dolaşan bir derviş hâline gelen Rao'nun, tüm kıyafetleri yırtık ve delik içindeydi. Günler ve aylar birbirini kovaladı. Amma'ya daha evvelden bildirdiği adrese nihayet bir mektup geldi. Mektupta Amma ona kısaca 'Oğlum geri dön. Artık sorun yok.' diyordu.

Rao, Amma'nın aşramına geri döndü. Sonrasında Amma onu, iyi bir ders almış olan anne-babasını ziyarete gönderdi. Derslerini almış ve oğullarının geri döndüğüne sevinmiş görünüyorlardı. Ancak yine de onun aklını çelmeye çalıştılar. Zorlama yolunun işe yaramadığını anlayınca onu sevgi dolu bir tavırla değiştirmeyi denediler. Ancak tüm çabaları, Rao'nun dünyevi yaşama olan ilgisizlik ateşinde yitip gitti. 27 Ağustos 1982'de Rao, aşramı daimî ikametgâhı kılarak ruhsal pratiklerini rahatsız edilmeden sürdürmeye başladı.

## Nealu (Swami Paramatmananda Puri)

Neal Rosner, 1949 yılında Amerika'da Şikago şehrinde dünyaya geldi. Önceki *samskāra*ları sayesinde dünyevi hayatın iyi ve kötü etkilerinin muhakemesine erken yaşta varabilmişti. Hindistan'a ulaştığında zaten bağımsız bir kişiliği mevcuttu. 1968'den 1979 yılına kadar Tiruvannamalai'da kalarak *sādhanā* (ruhsal pratikler) uyguladı. 1979 yılında Vallickavu'ya vardı. Bütün tren yolculuğunu hasta ve yatalak olarak geçirmişti. Yorgunluk, zayıflık, sırt ağrısı, karın ağrısı, iştah kaybı, yürüme ve oturma güçlüğü gibi rahatsızlıklardan muzdaripti.

Nealu aşrama vardığında, Amma ile ilk karşılaşmalarında özel bir şey yaşamamıştı. Ama ikinci gece *Krişṇa Bhāva* esnasında, ruhsal bir varlığın eski tapınaktan onun içine girdiğini ve onu mutlulukla doldurduğunu hissetti. Sebebini açıklayamadığı bir ağlamaya tutuldu. Bu ağlama onda, bunca zamandır çektiği ağrıların büyük ölçüde çözülmesine ve hafiflemesine yaradı. Tapınağın içine girip Amma'nın gözlerinin içine baktığında, huzur ve içsel mutluluğun ışığını gördü. Amma'nın sakinliğini, onun bedeninden etrafa dalga dalga yayılan sükûtu görerek, Ondan kaynaklı yaşadığı ilahi deneyimin etkisiyle, Nealu, Amma'nın bir *jīvanmukta* (özgürleşmiş ruh) olduğuna ikna oldu. Nealu, Amma'nın inayetiyle, onun uluhiyetini sadece *bhāvalar*da ifşa ettiğini ve diğer zamanlarda gizlediğini en başından anlamıştı. Kendini ilahi saadetin mertebesine yükseltilmiş buldu. Amma'ya, sonsuz saadete giden yolda ona rehberlik etmesi için dilekte bulundu ve Amma onun bu dileğini kabul etti.

Bir keresinde Nealu, Amma'ya, hikmet gösterip onu ilahi adanmışlıkla kutsayıp kutsayamayacağını sordu. Amma küçük bir çocuk gibi masum bir kahkaha attı ve ona şöyle dedi: "Ne yapabilirim ki? Ben deliyim." O gün *Devī Bhāva* bitmek üzereyken, Amma, kapının eşiğinde durmuş bakışlarıyla O'nu izleyen Nealu'yu yanına çağırdı. Nealu, Amma'nın yüzünde bir nur hüzmesi gördü. Işık gittikçe yoğunlaşıyordu. Sonunda parlak bir ışıktan başka bir şey görünmez oldu. Her şey görüntüden kayboldu. Ne Amma vardı, ne tapınak, ne çevredekiler, ne de dünya kalmıştı. Bir tek, Amma'nın olduğu yerden yayılan parlak ışık kalmıştı. Her yeri kaplayarak her yöne doğru yayılıyordu. Tüm boşluğu sarmıştı. Sonunda ışık yavaş yavaş küçüldü, küçük bir ışık zerresine döndü ve nihayetinde ortadan kayboldu. Nealu şaşkına dönmüş, hayretler içinde kalmıştı. Anne'nin varlığını kendi içinde deneyimlemişti. Öyle bir hâle ulaşmıştı ki Amma'nın ışık olarak görüntüsünün sadece düşüncesi bile gözlerinden yaşların akmasına yetmişti. Bu görünün ardından dört gece gözüne uyku girmedi. O ilahi deneyim ile efsunlanmıştı ve sürekli bir gül kokusu almaya başlamıştı. Amma'nın onayı ile Vallickavu'da kalarak *sādhanā* yapmaya karar verdi. Amma ona bir *rudrakṣa mālā* (rudrakşa tohumlarından oluşan tespih) verdi. O mālādan yıllarca farklı dönemlerde değişik kokular yayıldı.

Nealu, hiçbir ilaç kullanmadan, yalnızca Amma'nın ilahi *sankalpa*'sıyla (niyetiyle) büyük ölçüde iyileşmişti. Artık oturabiliyor, ayakta durabiliyor, yürüyüp yemek yiyebiliyordu. Anne'nin daimî varlığını içinde hissetmeye ve daimî huzur ve saadet akışı içinde yaşamaya başlamıştı.

Bir gün kontrolsüz bir öksürük krizine yakalanmıştı. Ne kontrol edebiliyor ne de bu duruma dayanabiliyordu. *Krişṇa Bhāva* sırasında Anne ellerini Nealu'nun göğsüne ve başına yerleştirdi. Daha önceden deneyimlediği o ilahi ışığın görüntüsü Nealu'ya geri geldi. Aslında bu ışığın onun içinde de var olduğunu ve bedeninin kendisine ait olmadığını deneyimledi (kendini bedeniyle özdeşleştirmeyi bırakmıştı). Bu sarhoş eden deneyimin etkisi Nealu'da uzunca bir süre devam etti. Bu deneyim ile hastalığı azalmaya başladı.

Bir akşam şiddetli bir baş ağrısı yüzünden, Nealu *bhajanlara* katılamadı. Odasında gözlerini kapatmış uzanırken birden önünde bir ışık belirdi ve hemen yok oldu. Sonra onu tekrar gördü ve Amma'nın ilahi varlığını deneyimledi. Anında başının ağrısı iyileşti. Hemen ayaklanıp *bhajanlara* katıldı.

Amma'nın inayetiyle, Nealu'nun fiziksel sıkıntıları azalmıştı. Bundan da iyisi, Nealu her nerede olursa olsun Anne'nin ilahi varlığından gelen sonsuz huzuru ve saadeti deneyimleyebiliyordu. Tüm bunlar Anne ile yakın ilişkisi sayesinde olmuştu. Tiruvannamalai'da *jñāna marga* - bilgi yolundan gitmeyi tercih ederken, şimdi *bhakti marga* - ilahi aşk ve adanmışlık yolunu tercih ediyordu. Nealu bunu şöyle ifade ediyor: "Bu Amma'dan aldığım bir lütuftur." Nealu, şayet yıllarca yoğun bir şekilde ruhani pratikler yapmamış olsaydı, Amma'yı anlayıp onun öğütlerini içselleştirmesinin mümkün olamayacağını söylüyor. Nealu, sadece Anne'nin kutsamasıyla kişinin o nihai amaca ulaşabileceğine tüm kalbiyle inanıyor.

Aşramın ciddi bir para sıkıntısı çektiği ilk dönemlerde, biri bu endişesini Amma'ya, "Aşramı nasıl yürüteceğiz?" diye aktarmıştı. Amma ise sakince, "Hiçbiriniz korkuya kapılmayın. Aşramdaki aktiviteleri idare edecek olan kişi yakında burada olacak." diye karşılık vermişti. Çok geçmeden Nealu gelerek, aşramın ekonomik sorumluluklarını üstlendi. Nealu en küçük detaya bile dikkat ederek, büyük bir sabır ve śraddha ile Amma'ya gönülden hizmet etti.

## Saumya (Swamini Krishnamrita Prana)

Saumya, Amma'nın aşramına ilk defa 1982 yılında geldi. Manevi yaşama karşı ilgisi Avustralya'da başlamış ve birkaç ay boyunca bir aşramda yaşamıştı. Sonra o aşramın Hindistan'ın Bombay şehri yakınlarındaki genel merkezinde kalmak üzere yola çıkmıştı. Bombay yakınlarında yaşarken, Chinmaya Vakfı'nda çalışmakta olan bir Amma adanmışı ile tanıştırılmıştı. Bu kişi Amma ve onunla yaşadığı deneyimler hakkında epey konuşmuş ve Saumya'nın Amma'nın çocuğu olduğu hissine kapıldığını söylemişti. Şayet aşrama giderse kesinlikle orada yaşamak isteyeceğini belirtmişti. Gerçekten de öyle oldu. Çoğunluğunun Batılılardan oluştuğu binlerce kişilik bir aşramda aylarca yaşadıktan sonra, o dönemde sadece 14 sakini olan, birkaç sazdan kulübeden oluşan, Amma'nın mütevazı ve küçük aşramını ziyaret etmek, Saumya için derin ve tatlı bir şok olmuştu.

Adanmışının gönderdiği bir mektupla Saumya'nın ziyaretinden haberdar olan Amma, darşan verdiği kulübede Saumya'nın kapıdan içeri girdiğini görünce koşarak yanına gidip ona sarıldı. Saumya, Amma'nın ona gösterdiği sevgisi ve nezaketi karşısında hayretler içerisinde kaldı. Daha önceden gittiği aşramlarda, Guru'ya dokunulmaz ve güvenli bir mesafeden bakılırdı. Uzaktan saygıyla önünde eğilip sandaletlerine dokunulabilirdi. Ama burada Amma, Saumya'nın daha önce var olduğunu hiç bilmediği bir sevgi ve şefkatle adanmışlarına sarılıyordu.

O günlerde Amma bazen deli bir kız gibi davranırdı; kumlarda yuvarlanır veya yere düşmüş yemekleri yerdi. Sık sık bhajanlar sırasında ya da insanlara darşan verirken *samādhīye* girerdi. Amma tüm vaktini, günün her bir saatini, Tanrı'ya ve insanlara adayarak çok sade ve mütevazı bir şekilde yaşardı. Kendine ait hiçbir şeyi yoktu. Kumsalda oturup Tanrı'yla bir olup kendini kaybeder; Tanrı'ya ağlayarak içini döker, sürekli Tanrı'ya ilahiler söylerdi. Tek odağı Tanrı idi. Ve Tanrı'yla olan dünyasından çıktığında da bütün sevgisini bize, bütün insanlara akıtırdı. Bu sevgiyi saklaması mümkün değildi, çünkü bedeninin her bir gözeneğinden dışa sızıyordu.

Amma'ya gelmeden evvel Saumya'nın evlenip bir aile kurmak ve dünyayı gezmek gibi hayalleri vardı, ancak Amma'yla tanıştıktan sonra bu hayalleri tamamen kayboldu. Amma'nın ağzından bu yaşamdaki amacının sadece Tanrı'yı idrak etmek olduğu hakikatini duyduktan sonra, tekrar geri dönüp Batı'da yaşayamayacağını ve oradaki yaşam gerçekmiş gibi yapamayacağını hissetti. Kendisinin gurusu olarak, Amma'yla yaşamayı ve Amma'nın onu disipline etmesini arzu etti.

Kısa bir süre aşramda yaşadıktan sonra Amma, Bhāva darşanlar esnasında ihtiyaçlarını karşılama görevini Saumya'nın devralmasını istedi. Bu çok büyük bir onur ve bir zevk olduğu kadar oldukça da zordu. Zira Saumya Malayālam dilini bilmiyordu. Görevlerinden bir tanesi *Devī Bhāva* sırasında Amma'nın yüzünün terini silmekti. Amma'nın bedeni hiçbir zaman terlemiyordu. Ama darşan esnasında sarıldığı adanmışların terlerinden yüzü nemlenebiliyordu. Tapınağın içi genelde çok sıcak ve kalabalık olduğundan, Amma kendisine gelenlerin içinin rahat etmesi için, bir iki kişiyi kucakladıktan sonra yüzünün silinmesini istiyordu. Saumya korkarak ve çekinerek Anne'nin yüzünü havluyla siliyordu. Ancak, başka seçeneği yoktu, çünkü Amma darşan verdiği için kendisi yapamıyordu.

Devī Anne, Saumya'ya geceleri rüyalarında görünüyordu; döşeğinde yatıp uyurken Saumya'ya dik dik bakıyor ve yüzünü onun için silip silmeyeceğini soruyordu. Bu rüyalar öyle gerçekçiydi ki, Saumya yerinden sıçrayarak bazen yüz havlusu aramaya bile başlardı. Bir taraftan da yatakta uzanıp uyuduğu için suçluluk duyardı. Bazen aynı odada başka bir kız daha kalırdı ve gecenin bir yarısı karanlıkta ne yaptığını sorardı ona.

Sonunda uyanıp gecenin bir yarısı olduğunu gördüğünde, *Devi Bhāva*'nın bitmiş olduğunu fark ediyor ve hepsinin sadece bir rüya olduğunu anlıyordu. Akabinde Amma'dan geri yattığı ve uykusuna döndüğü için özür diliyordu, başka ne yapabilirdi ki? Aynı rüyayı haftada en az bir kere, hatta bazen üç kere görürdü. Birkaç sene boyunca bu şekilde devam etti. Amma'ya ilk geldiğinde, dünyevi yaşamın her türlü zevkinin geçiciliğini gördükten sonra, ruhani bir yaşamı nasıl sürdüreceğini öğrenmek istiyordu. Aşramın ilk yıllarında Amma hep hizmet etmek hakkında konuşuyordu, ancak Saumya hiçbir şekilde kendini bunun içine dahil etmemişti. Yıllarla birlikte, Amma, hizmet etmenin önemi hakkında daha fazla konuşmaya başladı. Yavaş yavaş Saumya'nın kalbine ektiği dünyaya hizmet aşkının tohumları, Amma'nın sevgisi ve ilgisiyle yeşererek çiçek vermeye başladı. Artık gönlünde yanıp tutuşan tek arzu hizmet aşkıydı. Saumya'nın gizli duası şu şekildeydi: "Amma dünyaya hizmet edebilmem için bana saflık ve güç ver."

## Madhu (Swami Premānanda Puri)

Madhu Hint asıllı olup, bir Fransız kolonisi olan Reunion'da dünyaya geldi. Çocukluğundan beri *sannyāsa* (terk) için yoğun bir istek duyuyordu. 1976 yılında, Madhu Hindistan'a gelerek Ramakrishna aşramı ile tanıştı. Aşramın Belur Merkezi'nden Swami Vireshwarananda'ya, *sādhanā* yapmak için Himalayalar'a gidip gidemeyeceğini sordu. Swamiji, Madhu için en uygun yerin Güney Hindistan olduğunu söyledi ve oraya gitmesini istedi. Onun tavsiyesi ile Arunachala'ya gitti. Burada manevit pratiklerini yaparken bir adanmış ona şöyle dedi: "Sen Kālī adanmışına benziyorsun. Kālī, Vallickavu'da. Gidip onu görmelisin."

Madhu işte bu şekilde 1 Haziran 1980'de Vallickavu'ya ulaştı. Bhāva darşanı sırasındaydı. Eski tapınağın içinde Anne Gayatri'ye şöyle dedi: "Oğlum Madhu dışarıda bekliyor. Gidip onu buraya getir." Tapınağın içerisine adımını atıp Anne'yi gördüğünde, Madhu'nun gözlerinden yaşlar akmaya başladı. Anne, Madhu'yu, "Ne zamandır seni bekliyorum biliyor musun?" diye kucakladı.

Ertesi gün Amma, Swami Vireshwarananda'nın bir fotoğrafını elinde tutarak, herkese bu fotoğrafın kime ait olduğunu sordu. Amma'nın yanında oturan Madhu, "Vireshwaranandaji'ye aittir." dedi. Amma "O iyi bir adam." diye karşılık verdi. Amma Madhu'ya meditasyonu sırasında onu gördüğünü söyledi. Madhu'yu Güney Hindistan'a gönderme öngörüsünde bulunan o değil miydi? *Devī Bhāva* sırasında, Amma Madhu'ya mantra *dikşası* verdi.

1982 yılında Madhu, Amma'nın doğum gününü Reunion'da kutladı. Madhu orada Mātā Amritānandamayī Math adında bir şube kurarak, kendini Sanātana Dharma'yı (Ebedî Hakikati) yaygınlaştırmaya adadı. Madhu, tevazu, âlimlik (bilginlik), şefkat ve çalışkanlık gibi özelliklere sahip olan, iyi bir sadıktı.

24 Şubat 1985'te Amma'dan *brahmaçarya dikşası* alan Madhusudan artık Premātma Chaitanya olmuştu. Madhu Amma'ya duyduğu sonsuz sadakatini şu sözlerle ifade ediyor: "Beni bugün olduğum kişi hâline getiren Amma'dır. Onunla tanışmamış olsaydım, sıradan dünyevi bir yaşam sürdürüyor olurdum. Sadece Anne'nin inayeti sayesinde feragat yoluna bağlı kalabildim. Kişinin ruhani gelişimi için bireysel kapasiteden çok daha önemlisi, Guru'nun inayetidir.

# 13. Bölüm

# Manevi bir Üstat olarak Amma

Mükemmel insan kimdir? Bu soru modern bir gence sorulsaydı, o ideal bir kişinin yakışıklı, etkileyici bir multimilyoner ya da yüksek mevkide siyasi bir lider olduğunu söyler veyahut da romantik görünümlü film yıldızlarının ya da kriket oyuncularının isimlerini sayardı. Bugünkü gençlerin film, siyaset ve romantizmin olmadığı bir toplum düşünememesi pek üzücü. Bu onlar için vazgeçmesi zor bir mesele hâline geldi. Peki, hayatımızın şekil alması ve karakterimizin gelişmesiyle bunların bir ilgisi var mı? Bir insanı güzel ve mükemmel kılan nedir? Bir kişinin yaptıklarına tatlılık ve çekicilik katan nedir? Birini ebedî ve tapılası yapan o faktör nedir? Bu saydıklarımızın herhangi biri mi?

Muhakeme yetisi olan olgun biri hiç şüphesiz, "Kesinlikle hayır!" diye cevap verir. O zaman nedir? Bir cümleyle ifade etmek gerekirse, kişinin tüm varlığında ebedî nitelikler olarak tezahür edecek olan, içsel erdemlerin birleşmesidir. İşte koşulsuz sevgi ve mutluluğun güzel harmanı olan Kutsal Anne Amritānandamayī'nin huzurunda bunu deneyimleriz.

Hayatın farklı kesimlerinden gelen, her biri kendine has idrak düzeyine ve zihinsel olgunluğa sahip insanlar Amma

hakkında farklı şeyler söyleyecektir. Örneğin, zekâsı genelde daha kaba bir seviyede seyreden bir kişiye Mātā Amritānandamayī'nin kim olduğunu sorarsanız, "Bir dokunuşla veya bakışla sadece, çaresiz ve beter hastalıkları tedavi edebilen olağanüstü bir kadın." der. Ayrıca, "Dünyevi sorunlarınızı da çözebilir ve tüm isteklerinizi kolayca yerine getirebilir." de diyebilir. Daha ince zekâya sahip birine aynı soru sorulursa, "Kutsal Anne gerçekten inanılmazdır. Birçok psişik güç bahşedebilir. Telepati ve durugörü konularında ustadır. Suyu pançamritam ve süte dönüştürmek onun için bir şey değildir. Sekiz gizemli gücün tümü onun hâkimiyeti altındadır." ve böyle devam eder.

Gerçek manevi arayıcının aynı soruya cevabı ise şöyle olacaktır: "Anne, bir arayıcı tarafından gerçekleştirilecek Nihai Hedeftir. O, gerçek arayıcıların kaynağı ve desteğidir ve her daim değişkenlik gösteren, sürekli doğum-ölüm döngüsünü (*Samsāra'*yı) geçmelerine yardımcı olur. Tabiatı gereği, sevgi ve şefkat doludur. Vedalar'da ve dünyanın diğer tüm dinî metinlerinde ifade edilen 'hakikatin' gerçek bir tanığıdır. Onun ayaklarının dibine sığınırsanız, hedefe kesinlikle yaklaşmış olursunuz. O hem mükemmel bir üstat hem de muazzam bir annedir."

Adanmışlık Yolu'nu (*Bhakti Yoga*) izleyen bir kişinin bakış açısından, Kutsal Anne tek kelimeyle mükemmel bir adanmıştır. İlahi Aşk'ın değişik boyutlarının onda tezahür ettiğini kişi görebilir. Bilgi Yolu'nu (*Jñāna Yoga*) izleyen kişi Amma'yı gözlemlediğinde, sözlerinde ve eylemlerinde Öz'ünü tam olarak idrak etmiş birini bulacaktır. Eylem Yolu'ndan (*Karma Yoga*) samimiyetle ilerleyen bir kişi, Kutsal Anne'de eşsiz bir *Karma Yogini* bulacaktır. Ancak bu görüşlerin hepsi insanın sınırlı algı ve deneyiminden doğar. Ne zaman ki önyargı ve varsayımı bir kenara bırakıp Amma'yı gözlemleyip, onunla yakınlık kurulursa, o zaman Amma'nın bu betimlemelerin tümünün bir birleşimi olduğu açıkça anlaşılır.

Malayālam dilinde 'Toprak kadar sabırlı' diye bir deyim vardır. Toprak Ana her şeye tahammül eder. İnsanlar ona tekme atar, tükürür, onu pullukla kazar, yarar, hatta ekim ve diğer maksatlar için baltayla göğsünü deşer. Üzerine yüz katlı binalar dikilse dahi, o yine de sabırla her şeye dayanır. Hiçbir zaman şikâyet etmez. Hiç kimseyi hor görmez ve herkese en iyi şekilde hizmet edip onları besler. Benzer şekilde Amma, çocuklarının karakterini yeniden oluşturmak için muazzam bir sabır gösterir. Disiplin edinebilecekleri olgunluğa gelmeleri için öğrencilerini sabırla bekler. O zamana kadar, yapabilecekleri her türlü hatayı affederek onları özverili sevgisinde yıkar.

Kişi, Hindistan'ın kadim ermiş ve bilgelerinin yüce soyunu yakından inceler, öğrencilerine öğretmek ve onları aydınlatmak için benimsedikleri yolları gözlemlerse, dünyanın başka hiçbir yerinde bulunmayan Guru-öğrenci ilişkisinin benzersiz mahiyetini anlamak onun için zor olmaz. Amma şöyle der: "Bir *Satguru* (Mükemmel Üstat) başlangıçta öğrencisine katı talimatlar vermez. Onu en sade hâliyle sevecektir. Öğrencisini koşulsuz sevgisi ile bağlayacaktır. Öğrenci, Guru'nun sevgisinin güçlü etkisiyle, Guru'nun onun *vāsanaları* ya da zihinsel eğilimleri üzerinde çalışması için hazır hâle gelecektir. Guru yavaş yavaş, katı ama sevecen talimatlar ile öğrenciyi terbiye edecek ve kişiliğini yeniden şekillendirecektir. Hakiki bir Guru-öğrenci ilişkisinde, Guru ve öğrenciyi ayırt etmek güçtür, zira Guru öğrenciden daha alçak gönüllüdür ve öğrenci de Guru'dan daha alçak gönüllüdür."

Başlarda, öğrenciye yoğun sevgisini göstermesinin yanında Guru bir dereceye kadar öğrencinin kaprislerine ve isteklerine göre de hareket edebilir, lakin öğrencinin manevi pratiklere ciddiyetle başlayacak olgunluğa eriştiğini fark ettiğinde, Guru onu yavaş yavaş terbiye etmeye başlar. Disiplin altına alma süreci başladığında, onu oğlu veya kızı gibi görse dahi, öğrenciye sevgisini çok fazla göstermez. Guru'nun tek amacı, öğrenciyi kendi Saf Özbenliği'nin farkındalığına uyandırmaktır. Başka bir deyişle, disiplin çalışması aslında sevgisinin başka bir ifadesidir. Öğrenciyi saf bir mücevhere dönüştüren gerçek sevgidir. Çocuklarının eksiklerine işaret eden ve onları düzelten Amma şöyle der: "Ben bir bahçıvan gibiyim. Bahçe rengârenk çiçeklerle dolu. Hiçbir kusuru olmayan, güzel çiçeklere bakmam istenmedi. Haşere basmış olan çiçeklerden ve bitkilerden, böcekleri ve kurtları gidermem istendi. Böcekleri yok etmek için bazen, acı verici de olsa, yaprakları ya da dalları çimdiklemem gerekebilir. Amaç, bitkileri ve çiçekleri yok olmaktan kurtarmaktır. Aynı şekilde Anne her zaman çocuklarının eksik yönleriyle çalışacaktır. Haşeratı çıkarıp atma işlemi acı verici olsa da senin iyiliğin içindir. Öğrencinin erdemli yönüyle ilgilenmeye gerek yoktur. Ancak eksiklikler giderilmediğinde, iyi ve erdemli nitelikler de yok olur. Çocuklarım, Anne'nin size kızdığını düşünebilirsiniz. Ama durum hiç de öyle değil. Anne sizi herkesten çok seviyor, o yüzden bunları yapıyor. Anne sizden spiritüel gelişiminiz dışında hiçbir şey beklemiyor."

Kutsal Anne'yi bir saray tahtında oturmuş, manevi çocuklarına ve adanmışlarına emirler yağdırırken görmek imkânsızdır. O hem talimatı verir hem de kendisi uygulayarak örnek olur. Alçakgönüllülük ve sadelik, yüceliğinin tescilidir. Kutsal Anne bunun yaşayan örneğidir. En mütevazı olandan daha alçakgönüllü ve en sade olandan daha sadedir. Kendisi hakkında şöyle der: "Ben hizmetkârların hizmetkârıyım. Bana bahşedilmiş bu hayat, başkaları içindir. Çocuklarının mutluluğu, Anne'nin zenginliği ve sağlığıdır."

Amma'nın, çocuklarının egosunu ve diğer olumsuz eğilimlerini giderme yöntemleri mükemmeldir. O her zaman yenilmez bir savaşçıdır. Bizzat kendisi, çocuklarının zihinsel olgunluğunu ve manevi gelişimini test etmek için uygun durumlar yaratır. Hiç şüphe uyandırmadan kişiyi o alana götürür. Kişi durumun vahametini anlayıncaya kadar, tüm iç düşmanları uyanmıştır ve olaya gösterdiği tepkiyi muhakeme eden akıl yerine duygusal zihne bırakmış olur. Amma tam o anda, çocuklarının egosunu gidermek için fırsatı değerlendirir. Güçlü silahları şaşmadan her zaman hedefi vurur ve onun rehberliğine başvuran kişilerin olumsuz eğilimleri yavaş yavaş yok olur. Aşağıdaki anlatılan hadise buna örnektir.

Yıllar önce Brahmaçari Nealu, daha evvelden yaşadığı Tiruvannamalai'dan taşınabilir bir daktilo getirdi. Balu henüz yazmayı öğrenmemiş olmasına rağmen, bir parça kâğıt aldı ve sırf eğlence olsun diye "Anne, beni kölen yap." yazdı. Yakında oturan Anne, Nealu ile sohbetteyken aniden Balu'ya döndü ve "Oğlum, ne yazıyorsun?" diye sordu. Bunun üzerine Balu, onun için cümleyi Malayālam'a çevirdi. Daha fazla soru sormadan ve bir şey söylemeden, Amma döndü ve Nealu ile konuşmaya devam etti.

On beş dakika sonra Amma Nealu'ya, "Balu'yu yurt dışına göndereceğim." dedi. Balu, Amma'nın huzurunda sonsuza kadar kalma niyetiyle bıraktığı iki mesleğinin üzerine bu sözleri Amma'nın ağzından duyunca şok oldu. "Ne dedin, Anne?" diye endişeyle sordu. "Evet, aşramın devamı etmesi için paraya ihtiyacımız var. Sakinlerin sayısı artıyor ve hepsini destekleyecek gelirimiz yok. O yüzden gidip çalışmalısın." diye yanıtladı Amma.

Bu Balu için yeterliydi. İç düşmanları bir yılan gibi başkaldırdı ve şiddetle, "Hayır, ben çalışmak istemiyorum. Buradan uzaklaşamam. Buraya annemle kalmaya geldim, ne dünyevi işler yapmaya ne de para kazanmaya geldim." Ancak Amma, Balu'nun öfkesi sınırı aşana kadar ısrarını sürdürdü. Negatif eğilimleri saldırmaya hazır bekliyordu.

Amma aniden yumuşak bir ses tonuyla, "Oğlum, birkaç dakika önce ne yazdın? Tanrı'nın hizmetkârı olmak istiyorsan, kendine ait olan ne varsa O'nun Ayaklarına teslim etmelisin. Zihin saf değilse, Tanrı gönül tahtında oturmaz.

Tanrı'nın hizmetkârı olmak, iyi ve kötü, hayırlı ve hayırsız, tüm deneyimleri eşit ve dengeli bir zihinle kabul etmektir. Her şeyi Tanrı'nın iradesi olarak gör. Oğlum, ben senin paranı istemiyorum. Tanrı için ağladığını gördüğümde çok mutlu oluyorum ve kalbim sana doğru bir nehir gibi çağlıyor." Son sözü dudaklarından dökülür dökülmez, Amma bir anda vecd hâlini aldı. Yanaklarından gözyaşları süzüldü ve bedeni hareketsiz kaldı. Bir saat kadar bu vaziyette kalan Amma sonra yavaş yavaş dünyevi varoluş düzlemine indi.

Balu'nun zihni pişmanlıkla doluydu. Amma'nın ayaklarına kapandı ve onu affetmesi için yalvardı. "Anne, lütfen kalbimi arındır. Saf olmayan tüm düşüncelerden ve eylemlerden beni kurtar. Beni ellerinde mükemmel bir araç yap." diye yakardı. Amma onu teselli etti ve "Oğlum, endişelenme. Sen Amma'ya geldin, artık sana bakmak ve seni mükemmel hâle getirmek onun sorumluluğu." Bu sözlerle Balu, yeniden neşelendi ve rahatladı.

Amma bir keresinde şöyle dedi: "Çocuklar, Anne size her zaman tebessüm eden yüzünü gösterirse, mutlu oluyorsunuz. Anne sizin isteğinize ters bir şey söylerse, o zaman da sizi sevmediğini düşünüyorsunuz, ama aslında öyle değil. Anne sizi her zaman daha kuvvetli kılmaya çalışıyor. Sizi ruhsal olarak güçlendirmek için önce tüm zihinsel zayıflıklar ortadan kaldırılmalıdır. Bu sonuca ulaşmak için Anna bazen öfke gösterisi yapacaktır. Size öğretmek için zaman zaman bu gerekiyor. Mesela, mutlu mutlu Hindistan cevizi ağacının taze yapraklarını yiyen bir inek düşünün. 'Canım inek, lütfen körpe yaprakları yeme, yoksa bitki ölür gider.' demek yeterli değildir. İnek desen, bir santim dahi yerinden kıpırdamaz. Ama eğer uzun bir sopa alıp onu 'Git buradan, git buradan!' diye kışkışlarsanız, inek yaramazlığına derhâl son verir. Aynısı, Anne'nin gösterdiği öfke için de geçerlidir. Çocuklar, Anneniz size zerre öfke beslemiyor. Anne'nin bencil güdülere sahip olmadığını ve sadece sizin ruhsal ilerlemeniz için hareket ettiğini her daim hatırlayın. Anne size her zaman sevgisini ve şefkatini gösterirse, 'gerçek benliğinizi' aramak üzere içinize dönmezsiniz. Çocuklar, konu dünyevi bir insansa, karısına ve çocuklarına bakması onun için yeterlidir, ama gerçek bir *sannyasin*, tüm dünyanın yükünü omuzlamak zorundadır. Bu yüzden çok güçlenmeli ve olgunlaşmalısınız."

Amma bir defasında darşanın ardından ancak sabah saat dört sularında dinlenmeye çekilebilmişti. Kulübesine girdikten ve kapıya kapatıp uzandıktan sonra, kimsenin rahatsız etmemesini sağlamak için kapısının önünde bir aşram sakini de yatıyordu. Tam o sırada otobüsünü kaçırmış ve otuz beş kilometre uzaklıktaki Kollam şehrinden yürüyerek gelen genç bir kadın, Anne'nin himmetiyle aşrama ulaştı.

Anne'nin yatmaya gittiğini öğrenen genç kadın çok üzülmüştü, ne var ki bir umutla Amma'ya birkaç kez yüksek sesle seslendi. Kapının önünde yatan aşram sakini kalkarak Anne'yi rahatsız ettiği için onu azarladı ve orayı terk etmesini istedi. Tam o anda dışarıda neler döndüğünü anlayan Amma kapıyı açtı ve adanmışın yanına gitti. Sevecen ve ilgili sorularının ardından, Amma onu teselli etti ve yaşadığı tüm sorunların çözüleceğini temin etti.

Amma kapısının önünde uyuyan kişiye ciddi bir ses tonuyla, "Dinlenmek ya da rahatlamak için değil, başkalarına hizmet etmek ve onların acısını hafifletmek için buradayım. Onların mutluluğu benim mutluluğumdur. Ben kimsenin hizmetini istemiyorum. Ben herkese hizmet etmek için buradayım. Her an herkesle görüşmekte özgür olmalıyım. Benden teselli ve yardım istemeye gelen adanmışlarla buluşmamı kimsenin engellemesine izin vermeyeceğim. Sızlayan bir kalple, sırf bana açılmak için biriktirdikleri azıcık parayla nasıl büyük zorluklara göğüs gererek buraya geldiklerini biliyor musun? Bu edepsizliği tekrarlarsanız ve adanmışlarla belli zamanlarda buluşmam gerektiğine dair bana kurallar koymaya çalışırsanız, bu kuruluşu feshederim. Eğer kurulan bu yapı sıkıntıdaki insanlığa hizmet etmek için değilse, istemiyorum. Olacaksa, her şey hizmet için olmalıdır." Bunu söyledikten sonra, aşram sakinlerinin kulübesinin önünde uyumasını yasakladı.

Başka bir olayda, Amma'dan nasihat almaya gelen bir kadın, onun bezine kusmuştu. Amma ile bizzat ilgilenen asistan kızlardan biri, kirli bezi sopayla kaldırdı ve çamaşırcıya teslim etmek üzereyken Amma olayı gördü ve kızı azarlayarak şöyle dedi: "Eğer herkeste tek ve bir İlahî'yi göremeyi beceremiyorsan, ne diye onca yıldır meditasyon yapıyor ve hizmet ediyorsun? Hasta olan bu kadınla benim bir farkım var mı?" Anne bu sözlerin ardından bezi kendisi aldı ve yıkadı. Kızın onunla ilgilenmesini de sonraki birkaç gün yasakladı.

Kutsal Anne'nin salt varlığı adanmışlara esin kaynağıdır. Onlara her an her şeyi yapabilme gücünü ve ilhamını verir. Örneğin aşramda inşaat işleri için tuğla, kum ve diğer malzemeleri taşımak, hatta foseptik tanklarını boşaltmak, aşram binalarını temizlemek veya beton işlerinde duvar ustalarına yardım etmek gibi işler varsa, aşram sakinleri hemen oraya buraya koşar ve işlere yardım edecek adanmışlar bulmaya çalışırdı. Bazen, sabah üç veya dört civarı *Bhāva Darşan* bittiğinde ve adanmışlar uyumak üzere çekilmek istediğinde işler başlardı. Böyle zamanlarda Amma aniden yapılacak işin olduğu yere gelir ve işe ilk el atan her zaman o olurdu. Bir önceki gün akşam saat altıdan, ertesi gün sabah saat üçe dörde kadar oturmuş olmasına rağmen, neşe ve coşkuyla işe girişirdi. Çok geçmeden, Amma'nın tuğla, su ve her ne olursa onu taşıdığı haberi yayılır ve her yönden adanmışlar koşarak yapılması gereken işin başına üşüşürlerdi. En ilginç olan kısım ise normalde altı veya yedi saat sürecek bir iş bir veya iki saat içinde tamamlanırdı.

Amma, adanmışlara işin zorluğunu unutturmak için müthiş mizah anlayışı ile onları güldürürdü. Hatta çalışılan noktanın hemen yanında küçük bir ateş yakıp çalışanlar için fıstık kavurur, içecek hazırlar ve bizzat kendisi bunları adanmışlarına dağıtırdı. Çalışmanın ortasında Amma herkese şunları söylerdi: "Çocuklar, her ne işle meşgul olursanız olun, daima mantranızı tekrar etmeye veya ilahiler söylemeye çalışın. Sadece Hakk'a adanan eylemler gerçek eylem sayılır ve o zaman bu eylem (*Karma*) Yoga'ya dönüşür. Aksi takdirde, *Karma Bhoga*'dır (zevk için yapılan eylem)."

"Vrindāvanlı Gopiler, süt, ayran, vb. satmak için dışarı çıktıklarında bile 'Krişna, Mādhavā, Yādavā, Keśavā...' diye seslenirlerdi. Mutfaktaki şişelerin ve diğer baharatların üzerlerine Krişna'nın farklı isimlerini yazarlardı. Aynı zamanda bir ev hanımının yapacağı görevleri de yerine getirirlerdi. Asla boş durmazlardı ve her şeyi kalplerinde Krişna'yı taşıyarak, dudaklarında onun ilahi isimleriyle yaparlardı. Çocuklar, siz de onlar gibi olmaya çalışın."

Her ne soru gelirse gelsin ve soran kişi ister deist, ateist, entelektüel veya muhalif olsun, Amma kimseyi incitmeden, fikirlerini küçümsemeden, nazikçe, sakince ve şefkatle hepsini cevaplardı. Örneğin, aşramı ziyaret eden genç bir adam Amma'ya: "Manevi felsefeye ve manevi üstatlara hiç inancım yok. Birçok insan yoksulluk ve açlıktan muzdaripken, insanlığa hizmet etmek daha iyi değil mi? Bu sözde maneviyatçılar onlar için ne yapıyor? Boş boş oturarak zamanlarını harcamıyorlar mı?" dedi.

Amma sakince cevap verdi: "Oğlum, söylediklerin doğru. Elbette insanlığa hizmet önemli. Gerçek bir manevi arayıcı hayatını buna adamalıdır. Anne sana bu noktada tamamen katılıyor. Ama gerçek hizmet nedir? Gerçek hizmet, hiçbir şey beklemeden yardım sunmaktır. Bunu kim yapıyor? Birinin fakir bir aileye yardım etme fikri varsa bile, şüphesiz bunun arkasında bencil bir maksat olacaktır. Herkes isim ve şöhret peşinde. Amma, yoksullukla boğuşan bir kişinin açlığını spiritüel bir tavsiyenin gidermeyeceğini bilir. O insanlara şefkat ve sevgi göstermeliyiz. Gerçek şefkat ve sevgi ancak maneviyatı uygulamaya koyduğumuzda doğar. Hayatımızda yüksek bir ideale sahip olmalıyız. Bu ideali sürdürmek için her şeyi feda etmeye hazır olmalıyız. Gerçek maneviyat budur. Sırf yiyecek sağlamakla kimsenin sorunları çözülmez. Yiyecek ihtiyacında olan yine olacaktır. Bu yüzden en iyi yöntem, insanlara hem dışarıdan hem de içeriden destek vermektir. Yani onları hem beslemek hem de içsel olarak gelişmenin gerekliliğini idrak etmelerini sağlamaktır. Bu ancak manevi eğitimle mümkün olur. Böylece kişi her koşulda, açlıktan ölse bile, mutlu ve dengeli bir yaşam sürmeyi öğrenir. Gerçekte maneviyat, bize dünyada mükemmel bir yaşamı nasıl sürdüreceğimizi öğretendir. Oğlum, her şey zihne bağlıdır. Zihin sakin ve dingin ise, en kötü cehennem dahi mutluluk meskenine dönüşür. Ancak zihin ajite ise, en güzel cennet bile muazzam bir ızdırap yeri olur. İşte maneviyat ve manevi üstatlardan edinilen budur; dinginlik ve sükûnet ki bunlar olmadan kimse yaşayamaz."

Kendi anne-babasının ve yakın akrabalarının gözünde acımasız olan ve nefret edilen en kötü namlı adam dahi Anne'nin sevgili oğludur. Böyle bir insan bile, "Anne en çok beni seviyor. Onu, beni doğuran annemden de çok seviyorum. Ben onun çocuğuyum." der. Bu, Amma'nın adanmışlarının kalplerinde yarattığı izlenimdir. Bir haydut hakkında bile Amma, "Ne kadar iyi bir çocuk. Çok masum." der. Kötü niteliklerini göz ardı ederek, gerçekte ufacık bir kırıntı bile olsa onların iyiliklerinden övgüyle söz eder.

Amma'nın tükenmek bilmeyen spiritüel enerji kaynağı ve dinamik yaratıcılığın pınarı olduğunu, bizzat tecrübe ederek anlayabiliriz. Amma, adanmışlarının hem manevi hem de maddi ihtiyaçlarını şevkle karşılasa da o yine hiçbir şeye tutunmaz ve her daim saf kalır.

Adanmışlık ve minnetini ifade etmek için bir sadık, "Ey Anne, bana karşı çok şefkatlisin. Senin lütfun sayesinde meditasyonlarım iyi geçiyor ve zihnim tamamen dinginleşti." diyebilir. Bir başkası, "Ey Anne, senin inayetin ile ailevi bütün sorunlarım çözüldü ve dileklerimin çoğu yerine geldi." diyecektir. Adanmışların bu sözlerini duyan Amma bazen yüksek sesle gülerek "Namah Şivaya! Anne kim ki size lütuf saçsın? Onu akıl hastanesine koyacak kimse olmadığı için, o yalnızca etrafta dolaşan deli bir kız. Ben hiçbir şey yapmıyorum. Tanrı her şeyi yapıyor, hem de hiçbir şey yapmadan." derdi. Amma'yı ziyarete gelen insanlar birbirlerinden çok farklıdır. Kimi Kundalini Yoga (yılan gücünü uyandırma teknikleri) hakkında sorular sorarken, bir diğeri *nirvikalpa samādhī'yi*, Mutlak Benlik'te köklenme hâlini merak eder. Bir başkası sağlığının iyi olmadığından şikâyet eder. Bazı ebeveynler ağlayarak tek oğullarının iyice yoldan çıktığını ve kötü alışkanlıklara düştüğünü söyleyerek gelir ve Amma'dan onu kurtarmasını isterler. Bazı gençler, eğitimlerini uzun zaman önce bitirmelerine rağmen iş bulamadıklarından şikâyet ederler: "Lütfen Anne, bir iş bulmam için bana hayır duanı lütfet." Kocalar, eşlerinin samimi olmadığını söyleyerek gelir. Hanımlar, kocalarının onları sevmediğini söyler. Komşularını cezalandırmak için Amma'ya dua edenler; ineklerinin yeterince süt vermediğini ya da bahçelerindeki Hindistan cevizi ağaçlarında Hindistan cevizinin bol olmadığını söyleyenler olur. Bazıları sınavlarını geçmek için onun himmetini istemek için, diğerleri ise tedavi edilemez bir hastalıkla gelir. Bazı anne-babalar, oğulları dünyevi yaşamı terk etme eğilimi gösterdiği için çılgına döner. Amma ile tanıştıktan sonra ciddi manevi uygulayıcılara dönüşenler de vardır ve *sādhanālarına* devam etmek için onun doğrudan rehberliğini aramaya gelecek birkaç kişi. Aslında tüm dünyanın gelip onun hayır duasını istediğini görebiliriz. Amma kimseyi geri çevirmez. Herkes eşit miktarda sevgi ve şefkatle karşılanır, zihinsel olgunluklarına ve ihtiyaçlarına göre nasihatlarını alırlar. Amma sırf dertlerini dinlemekle kalmaz, tüm istek ve arzularını da yerine getirir.

Amma, darşan almak için gelen çok sayıdaki adanmışla her sabah saat dokuz gibi buluşmaya gelir. Her birini yanına çağırarak, sorunlarını dikkatle dinler. Amma, "Çocuklar, dert yükünüz dışında sizden hiçbir şey istemiyorum. Anne, yükünüzü omuzlamak için burada." der. Herkes darşan alıncaya ve teselli buluncaya kadar orada oturur. Neredeyse her gün öğleden sonra ancak iki ya da üçte darşanı bitirir. Amma odasına çekilince, gelen mektupları okur ya da aşram sakinlerine talimatlar verir. Aşram idaresi ile ilgili gerekli yönetim tavsiyeleri ile meşgul olur. Yemek yerken dahi birilerine talimatlar verir ya da birisinin mektubunu okur. Çoğu zaman darşan için geciken bir aile ya da kişiyi yanına çağırır. *Bhāva Darşan* günü ise, akşam saat beş civarında ilahilere liderlik etmek için tekrar gelir. Şarkıların ardından Bhāva Darşan başlar ve bu ertesi sabah saat üç veya dörde kadar sürebilir. O saate kadar Amma tapınakta oturup adanmışları tek tek kucaklar ve onların manevi veya dünyevi dertlerini dinler. Sadece onları dinlemekle kalmaz, aynı zamanda sorunlarına bir dokunuş, bir bakış ya da saf bir *sankalpa* (niyet) ile derman olur. Kutsal Anne Amritānandamayī, Hindistan'ın kutsal toprakları için bile eşi benzeri olmayan bir fenomendir. Ādī Parāśakti'nin[1] (Kutsal Anne) hâlini alarak, her nefesinde durmaksızın Tanrı'nın yaratımına hizmet eder. Hindistan'ın manevi tarihinde, ziyan içindeki insanlık için sonsuz lütuf ve şefkatin bedenlenmiş hâli olarak emsalsiz bir yere sahiptir. Onun kutsal yaşamı, mutlak huzura ve aydınlanmanın mutluluğuna ermeyi arzulayan herkes için bir yol gösterici yıldız olarak hizmet etsin.

## Oṃ Namaḥ Śivāya

---

[1] İlk Mutlak Güç

# Sözlük

**Amma:** Malayālam dilinde 'Anne' demek.

**Amṛta:** Amrita okunur. Ölümsüzlük, ab-ı hayat nektarı.

**Amritapuri:** Amma'nın Kerala'daki ana merkezi. 'Ölümsüzlük Şehri' anlamına gelir.

**Ānanda:** En yüce sevinç ve mutluluk. Kaynağı, duyularımızın geçici dünyadan deneyimlediği mutluluk değil. Dualitenin ötesindeki sükût ve huzur hâli.

**Āratī:** Pūjanın (ritüelin) sonunda kâfur yakılarak dalgalandırılır. Kâfurdan geriye hiçbir iz kalmaz. Bu ritüel, egonun yok oluşunu simgeler.

**Arçana:** Tanrı'nın yüz sekiz, üç yüz veya bin ismi zikredilerek yapılan bir ritüeldir.

**Āsana:** Bedensel duruş. Haṭha Yoga'da yer alan çeşitli pozisyonların her biri.

**Āśram:** Aşram, ruhani merkez; manastır. Amma kelimeyi şu şekilde tanımlıyor: **ā** - o ve **śramam** - gayret (Hakikate ermek için arayıcının gösterdiği o gayret)

**Ātman:** Özbenlik, insanın öz ve ölümsüz benliği. Her canlının içerisinde var olan, 'Ben' olarak anlam bulan Öz.

**Aum/Om:** Kâinattaki ilk ses. Yaratılışın tohumu; derin meditasyonda duyulan kozmik ses; Tanrı'nın kendisi.

**Aum Amṛteśvaryai Namaḥ:** Ölümsüzlük Tanrıçasını (Amma'yı) Selamlıyorum.

**Aum Namaḥ Śivāya:** Kutlu ve uğurlu olanın (Śiva'nın) önünde eğiliyorum.

**Avatār:** Tanrısal enkarnasyon. Mutlak Bilincin dünyaya inmesi, beden alması.

**Backwaters:** Kerala bölgesindeki Batı Ghat dağlarından doğan nehirler, Vembanad Gölü'nde irtifa kaybederek sonunda bir alanda toplanır. Bu gölden örümcek ağı gibi yapay kanal ve doğal dereler oluşur. Bu sular, 'arkasular' veya 'durgun sular' şeklinde Türkçe'ye kazandırılmıştır.

**Bhagavad Gītā:** 'Tanrı'nın Şarkısı'. Mahābhārata Destanı'nda yer alan kısa bir bölümdür. Krişna'nın, Arjuna'ya verdiği 18 bölümlük hayat dersini içerir. Upanişadik bilginin özü olarak, insana hayatındaki krizlerle baş etmenin yollarını öğreten pratik bir rehber, kadim yazıt.

**Bhagavān:** Tanrı.

**Bhāgavatam:** Śrī Krişna'nın hayatını anlatan kutsal yazıt.

**Bhajan:** İlahi, Tanrı'yı öven şarkılar.

**Bhakta:** Âşık, adanmış, sadık. Tanrı'ya götüren Aşk ve Adanmışlık Yolu'nda (Bhakti Yoga) yürüyen. Hakikate ermeyi isteyen kişinin kendisini üstada veya Tanrı'ya adaması.

**Bhakti:** Tanrı ya da Guru aşkı. Fedakârlık ile kendinden vererek adanmak.

**Bhāva:** Hâl, his. Âşık olunana kendini tamamen vermek ve onunla bir olmak. Dış dünyada bu hâlin tecelli etmesi.

**Bhāva Darşan:** İlahi Hâl.

**Bilva:** Bilva Ağacı, literatürde 'Aegle Marmelos' olarak geçer. Hindistan'da kutsal bir ağaçtır.

**Brahmaçari(ni):** Tüm düşünce, söz ve eylemlerini Tanrı'ya odaklayan spiritüel arayıcı; bekârlık yemini etmiş, cinsellikten uzak duran Hakikat arayıcısı. Kadınlara brahmaçarini denir.

**Brahma:** Yaratıcı Tanrı. Hindu üçlemesinde Brahma yaratan, Vişnu devam ettiren, Śiva da yok edendir. Özünde hepsi birdir.

**Brahman:** Mutlak olan; Mutlak bilinç. Brahma ile karıştırılmamalıdır.

**Brahmin:** Ruhsal kasta mensup kişi. Hint toplumunda dört ana kast mevcut: Brahmin (maneviyat, öğretmenlik) sınıfı, Kşatriya (savaşçı, askeriye) sınıfı, Vaiśya (Tüccar, çiftçi) sınıfı, Śūdra (hizmekâr) sınıfı.

**Bhārata:** Hindistan'ın asıl ismi. Hindistan ismi, istilacılar tarafından, İndus nehri tarafındaki yerleşkelerinden dolayı verilmiştir.

**Çaitanya:** Yüksek bilinç, farkındalığın uyanması.

**Çakra:** Çark, daire; insanın astral bedeninde yer alan süptil enerjinin bulunduğu merkezler. Bu merkezler enerjileri topluyor, dönüştürüyor ve dağıtıyorlar.

**Cātaka:** Bir kuş türü. Sadece gökten yağan yağmur suyunu içtiği söylenir. Başka hiçbir suyun tadını tercih etmez. Bulutları gören tavus kuşu ve cātaka kuşu sevinirler, ancak yağmur yağmayınca üzüntüye kapılırlar. Benzer şekilde, sonu olmayan arayışların ve manevi çalışmaların meyvesini alamayınca, sadece Hakk'ı beklemenin birini mutlu etmesi de boşa gibi görünüyor.

**Çin Mudra:** Başparmak ve işaret parmağının uçlarının birleştiği, elin özel bir duruşu olan bu Mudra, Jīvātma (Bireysel Özbenlik) ile Parāmātma (Mutlak Özbenlik) arasındaki birliği sembolize ediyor.

**Darśan:** (Darşan okunur.) Bakış, görüş; kutsal bir yerde ilahın veya ermişin huzurunda olmak. Bir guru ya da ermiş ile her buluşma Darśan olarak nitelendirilebilir.

**Devī:** Ana Tanrıça, İlahi Anne

**Devī Bhāva:** Tanrıça'nın İlahi Hâli. Amma'nın Hindistan dışı programlarında yer alan, özel bir gecedir. Amma'nın, İlahi Anne ile birliğinin tezahürü.

**Devī Mudra:** İlahi Anne ile ilişkilendirilen kutsal el işareti.

**Dharma:** Sanskrit dilinde, destek anlamındaki 'dhr-' kökünden gelir. Olması gerekenin olmasını sağlayan. Suyun dharması, ıslaklık ve akmaktır. Islak ve akmayan su, su değildir. Yaşamın kanunu. Kişinin doğasını gerçekleştirmesi ve ona göre yaşamasını sağlayan temel yasa. Hak, sorumluluk, vazife, adalet, düzen, ilahi nizam gibi anlamları vardır.

**Durga:** Ana Tanrıça için en sık kullanılan ve en eski isimlerdendir. Śiva'nın eşi.

**Garuda:** Hindistan'da kartallara 'Garuda' denir. Garuda aynı zamanda Tanrı Vişnu'nun taşıtıdır.

**Ghī:** Saf tereyağ, sade yağ.

**Gopa/Gopi:** Krişna'nın çocukluğunun geçtiği Vrindāvan şehrindeki çocukluk arkadaşları; inek çobanları (gopa) ve sütçü kızları (gopi). Tanrı'ya saf bir kalp adanmışlığını simgeliyorlar.

**Guru:** Üstat, mürşit, ruhsal öğretmen. Karanlığı ortadan kaldıran.

**Īśvara:** Tanrı, Yaratıcı.

**Japa:** Zikir. Sürekli tekrar edilen mantra.

**Jīva:** Can, bireysel ruh.

**Jīvanmukta:** Yaşarken özgürlüğe ermiş ruh.

**Jñāna:** (gyana okunur) Bilgi.

**Kālī:** Korkunç görünümlü Ana Tanrıça. Aynı zamanda Kāla (Zamanın Yaratıcısı).

**Kanna:** Krişna'nın bir başka ismi.

**Kanyakumari:** Hindistan'ın Tamil Nadu bölgesinde bir şehir, Hindistan'ın en güney ucu.

**Karma:** "Yapmak, eylemde bulunmak" anlamındaki' Sanskrit 'kr-' fiil kökünden gelir. Eylem. Etki-tepki yasası.

**Karma Yoga:** Karşılık beklemeden, özverili yapılan eylemler.

**Krişna:** Kendine çeken veya günahlardan arındıran anlamına gelen Sanskrit 'kṛṣ-' kökünden gelir. Tanrı Vişnu'nun sekizinci tezahürü olan Avatārdır. Kralın oğlu olarak dünyaya geldi, ancak Vṛndāvan'da bir çiftçi aile tarafından büyütüldü. Orada yaşadığı çocukluk hikâyeleri pek meşhurdur. Sonradan Yādava klanının başına geçerek Dwaraka şehrini kurdu. Pandavaların hem öz kuzeni hem de bizzat danışmanıydı.

**Līlā:** İlahi oyun, drama, latife.

**Mahābhāratā:** Dünyada bilinen en uzun destanlardan biri. Bhagavad Gītā yazıtı, ufak bir bölüm olarak bu destanın içinde yer alır.

**Mālā:** Tesbih.

**Manas:** Zihin.

**Mantra:** Zihni odaklamak için kullanılan bazı özel sesler, heceler.

**Marga:** Yol.

**Mātā:** Sanskrit dilinde Anne.

**Math:** Manastır; Āśram.

**Māyā:** Kozmik illüzyonu yaratan güç. Hakikati örten perde.

**Naivedyam:** Tanrı'ya ya da tapınaktaki ilâha sunulan ilk gıda. Sunulan nimetin adanmışlar tarafından tüketilmesine prasādam denir.

**Om:** Kozmik ses.

**Otorikşa:** Hindistan'da yolcu taşımak için kullanılan üç tekerlekli araç; tuktuk.

**Padmāsana:** Hatha Yoga'da yer alan lotus (nilüfer) duruşu.

**Panchayat:** Beş köyden oluşan ittifak; yönetim organı yerel meseleleri denetler.

**Paramātman:** Yüce benlik.

**Pārvatī:** Tanrı Śiva'nın eşi, şaktinin tecellisi olan Hint Tanrıçası. Sevgi ve adanmayı temsil eder.

**Pītham:** Yer, koltuk.

**Pradakṣiṇā:** Kutsal bir nesneyi sağına alarak çevresinde dönmek, tavaf etmek.

**Prasād:** Tanrı'ya sunulan, ibadet sonrası tüketilen kutsal yiyecek; nimet; okunmuş gıda, su veya kül.

**Pūja:** Bir durumu, olayı onurlandırmak, tinsel olarak kutlamak için yapılan ritüel. Tanrı'ya sunma eylemi.

**Rāmā:** Tanrı Viṣṇu'nun enkarnasyonu olan yedinci Avatārdır.

**Ramakrishna:** 19. yüzyılda yaşamış Bengalli bir ermiş.

**Ramana Maharshi:** 1900'lü yılların başında Güney Hindistan'da yaşamış bir ermiş.

**Rṣī:** Rişi okunur. Gören, aydınlanmış kişi, bilge, eren, aziz/azize.

**Sādhak:** Belirli bir sādhanā'yı takip eden ruhani arayıcı, öğrenci, sadik.

**Sādhanā:** Manevi pratik, ruhsal çalışmalar, ibadetler.

**Samādhī:** Birey bilinci ile Mutlak bilincin bir olduğu, meditasyonun ileri safhası.

**Samsāra:** Doğum, ölüm ve yeniden doğuş döngüsünün metaforik temsilidir.

**Samskāra:** Zihne ait eğilimler, alışkanlıklar. Önceki yaşamlardan nedensel bedende mevcut yaşama taşınır.

**Sanātana Dharma:** Ebedî Hakikat. Hint topraklarında din kelimesi mevcut değildir. Sanātana Dharma, Ebedî Doğruluk'u takip etmek anlamında, bir yaşam biçimidir. Hinduizm kelimesi, istilacılar tarafından verilmiştir.

**Sankalpa:** Kesin karar, niyet.

**Sannyāsi:** Dünyevi hayattan feragat etmeye yemin eden, münzevi bir hayat yaşayan, keşiş.

**Sārī:** Hint kadınlarının giydiği, tek parça kumaştan oluşan geleneksel giysi.

**Satguru:** Aydınlanmış üstat, ermiş.

**Satsang:** Hakikat sohbeti için bir araya gelmek.

**Siddhī:** Sadhana uygulaması neticesinde elde edilen mucizevi güçler, yetenekler.

**Subramanya:** Ganeśa'nın kardeşi. Diğer ismi Muruga.

**Swami/Swamini:** Münzevi hayat yaşayan, maddeciliği terk etmeye yemin eden kişi, keşiş, rahibe.

**Śakti:** (Şakti okunur) İlahi Anne'de beden bulmuş, Kozmik Enerjinin dişil yönü.

**Śāstra:** Yazıtlar, kurallar, yöntemler, incelemeler.

**Śrī:** Kişinin, Tanrı'nın veya kutsal bir kitabın adından önce kullanılan saygı ünvanı.

**Śiva:** Şiva okunur. Hint Kültüründe mutlak farkındalığı temsil eden, yok edicilik, dönüştürücülük gibi özellikler barındıran tanrı tezahürüdür.

**Śraddha:** Samimi ve güçlü inanç. Malayālam'da dikkat ve farkındalık demek.

**Tapas:** Nefis terbiyesi. Öz disiplini oluşturmaya yönelik eylemler, çilecilik.

**Tilak:** Sandal ağacı, zerdeçal tozu veya ateş ritüelinden kalan külün alına sürülmesidir. Ayurvedik bilime göre, alın ve iki kaşın ortası Nāḍī'lerin kesişme noktası olduğundan, o bölgeyi canlandırır veya sakinlik getirir. Takip edilen inanç akımlarında farklı kullanımlar mevcuttur.

**Upaniṣad:** Hint Kültüründe yer alan, felsefi ve mistik yapıdaki metinlerdir. Rişilerin öğrencilerine aktardığı bilgiler olarak da bilinir.

**Vāsudeva:** Kelime anlamı bütün düşüncelerde ve bütün insanların içinde yaşayan, var olandır. Tanrı Krişna'nın babasının ismi.

**Vedānta:** Kelime anlamı olarak bilginin (Vedalar'ın) sonu demektir. Upanişadlar'a dayanan bir Hint felsefesidir.

**Vedalar:** Kutsal bilgi anlamına gelir. İnsanüstü, açığa çıkan bilgilerin olduğu kadim yazıtlardır.

**Vīna:** İlim Tanrıçası Sarasvatī'nin elinde tuttuğu, Hint Kültürüne özgü telli bir çalgı.

**Vişņu:** Kâinatın koruyucusu ve düzenin sağlayıcısıdır. Onun rolü sıkıntılı zamanlarda Dünya'ya dönmek ve iyi ve kötü dengesini yeniden sağlamaktır.

**Yajña:** (Yagna okunur) Belirli bir amaca yönelik yapılan fedakârlık, kurban etme.

**Yoga:** Birleşmek. Mutlak Olan'la bir olmak. İlahi ile bütünleşmeyi amaçlayan çeşitli pratiklere ve yollara verilen, geniş anlamlı bir kelime. Sanskrit 'yuj-' kökünden gelir ve "birleşmek, bir araya getirmek" anlamındadır. Kendini Gerçekleştirmeye götüren yol.

**Vrindāvan:** Krişna'nın çocukluğunu geçirdiği ve günümüzde sayısız müridin yaşadığı, tapınaklarıyla ünlü ve kutsal bir merkez kabul edilen, ufak bir şehirdir.

**Yuga:** Hint kozmogonisine göre, kâinat, varoluşu ve yok oluşu kapsayan, Yuga veya çağ diye adlandırılan dört döngüden geçmektedir. İlki, Dharma'nın hüküm sürdüğü Kŗta Yuga'dır. Bunu izleyen her bir çağda Dharma'nın gitgide düşüşü görülür. İkinci çağ Tretā Yuga'dır; üçüncüsü Dvāpara Yuga'dır. Sonuncu ve içinde bulunduğumuz mevcut çağ ise karanlık çağ, yani Kali Yuga'dır.

# Telaffuz Rehberi

**Kısa Ünlüler**
a - anne gibi
i - çilek gibi
u - uşak gibi

**Uzun Ünlüler**
ā - asa gibi (aasa)
ī - ailevi (ailevii)
ū - sükûnet (sükuunet)

**Çift Ünlüler**
e - tez gibi
o - ova gibi
ai - aile gibi
au - laubali gibi

**Ünsüzler**

| | |
|---|---|
| Gırtlak Sesleri | ka kha ga gha ṅa |
| Damak Sesleri | ça çha ca cha ña |
| Kafa Sesleri | ṭa ṭha ḍa ḍha ṇa |
| Diş Sesleri | ta tha da dha na |
| Dudak Sesleri | pa pha ba bha ma |
| Yarı Sesliler | ya ra la va |
| Fışıltı Sesleri | śa ṣa sa |
| Nefes Sesi | ha |

www.ingramcontent.com/pod-product-compliance
Lightning Source LLC
LaVergne TN
LVHW051543080426
835510LV00020B/2839